Die Rückforderung übermäßig abgeführter Gewinne nach Beendigung eines Gewinnabführungsvertrages i.S.v. § 291 Abs. 1 Satz 1 AktG (analog)

Europäische Hochschulschriften Recht

European University Studies in Law

Publications Universitaires Européennes de Droit

Band/ Volume **6287**

Simona Geuer

Die Rückforderung übermäßig abgeführter Gewinne nach Beendigung eines Gewinnabführungsvertrages i.S.v. § 291 Abs. 1 Satz 1 AktG (analog)

und daraus resultierende weitere Fragestellungen

PETER LANG

Bibliografische Information der Deutschen Nationalbibliothek
Die Deutsche Nationalbibliothek verzeichnet diese Publikation in der Deutschen Nationalbibliografie; detaillierte bibliografische Daten sind im Internet über http://dnb.d-nb.de abrufbar.

Zugl.: Düsseldorf, Univ., Diss., 2021

Gedruckt auf alterungsbeständigem, säurefreiem Papier.

D 61
ISSN 0531-7312
ISBN 978-3-631-86745-7 (Print)
E-ISBN 978-3-631-87376-2 (E-PDF)
E-ISBN 978-3-631-87377-9 (EPUB)
DOI 10.3726/b19450

Diese Publikation wurde begutachtet.

www.peterlang.com

Vorwort

Die vorliegende Dissertation wurde von der Juristischen Fakultät der Heinrich-Heine-Universität Düsseldorf im Sommersemester 2020 angenommen. Die mündliche Prüfung fand am 10.08.2021 statt.

Mein besonderer Dank gilt meinem Doktorvater Prof. Dr. Ulrich Noack für die richtungsweisenden und hilfreichen Gespräche sowie den großen wissenschaftlichen Freiraum, den er mir gewährt hat.

Ebenfalls bedanken möchte ich mich bei Prof. Dr. Leuering für die Erstellung des Zweitgutachtens sowie weitere wertvolle Anregungen.

Auch bedanke ich mich bei den Kolleginnen und Kollegen der GRÜTER Rechtsanwälte und Notare, die es ermöglichten, dass ich meine Arbeit berufsbegleitend zu Ende führen konnte.

Schließlich bedanke ich mich herzlich bei meiner Familie für ihre Unterstützung.

Simona Geuer
Düsseldorf, im Dezember 2021

Inhaltsverzeichnis

A. Einführung und Fragestellung

Diese Arbeit untersucht die Unternehmensverträge des § 291 Abs. 1 S. 1 AktG, die Beherrschungs- und Gewinnabführungsverträge. Die Dissertation beschäftigt sich nicht mit dem in der Praxis unbedeutsamen[1] sog. Vertrag über die Abführung des ganzen Gewinns gemäß § 291 Abs. 1 S. 2 AktG. Dies ist ein Vertrag, durch den eine Gesellschaft es übernimmt, ihr Unternehmen für Rechnung eines anderen Unternehmens zu führen, faktisch ein Geschäftsführungsvertrag.[2] Es steht die Frage im Fokus, ob und wie bei einem Beherrschungs- und Gewinnabführungsvertrag die ehemals abhängige Gesellschaft nach Beendigung des Gewinnabführungsvertrages i. S. v. § 291 Abs. 1 S. 1, 2. Alt. AktG übermäßig abgeführte Gewinne von der ehemals herrschenden Gesellschaft zurückverlangen kann.

Die Arbeit befasst sich dabei sowohl mit der Aktiengesellschaft (im Folgenden: „**AG**") als Partei des Unternehmensvertrages als auch mit der Gesellschaft mit beschränkter Haftung (im Folgenden: „**GmbH**") im Vertragskonzern in analoger Anwendung des § 291 Abs. 1 S. 1 AktG.

Im Vertragskonzern bestehen zumeist kombinierte Gewinnabführungs- und Beherrschungsverträge. Beherrschungsverträge[3] sind Verträge, in denen ein Unternehmen die Leitung der Gesellschaft einem anderen Unternehmen unterstellt. In Gewinnabführungsverträgen[4] verpflichten sich Gesellschaften, ihren ganzen Gewinn an ein anderes Unternehmen abzuführen. Nach Beendigung eines solchen Beherrschungs- und Gewinnabführungsvertrages kann sich folgende Problematik ergeben: Zwischen zwei durch Gewinnabführungs- und Beherrschungsvertrag verbundenen Unternehmen stellt sich nach Vertragsbeendigung heraus, dass ein oder mehrere Jahresabschlüsse der abhängigen Gesellschaft während der Laufzeit des Beherrschungs- und Gewinnabführungsvertrages aufgrund eines Bilanzierungsfehlers fehlerhaft waren. Der Bilanzierungsfehler führte dazu, dass der Jahresüberschluss der abhängigen Gesellschaft in den Jahresabschlüssen zu hoch ausgewiesen wurde und die abhängige Gesellschaft infolgedessen zu viel Gewinn an die herrschende Gesellschaft abgeführt

---

1 Krieger, in: MünchHdb GesR, Bd. 4, 12. Kap., 4. Aufl. 2015, § 72 Rn. 1.

2 Krieger, in: MünchHdb GesR, Bd. 4, 12. Kap, 4. Aufl. 2015, § 72 Rn. 1; Deilmann, in: Hölters, Komm. z. AktG, 3. Aufl. 2017, § 291 Rn. 42.

3 § 291 Abs. 1 S. 1, 1. Alt. AktG

4 § 291 Abs. 1 S. 1, 2. Alt. AktG

hat. Es stellt sich nun zum einen die Frage, ob die Gewinnabführung auf der Grundlage des zwar fehlerhaften, aber festgestellten Jahresabschlusses ebenfalls fehlerhaft war und ob die abhängige Gesellschaft den zu viel abgeführten Gewinn von der herrschenden Gesellschaft zurückverlangen kann.

Zur ersten Frage hat der Bundesgerichtshof (BGH) zumindest zum Verlustausgleich nach § 302 AktG entschieden, dass nicht der festgestellte Jahresabschluss, sondern die objektiv richtige Bilanz maßgeblich ist (vgl. eingehende Darstellung und Auseinandersetzung unter F.III.).[5] Zu untersuchen ist, ob danach auch eine Gewinnabführung, die auf der Grundlage eines fehlerhaften Jahresabschlusses den in § 301 AktG vorgesehenen Höchstbetrag überstiegen hat, ebenfalls fehlerhaft ist.

Es stellt sich zudem die Folgefrage, ob und aufgrund welcher Anspruchsgrundlage die ehemals abhängige Gesellschaft nach Beendigung des Gewinnabführungsvertrages zu viel abgeführte Gewinne zurückverlangen kann. Dies ist bislang nicht höchstrichterlich geklärt. Die Arbeit widmet sich vornehmlich dieses Problems und setzt sich zudem sowohl mit vorgeschalteten, grundsätzlichen Fragestellungen wie der Rechtsnatur des Unternehmensvertrages sowie der Rolle der GmbH im Vertragskonzern auseinander, die im Hinblick auf die Prüfung der tauglichen Rückforderungsnorm zunächst klärungsbedürftig sind. Auch werden die vielfältigen Beendigungsgründe beleuchtet. Im Anschluss an die Prüfung des Kernthemas setzt sich die Arbeit mit Folgefragen und -problemen auseinander, die sich bei dessen Bearbeitung gestellt haben, z. B. mit der Verzinsung des Rückzahlungsanspruchs und den Gestaltungsmöglichkeiten.

5 BGH, Urteil vom 11.10.1999, Az.: II Z120/98 = BGH NJW 2000, 210; bestätigt durch BGH NZG 2005, 481.

B. Der Vertragskonzern – die Unternehmensverträge des § 291 Abs. 1 S. 1 AktG

I. Der Beherrschungsvertrag, § 291 Abs. 1 S. 1, 1. Alt AktG

Ein Vertragskonzern kommt dadurch zustande, dass zwei Unternehmen ihre Beziehungen zueinander in einem Beherrschungs- und/oder Gewinnabführungsvertrag gem. § 291 AktG regeln. Im Beherrschungsvertrag wird bestimmt, wer herrschendes und wer abhängiges Unternehmen ist. Nach § 291 Abs. 1 S. 1, 1. Alt. AktG unterstellt eine Aktiengesellschaft oder Kommanditgesellschaft auf Aktien die Leitung ihrer Gesellschaft einem anderen Unternehmen. Reine Beherrschungsverträge sind zwar allgemein anerkannt und auch gesetzlich vorgesehen (vgl. bspw. § 300 Nr. 3 AktG: *„... wenn ein Beherrschungsvertrag besteht, ohne daß die Gesellschaft auch zur Abführung ihres ganzen Gewinns verpflichtet ist“*, und § 304 Abs. 1 S. 2 AktG), finden sich in der Praxis jedoch kaum.[6] Ein isolierter Beherrschungsvertrag ist beispielsweise dann denkbar, wenn aufgrund einer Beherrschung durch ein ausländisches Unternehmen eine Gewinnabführung der abhängigen deutschen Gesellschaft steuerlich nicht anerkannt wird.[7] In dieser Konstellation hingegen kommt der isolierte Beherrschungsvertrag in der Praxis häufiger vor.

Da das deutsche Konzernrecht nicht den Schutz ausländischer Gesellschaften gewährleisten kann, musste bislang bei direkter Anwendung des Aktiengesetzes[8] zwingend eine nach deutschem Recht gegründete AG oder KGaA Untergesellschaft des Beherrschungsvertrages sein.[9] Nunmehr – nach Änderung des § 5 AktG – kann eine AG mit ausländischem Verwaltungssitz und inländischem Satzungssitz ebenfalls beherrschte Gesellschaft sein, sofern der Zuzugsstaat der

---

6 Schenk, in: Bürgers/Körber, Komm. z. AktG, 4. Aufl. 2017, § 291 Rn, 9; Römermann, in: Münchener Anwaltshandbuch GmbH-Recht, 4. Aufl. 2018, § 20 Rn. 57.

7 Geßler, in: Festschrift Ballerstedt, 219 (220); Altmeppen, in: Münchn. Komm. z. AktG, Bd. 5, 4. Aufl. 2015, § 291 Rn. 55.

8 Zu einer entsprechenden Anwendung auf den GmbH-Konzern siehe unter D.I.1.

9 BGH NZG 2005, 214 (215); Altmeppen, in: Münchn. Komm. z. AktG, 4. Aufl. 2015, § 291 Rn. 15; Emmerich, in: Emmerich/Habersack, Komm. z. Aktien-/GmbH-KonzernR, 9. Aufl. 2019, § 291 Rn. 8; Koch, in: Hüffer/Koch, Komm. z. AktG, 13. Aufl. 2018, § 291 Rn. 5.

Gründungstheorie folgt.[10] Die Rechtsform des herrschenden Unternehmens hingegen ist nicht entscheidend.[11] Der Gesetzgeber hat das herrschende Unternehmen nicht weiter definiert. Nach allgemeiner Auffassung kann somit jede Gesellschaft oder Person jeder Rechtsform und Nationalität herrschender Vertragspartner sein. Jedoch muss der Rechtsträger zumindest unternehmerisch tätig sein.

Der Mindestinhalt jedes Beherrschungsvertrages ist zum einen die Unterstellung der abhängigen Gesellschaft unter die fremde Leitung der herrschenden Gesellschaft, mithin das Weisungsrecht (§ 308 AktG), und zum anderen eine Regelung, die im Fall des Vorhandenseins außenstehender Aktionäre eine Ausgleichs- sowie eine Abfindungsmöglichkeit (§ 304 bzw. § 305 AktG) schafft.

Denklogisch richtig verneint die überwiegende Ansicht beim Beherrschungsvertrag, im Gegensatz zum Gewinnabführungsvertrag,[12] die Möglichkeit, einen Beherrschungsvertrag rückwirkend für das bei Abschluss des Vertrages laufende Geschäftsjahr abschließen zu können. Die Beherrschung kann faktisch nicht rückwirkend ausgeübt werden, falls sie bislang nicht erfolgt ist. Sollte eine Beherrschung vor Abschluss eines solchen Vertrages bereits tatsächlich ausgeübt worden sein, würde eine Rückwirkung bis dahin bereits entstandene Ansprüche auf Nachteilsausgleich nach §§ 311 und 317 AktG zunichtemachen.[13] Eine dennoch getroffene rückwirkende Abrede führt dann zu einer abtrennbaren (Teil-) Nichtigkeit eines solchen Unternehmensvertrages gem. §§ 134, 139 BGB für die Vergangenheit, nicht jedoch zur Unwirksamkeit der Beherrschungsvereinbarung oder des gesamten Unternehmensvertrages.[14]

§ 308 AktG bestimmt die Leitungsmacht der herrschenden Gesellschaft bei Bestehen eines Beherrschungsvertrages. Der Beherrschungsvertrag i. S. v. § 291 Abs. 1 S. 1 AktG räumt dem herrschenden Unternehmen das Recht ein, dem Vorstand der beherrschten Gesellschaft Weisungen zu erteilen, zu deren

---

10 Koch, in: Hüffer/Koch, Komm. z. AktG, 13. Aufl. 2018, § 291 Rn. 5.

11 Emmerich, in: Emmerich/Habersack, Komm. z. Aktien-/GmbH-KonzernR, 9. Aufl. 2019, § 291 Rn. 8; Koch, in: Hüffer/Koch, Komm. z. AktG, 13. Aufl. 2018, § 291 Rn. 8.

12 Vgl. dazu unter B.II.

13 Langenbucher, in: K. Schmidt/Lutter, Kommentar z. AktG, 3.Aufl. 2015, § 291 Rn. 26; Emmerich, in: Emmerich/Habersack Komm. z. Aktien-/GmbH-KonzernR, 9. Aufl. 2019, § 291 Rn. 15.

14 OLG Hamburg NJW 1990, 3024 (3025); BayObLG NZG 2003, 36 (37); Langenbucher, in: K. Schmidt/Lutter, Kommentar z. AktG, 3. Aufl. 2015, § 291 Rn. 26; Emmerich, in: Emmerich/Habersack, Komm. z. Aktien-/GmbH-KonzernR, 9. Aufl. 2019, § 291 Rn. 15.

Befolgung dieser verpflichtet ist. Dies gilt auch bei für die Gesellschaft nachteiligen Weisungen, wenn das Konzerninteresse dies erfordert. Nach herrschender Ansicht liegen solche Weisungen nicht im Konzerninteresse, die zu einer unverhältnismäßigen Schädigung, einer Existenzgefährdung oder -vernichtung der abhängigen Gesellschaft führen.[15] Auch wenn das Konzerninteresse dem nicht entspricht, muss der Vorstand sie entsprechend § 308 Abs. 2 S. 1 AktG dennoch befolgen. Nur bei Weisungen, die offensichtlich nicht den Belangen des herrschenden Unternehmens oder der mit ihm oder der Gesellschaft konzernverbundenen Unternehmen dienen (vgl. § 308 Abs. 2 S. 2 a. E.), hat der Vorstand ein Weigerungsrecht. Liegen diese Voraussetzungen vor, verdichtet sich diese Berechtigung zur Weigerung zu einer Pflicht, die sich aus §§ 76 Abs. 1, 310 Abs. 1 AktG ergibt.[16] Ein Weigerungsrecht besteht ferner bei Vertrags-, Satzungs- und Gesetzesverstößen.[17] Daraus ergibt sich, dass der Vorstand der abhängigen Gesellschaft einer zweistufigen Prüfungspflicht nachgehen muss: zum einen, ob die Weisung gesetzmäßig ist, und zum anderen, ob sie die Voraussetzungen des § 308 Abs. 2 S. 2 AktG erfüllt,[18] da er ansonsten einer Haftung aus § 310 Abs. 1, Abs. 3 AktG unterliegt. Danach haftet der Vorstand (und auch der Aufsichtsrat, wenn er einer entsprechenden Maßnahme des Vorstandes zustimmt oder diesen nicht ausreichend überwacht), wenn er in Ausführung einer Weisung sorgfaltswidrig gegenüber der Gesellschaft handelt und dieser dadurch ein Schaden entsteht.

---

15 OLG Düsseldorf DB 1990, 1394; Hirte, in: Großkomm. z. AktG, 4. Aufl. Stand 01.06.2005, § 308 Rn. 42; Krieger, in: MünchHdb GesR, Bd. 4, 12. Kap., 4. Aufl. 2015, § 71 Rn. 153; Koch, in: Hüffer/Koch, Komm. z. AktG, 13. Aufl. 2018, § 308 Rn. 19; Immenga, in: ZHR 140 [1976], 301 (304 ff); differenzierend dazu Altmeppen, in: Münchn. Komm. z. AktG, 4. Aufl. 2015, § 308, Rn. 119 ff.; a. A. Koppensteiner, der meint, § 308 AktG sehe keine Grenze des Weisungsrechts vor, die Gefahr einer Existenzgefährdung der abhängigen Gesellschaft habe der Gesetzgeber gesehen und nicht verhindern wollen (Koppensteiner, in: Kölner Komm. z. AktG, 3. Aufl. 2004, § 308 Rn. 50 ff.).

16 Altmeppen, in: Münchn. Komm. z. AktG, 4. Aufl. 2015, § 308, Rn. 148, 152; Koch, in: Hüffer/Koch, Komm. z. AktG, 13. Aufl. 2018, § 308 Rn. 22.

17 Emmerich, in: Emmerich/Habersack, Komm. z. Aktien-/GmbH-KonzernR, 9. Aufl. 2019, § 308 Rn. 52a; Veil, in: Spindler/ Stilz, Komm. z. AktG, 4. Aufl. 2019, § 308 Rn. 28 ff.

18 Emmerich, in: Emmerich/Habersack, Komm. z. Aktien-/GmbH-KonzernR, 9. Aufl. 2019, § 308 Rn. 52a.

Fraglich ist auch, ob Zustimmungsvorbehalte des Aufsichtsrates dem Vorstand ein Weigerungsrecht geben. Der Abschluss eines Beherrschungsvertrages setzt zwar grundsätzlich nicht die Zustimmungsvorbehalte des Aufsichtsrates nach § 111 Abs. 4 S. 2 AktG außer Kraft. Gemäß § 308 Abs. 3 S. 2 AktG kann das herrschende Unternehmen jedoch die etwaigen Zustimmungsvorbehalte des Aufsichtsrates aus § 111 Abs. 4 S. 2 AktG i. V. m. § 308 Abs. 3 S. 1 AktG bei Weigerung des Vorstandes durch erneute Weisung überwinden. Dabei darf die erneute Weisung, wenn das herrschende Unternehmen einen Aufsichtsrat hat, nur mit dessen Zustimmung erfolgen, vgl. § 308 Abs. 3 S. 2 a. E. AktG.

Aus dem Beherrschungsvertrag ergibt sich über das beschriebene Weisungsrecht sowie die daraus resultierende Befolgungspflicht hinaus für beide Vertragsparteien die Pflicht zum sogenannten konzernfreundlichen Verhalten. So sind die Vorstände gehalten, sich gegenseitig rechtzeitig über wichtige und einschneidende bevorstehende Maßnahmen sowie mögliche Nachteile zu informieren.[19]

Schließlich gibt es in engen Grenzen ein nachvertragliches Weisungsrecht zwischen ehemals vertraglich verbundenen Unternehmen. Darauf wird an späterer Stelle unter J.XII.4. näher eingegangen.

II. Der Gewinnabführungsvertrag, die Gewinnermittlung und die Gewinnabführung

Ein Gewinnabführungsvertrag liegt gemäß § 291 Abs. 1 S. 1, 2. Alt. AktG vor, wenn eine AG oder KGaA sich verpflichtet, ihren ganzen Gewinn an ein anderes Unternehmen (im Folgenden „**herrschende Gesellschaft**“ abzuführen. Gleichbedeutend bezeichnet man den Gewinnabführungsvertrag auch als Ergebnisabführungsvertrag. Diese Bezeichnung wird überwiegend dann gewählt, wenn auch eine steuerliche Organschaft i. S. d. §§ 14, 17 KStG vorliegt.

Mindestvertragsinhalt ist die Verpflichtung zur Abführung des ganzen Gewinns (vgl. § 291 Abs. 1 S. 1, 2. Alt. AktG) sowie, bei Vorhandensein außenstehender Aktionäre, ein angemessener Ausgleich für diese (vgl. § 304 Abs. 1 S. 1 und Abs. 3 S. 1 AktG). Das muss eine auf die Anteile am Grundkapital bezogene wiederkehrende Geldleistung (fester Ausgleich, § 304 Abs. 1 S. 1) oder kann auch – wenn es sich bei der herrschenden Gesellschaft um eine AG oder KGaA handelt – die Zusicherung der Zahlung des Betrages, der auf Aktien der anderen

19 Deilmann, in: Hölters, Komm. z. AktG, 3. Aufl. 2017, § 291 Rn. 26; Henkel, in: Schüppen/Schaub, Münchener Anwaltshandbuch Aktienrecht, 3. Aufl. 2018, § 53 Rn. 26.

Gesellschaft jeweils als Gewinnbetrag entfällt (variabler Ausgleich, § 304 Abs. 2 S. 2), sein.

Die mit dem Abschluss eines Gewinnabführungsvertrages verbundene Verlustausgleichspflicht der herrschenden Gesellschaft gegenüber der mit ihr verbundenen Untergesellschaft (im Folgenden: „**abhängige Gesellschaft**") aus § 302 AktG führt dazu, dass die herrschende Gesellschaft faktisch das Jahresergebnis der abhängigen Gesellschaft übernimmt, weshalb der Gewinnabführungsvertrag auch als Ergebnisübernahmevertrag bezeichnet wird (im Folgenden wird einheitlich die Bezeichnung „**Gewinnabführungsvertrag**" verwendet).[20] Gesetzlich geregelt ist nur der Gewinnabführungsvertrag, der dazu korrespondierende[21] Verlustausgleich ist nur ein Reflex der Gewinnabführung. Bei der Gewinnabführung spricht man von dem fiktiven Bilanzgewinn. Dies deshalb, weil der Gewinn bei einem Gewinnabführungsvertrag in der Handelsbilanz auf der Passivseite zunächst gemäß § 277 Abs. 3 S. 2 HGB als Aufwendung in der Gewinn- und Verlustrechnung verbucht und dann gemäß § 266 Abs. 1 i. V. m. Abs. 3 C 6 HGB als Verbindlichkeit gegenüber dem verbundenen Unternehmen im Jahresabschluss ausgewiesen wird und nicht als Gewinn.[22] Dieser fiktive Bilanzgewinn ergibt sich, um den abzuführenden Gewinn nach § 301 AktG exakt ausweisen zu können, folgendermaßen: Er ist um solche Verlustvorträge zu kürzen, die nach § 301 S. 1 AktG in die gesetzliche Rücklage einzustellen sind, sowie um gem. § 268 Abs. 8 HGB ausschüttungsgesperrte Beträge. Der fiktive Bilanzgewinn erhöht sich, wenn während der Vertragsdauer gebildete Rücklagen aufgelöst wurden, § 301 S. 2 AktG. Auch können vom Gesetz abweichende bilanzielle Entscheidungen vertraglich vorgesehen werden,[23] z. B., dass über die nach § 300 Nr. 1 AktG gebildeten Rücklagen hinaus ein weiterer Jahresüberschuss in Gewinnrücklagen einzustellen ist.[24] Eine Ansicht geht noch weiter und gesteht der herrschenden Gesellschaft allein durch den Abschluss des Gewinnabführungsvertrages bereits ein Weisungsrecht bezüglich bilanzieller

20 Koppensteiner, in: Kölner Komm. z. AktG, 3. Aufl. 2004, § 291 Rn. 76; Koch, in: Hüffer/Koch, Komm. z. AktG, 13. Aufl. 2018, § 291 Rn. 23; Paschos, in: Henssler/Strohn, Komm. z. GesR, 2. Aufl. 2019, § 291 AktG Rn. 30.

21 Vgl. dazu unter F.VII.1.

22 Hennrichs, in: ZHR 174 (2010), 683 (686).

23 Langenbucher, in: K. Schmidt/Lutter, Komm. z. AktG, 3. Aufl. 2015, § 291 Rn. 60; Emmerich, in: Emmerich/Habersack, Komm. z. Aktien-/GmbH-KonzernR, 9. Aufl. 2019, § 291 Rn. 49.

24 Koppensteiner, in: Kölner Komm. z. AktG, 4. Aufl. 2004, § 291 Rn. 76; Krieger, in: MünchHdb GesR, Bd. 4, 12. Kap, 4. Aufl. 2015, § 72 Rn. 5.

Entscheidungen und der Rücklagenbildung gegenüber dem Vorstand der abhängigen Gesellschaft zu.[25] Jedenfalls trifft die abhängige Gesellschaft während der Vertragsdauer eine Rücksichtnahmepflicht[26] gegenüber der herrschenden Gesellschaft, die sie auch bei der Ausübung von Ansatz- und Bewertungswahlrechten bei der Bilanzierung beachten muss.[27]

III. Der isolierte Gewinnabführungsvertrag

Eine Verbindung des Gewinnabführungsvertrags mit einem Beherrschungsvertrag war bis 2001 in der Praxis wegen §§ 14, 17 KStG die übliche Konstellation und zusammen abgeschlossen bilden diese einen sog. Organschaftsvertrag,[28] der mit dem Ziel der Verrechnung von Gewinnen und Verlusten erhebliche Steuervergünstigungen nach sich zieht. Die steuerlichen Ergebnisse der einzelnen Gesellschaften werden konsolidiert. Die Gesellschaften werden nicht getrennt voneinander besteuert, nach Saldierung der Gewinne ist Steuerschuldner der abhängigen Gesellschaft danach lediglich die herrschende Gesellschaft.[29]

Zur Begründung einer steuerlichen Organschaft ist allerdings seit dem Steuersenkungsgesetz (StSenkG) aus dem Jahr 2000 (Neufassung des § 14 KStG vom 23.10.2000, BGBl. I aus Nr. 46 vom 26.10.2000, S. 1433) eine Verbindung der beiden Vertragsarten nicht mehr zwingend notwendig, um die Vorteile der steuerlichen Organschaft nutzen zu können; weil die wirtschaftliche und organisatorische Eingliederung der Organgesellschaft (abhängige Gesellschaft) in den Organträger (herrschende Gesellschaft) keine Voraussetzung der körperschaftsteuerlichen und gewerbesteuerlichen Organschaft mehr ist, § 14 KStG n. F.[30] Das heißt, bis zum Veranlagungszeitraum 2001 war eine Verbindung von

---

25 Veil, in: Spindler/Stil, Komm. z. AktG, 4. Aufl. 2019, § 291 Rn. 37 ff. Dagegen: Langenbucher, in: K. Schmidt/Lutter, Komm. z. AktG, 3. Aufl. 2015, § 291 Rn. 60; Emmerich, in: Emmerich/Habersack, Komm. z. Aktien-/GmbH-KonzernR, 9. Aufl. 2019, § 291 Rn. 49; Deilmann, in: Hölters, Komm. z. AktG, 3. Aufl. 2017, § 291 Rn. 52.

26 Vgl. ausführlich zu dieser Rücksichtnahmepflicht im Rahmen unternehmensvertraglicher Verbindungen J.XII.

27 Krieger, in: MünchHdb GesR, Bd. 4, 12. Kap., 4. Aufl. 2015, § 72 Rn. 5.

28 Vgl. Koppensteiner, in: Kölner Komm. z. AktG, 3. Aufl. 2004, § 300 Rn. 18; Langenbucher, in: K. Schmidt/Lutter Komm. z. AktG, 3. Aufl. 2015, § 291 Rn. 13; Altmeppen, in: Münchn. Komm. z. AktG, 4. Aufl. 2015, § 291 Rn. 54; Veil, in: Spindler/Stilz, Aktiengesetz, 4. Aufl. 2019, § 291 Rn. 40.

29 Wicke, in: Wicke, Komm. z. GmbHG, 3. Aufl. 2016, Anh. § 13 Rn. 2.

30 Schenk, in: Bürgers/Körber, Komm. z. AktG, 4. Aufl. 2017, § 291 Rn, 9, 38; § 291 Rn. 60; Koch, in: Hüffer/Koch, Komm. z. AktG, 13. Aufl. 2018, § 291 Rn. 39.

Beherrschungs- und Gewinnabführungsvertrag für eine körperschaftsteuerliche Organschaft notwendig. Nach der Neufassung ist lediglich noch die finanzielle Eingliederung erforderlich.[31] Der Organträger ist finanziell in die Organgesellschaft eingegliedert, wenn ihm Beteiligungen (inklusive Stimmrechte daraus) an der Organgesellschaft steuerrechtlich in dem für die finanzielle Eingliederung erforderlichen Umfang zuzurechnen sind.[32] Ein Beherrschungsvertrag ist lediglich noch erforderlich, wenn eine umsatzsteuerliche Organschaft gewünscht ist.[33] In der Praxis ist die Verbindung des Gewinnabführungsvertrages mit einem Beherrschungsvertrag jedoch nach wie vor gängig. Nur dadurch erreicht die herrschende Gesellschaft ein direktes, bei Beteiligung mehrerer Gesellschafter von der Gesellschafterversammlung losgelöstes Weisungsrecht.

Die Antwort auf die Streitfrage, ob der isolierte Abschluss eines Gewinnabführungsvertrages überhaupt möglich ist, wird dadurch praktisch relevant, denn dies war lange Zeit umstritten. Ein isolierter Gewinnabführungsvertrag ist inzwischen allgemein anerkannt und dürfte herrschende Meinung sein.[34] Die ablehnende Ansicht[35] argumentierte u. a. wie folgt gegen die Sinnhaftigkeit eines isolierten Gewinnabführungsvertrages: Dieser stelle einen Verstoß gegen die §§ 311 ff. AktG dar, die Veranlassung zur Abführung des ganzen Gewinns ohne Beherrschungsvertrag sei nicht möglich, weil bezogene Gewinne in Anwendung des § 317 Abs. 1 AktG wieder als Nachteil auszugleichen seien. Es könne für ein von einer Beherrschung unabhängigen Unternehmen keinen Grund geben, seinen Gewinn an ein anderes Unternehmen abzuführen.[36]

Diese Ansicht überzeugt nicht und ist inzwischen überholt. Gerade im Konzerngefüge werden häufig weitere Tochtergesellschaften zur Auslagerung von Unternehmensteilen gegründet, die die Gewinne an die Muttergesellschaft abführen. Die Möglichkeit, einen Gewinnabführungsvertrag isoliert abzuschließen, habe der Gesetzgeber vor Inkrafttreten der Aktienrechtsnovelle 1965 so vorgesehen, da dieser für den Organschaftsvertrag bewusst eine Differenzierung

31 Koppensteiner, in: Kölner Komm. z. AktG, 3. Aufl. 2004, § 291 Rn. 4.

32 Körperschaftsteuer-Richtlinien 2004 mit Hinweisen 2008, zu § 14, R. 57 S. 1.

33 BMF v. 7.3.2013 – IV D 2 – S 7105/11/10001, BStBl. I 2013, 333; BFH DStR 2017, 1653.

34 Vgl. u. a. OLG Karlsruhe NJW-RR 2001, 973 (974); Altmeppen, in: Münchn. Komm. z. AktG, 3. Aufl. 2015, § 291 Rn. 149; Koch, in: Hüffer/Koch, Komm. z. AktG, 13. Aufl. 2018, § 291 Rn. 24; Veil, in: Spindler/Stilz, Komm. z. AktG, 4. Aufl. 2019, § 291 Rn. 42.

35 Vgl. Sonnenschein, Organschaft und Konzerngesellschaftsrecht, S. 397 f.; Sonnenschein, in: AG 1976, 147 ff.; van Venrooy, in: DB 1981, 675 (680 f.); van Venrooy, in: BB 1986, 612 (612 ff.).

36 Van Venrooy, in: DB 1981, 675 (680 f.); van Venrooy, in: BB 1986, 612.

der beiden Vertragsarten Gewinnabführungs- und Beherrschungsvertrag vorgenommen habe.[37] Darüber hinaus geht auch das Gesetz selbst in §§ 300 Nr. 1 und 3, 316, 324 Abs. 2 AktG sowie §§ 14 und 17 KStG von der Existenz nur eines Gewinnabführungsvertrages aus. Die Verneinung eines isolierten Gewinnabführungsvertrages würde diese Vorschriften torpedieren.

Der § 291 Abs. 1 S. 1, 2. Alt. AktG genießt daher zunächst Vorrang vor § 311 AktG, der Vorschrift zum faktischen Vertrag. Die Verlustausgleichspflicht des § 302 Abs. 1 AktG und die Sicherungen der §§ 304, 305 AktG schützen bei einem isolierten Gewinnabführungsvertrag zwar bereits die Interessen der außenstehenden Aktionäre.[38] Allerdings gelten für den isolierten Gewinnabführungsvertrag auch die §§ 311, 317 AktG, weil danach bei Fehlen eines Beherrschungsvertrages die Vorschriften zum faktischen Konzern greifen und die faktisch abhängige Gesellschaft vor schädigenden Einflussnahmen der faktisch herrschenden Gesellschaft geschützt werden muss.[39] Dennoch ist zu beachten, dass der Gewinnabführungsvertrag alleine kein Weisungsrecht gem. § 308 AktG vermittelt.[40] Die nur durch einen Gewinnabführungsvertrag verbundenen Unternehmen gelten zwar aufgrund § 15 AktG auch als verbundene Unternehmen und für sie ist § 17 AktG einschlägig, weil der Gewinnabführungsvertrag ein abhängigkeitsbegründendes Beherrschungsmittel ist.[41] Um aber eine Abhängigkeits- oder Konzernbeziehung zu erreichen, bleibt die Kombination mit einem Beherrschungsvertrag jedoch empfehlenswert. § 316 AktG befreit die Unternehmen, die bloß durch einen Gewinnabführungsvertrag verbunden sind, von der Pflicht zur Erstellung eines Abhängigkeitsberichtes (Bericht des Vorstandes über die Beziehungen zu verbundenen Unternehmen, §§ 312-316 AktG). Obwohl der finanzielle Eingriff in die Organisation erheblich ist,

---

37 Veil, in: Spindler/Stilz, Komm. z. AktG, 4. Aufl. 2019, § 291 Rn. 42.

38 Servatius, in Michalski u. a., Komm. z. GmbHG, Bd. 1, 3. Aufl. 2017, Syst. Darst. 4, KonzernR Rn. 290; Veil, in: Spindler/Stilz, Komm. z. AktG, 4. Aufl. 2019, § 291 Rn. 42.

39 Altmeppen, in: Münchn. Komm. z. AktG, 3. Aufl. 2015, § 291 Rn. 150; Emmerich, in: Emmerich/Habersack, Komm. z. Aktien-/GmbH-KonzernR, 9. Aufl. 2019, § 291 Rn. 61a.

40 Koppensteiner, in: Kölner Komm. z. AktG, 3. Aufl. 2004, § 291 Rn. 4; Koch, in: Hüffer/Koch, Komm. z. AktG, 13. Aufl. 2018, § 291 Rn. 2; Paschos, in: Henssler/Strohn, Komm. z. Gesellschaftsrecht, 4. Aufl. 2019, § 291 AktG Rn. 46.

41 Koppensteiner, in: Kölner Komm. z. AktG, 3. Aufl. 2004, § 291 Rn. 4; Emmerich, in: Emmerich/Habersack, Komm. z. Aktien-/GmbH-KonzernR, 9. Aufl. 2019, § 291 Rn. 50; Paschos, in: Henssler/Strohn, Komm. z. Gesellschaftsrecht, 4. Aufl. 2019, § 291 AktG Rn. 46.

ergeben sich auch daraus kein beherrschender Einfluss und keine rechtliche Leitungsmacht.[42] Es gilt nicht die unwiderlegbare Konzernvermutung des § 18 Abs. 1 S. 2 AktG,[43] lediglich die widerlegbare des § 18 Abs. 1 S. 3 AktG, die vor dem Hintergrund des doch bestehenden faktischen Abhängigkeitsverhältnisses dennoch nur schwierig abzusprechen sein wird.

Ein isolierter Gewinnabführungsvertrag ist als Alternative zum mit einem Beherrschungsvertrag kombinierten sinnvoll, wenn ein gleichzeitiges vertragliches Beherrschungsverhältnis zu nicht gewollten aufsichtsrechtlichen Problemen zwischen zwei verbundenen Gesellschaften führen würde.[44] Zudem in dem Fall, wenn die Parteien rückwirkend einen Unternehmensvertrag abschließen wollen, denn nur der isolierte Gewinnabführungsvertrag, nicht auch der mit einem Beherrschungsvertrag verknüpfte kann eine schuldrechtliche Rückwirkung auslösen.[45]

Beim Gewinnabführungsvertrag bestehen hingegen keine Bedenken gegen eine Rückbeziehung der Gewinnabführungspflicht auf den Beginn des im Eintragungszeitpunkt laufenden Geschäftsjahres.[46] Dabei wird allerdings nur das Jahresergebnis ab dem Jahr rückwirkend erfasst, in dem der Gewinnabführungsvertrag in das Handelsregister eingetragen und wirksam geworden ist (§ 14 Abs. 1 S. 2 KStG).[47] Die Eintragung in das Handelsregister darf daher nicht erst im Folgejahr erfolgen. Aus steuerrechtlicher Sicht gilt die Rückwirkung somit ab dem Beginn des Geschäftsjahres, in dem das Wirtschaftsjahr der Organgesellschaft endet, in dem der Gewinnabführungsvertrag wirksam wird (§ 14 Abs. 1 S. 2 KStG). Aus gesellschaftsrechtlicher bzw. handelsrechtlicher Sicht kann der Gewinnabführungsvertrag in folgenden Konstellationen rückbezogen werden:[48]

---

42 Altmeppen, in: Münchn. Komm. z. AktG, 4. Aufl. 2015, § 291 Rn. 15; Emmerich, in: Emmerich/Habersack, Komm. z. Aktien-/GmbH-KonzernR, 9. Aufl. 2019, § 291 Rn. 50; Deilmann, in: Hölters, Komm. z. AktG, 3. Aufl. 2017, § 291 Rn. 52.

43 Koch, in: Hüffer/Koch, Komm. z. AktG, 13. Aufl. 2018, § 291 Rn. 27.

44 Koch, in: Hüffer/Koch, Komm. z. AktG, 13. Aufl. 2018, § 291 Rn. 24.

45 Vgl. zur Verneinung der Rückwirkung eines Beherrschungsvertrages bereits unter B.I.

46 BGH NJW 1993, 1976 (1979); OLG Hamburg, NJW 1990, 3024; Koppensteiner, in: Kölner Komm. z. AktG, 3. Aufl. 2004, § 294 Rn. 32, 34; Paschos, in: Henssler/Strohn, Komm. z. Gesellschaftsrecht, 4. Aufl. 2019, § 294 AktG Rn. 10.

47 BGH NJW 1976, 1979; OLG Hamburg, NJW 1990, 3024; Koppensteiner, in: Kölner Komm. z. AktG, 3. Aufl. 2004, § 294 Rn. 32, 34.

48 Krieger, in: MünchHdb GesR, Bd. 4, 12. Kap., 4. Aufl. 2015, § 72 Rn. 14; Langenbucher, in: K. Schmidt/Lutter, Komm. z. AktG, 3. Aufl. 2015, § 291 Rn. 54; Paschos, in: Henssler/Strohn, Komm. z. Gesellschaftsrecht, 4. Aufl. 2019, § 291 AktG Rn. 31.

erstens auf den Beginn des Geschäftsjahres, in dem der Vertrag wirksam wird. Zweitens, sofern – bei bereits festgestelltem Jahresabschluss – ein Gewinnverwendungsbeschluss noch nicht gefasst ist oder alle Aktionäre dem Abschluss des Gewinnabführungsvertrages zustimmen. Drittens kann der Gewinnabführungsvertrag ohne diese Zustimmung auf den Beginn eines abgelaufenen Geschäftsjahres bis zu dem Zeitpunkt, in dem der entsprechende Jahresabschluss für dieses Geschäftsjahr noch nicht festgestellt ist, rückbezogen werden.

C. Die Rechtsnatur des Unternehmensvertrages i. S. v. § 291 Abs. 1 AktG

Die Unternehmensverträge wurden mit der Neufassung vom 6. September 1965 in das Aktiengesetz eingeführt, was die *„herausragendste Neuerung des Aktiengesetzes von 1965“* war.[49]

Die Rechtsnatur lässt sich nicht einfach unreflektiert bestimmen. Selbst die Begründung zum Regierungsentwurf (RegE)[50] hat die Beantwortung dieser Frage ausdrücklich offengelassen. Die Diskussion um die Rechtsnatur der Unternehmensverträge dreht sich im Wesentlichen darum, ob bei ihrer Bestimmung der Schwerpunkt der Betrachtung dominierend auf Organisationsverträge gerichtet ist (siehe C.I.1.) oder ob diese vielmehr bzw. auch einen schuldrechtlichen Charakter aufweisen (siehe C.I.2.).[51]

I. Der Meinungsstand

1. Körperschaftsrechtlicher Organisationsvertrag

Nach heute ganz herrschender Meinung sind die Unternehmensverträge des § 291 AktG als Organisationsverträge einzustufen.[52] Nur die

---

49 Dettling, Die Entstehungsgeschichte des Konzernrechts im Aktiengesetz von 1965, 1997, S. 1.

50 Regierungsentwurf eines Aktiengesetzes und eines Einführungsgesetzes zum Aktiengesetz, BT-Drucks IV/171, S. 376, abgedruckt bei Kropff, Aktiengesetz, 1965.

51 Emmerich, in: Emmerich/Habersack, Komm. z. Aktien-/GmbH-KonzernR, 9. Aufl. 2019, § 291 Rn. 25.

52 BFH AG 1980, 309 (Vertrag gesellschaftsrechtlicher Natur, der nicht durch Leistung und Gegenleistung gekennzeichnet wird); BGH NJW 1988, 1326 („Familienheim“); BGH NJW 1989, 295 (296) („Supermarkt“); BGH NJW 1992, 1452 (1454) („Siemens/NRG“); OLG Düsseldorf AG 1992, 60 (61); BayObLG NJW 1993, 1804 (1805); Bayer, Der grenzüberschreitende Beherrschungsvertrag; S 13 ff.); Bayer, in: Festschrift Ballerstedt, 157 (162); Bälz, in: .AG 1992, 277 (286 ff); Koppensteiner, in: Kölner Komm. z. AktG, 3. Auf. 2004, Vor § 291 Rn 156 f.; Langenbucher, in: K. Schmidt/Lutter, Komm. z. AktG, 3. Aufl. 2015, § 291 Rn 10, 18. Emmerich, in: Emmerich/Habersack, Komm. z. Aktien-/GmbH-KonzernR, 9. Aufl. 2019, § 291 Rn. 25.; Koch, in: Hüffer/Koch, Komm. z. AktG, 13. Aufl. 2018, § 291 Rn. 17; Liebscher, in: Drinhausen/Eckstein, Beck`sches

Unternehmensverträge des § 292 AktG sind nach herrschender Ansicht lediglich schuldrechtliche Austauschverträge.[53]

Organisationsverträge sind Verträge zwischen Gesellschaften, die die wirtschaftliche und rechtliche Struktur der abhängigen Gesellschaft ändern und beeinflussen. Das Ausmaß dieses Einflusses wird im Folgenden aufgezeigt.

Schon vor der Einführung der Unternehmensverträge des § 291 Abs. 1 in das Aktiengesetz von 1965 wurde versucht, den in der Unternehmensrechtspraxis herausgebildeten Organschaftsvertrag rechtlich einzuordnen. Dieser war im Gegensatz zu dem Gewinnabführungsvertrag nicht in § 256 AktG von 1937 geregelt, sondern wurde durch die Praxis geprägt.[54] Der Organschaftsvertrag war eine Kombination aus einem Gewinnabführungsvertrag gemäß § 256 Abs. 1 AktG von 1937 und einer Beherrschungsabrede.[55] Der Organschaftsvertrag wurde vornehmlich durch die Schriften der Rechtswissenschaftler *Flume*[56,57] und *Ballerstedt*[58,59] als Organisationsvertrag eingeordnet und geprägt. *Würdinger*[60] hat diese Überlegungen in den späteren Diskussionen über die Rechtsnatur der durch die Aktienrechtsnovelle von 1965 eingeführten Unternehmensverträge des § 291 Abs. 1 AktG aufgegriffen.[61]

Die Bezeichnung der Unternehmensverträge des § 291 Abs. 1 AktG als körperschaftsrechtliche Organisationsverträge rührt daher, dass diese die rechtliche Struktur von Unternehmen, insbesondere der AG, stark beeinflussen.[62]

Handbuch der AG, 3. Aufl. 2018, § 14 Rn. 104; Veil, in: Spindler/Stilz, Komm. z. AktG, 4. Aufl. 2019, Vorbem. z. § 291 Rn. 25 f.

53 Kropff, Begründung des Regierungsentwurfs zum AktG von 1965, S. 378; Bayer, in: Festschrift Ballerstedt, 157 (162); Deilmann, in: Hölters, Komm. z. AktG, 3. Aufl. 2017, § 292 Rn. 2; Schenk, in: Bürgers/Körber, Komm. z. AktG, 4. Aufl. 2017, § 291 Rn. 10; Koch, in: Hüffer/Koch, Komm. z. AktG, 13. Aufl. 2018, § 292 Rn. 2; a.A.: Veil, Unternehmensverträge, S. 200 ff.; Veil, in: Spindler/Stilz, Komm. z. AktG, 4. Aufl. 2019, Vorbem. zu § 291 Rn. 26.

54 Veil, Unternehmensverträge, S. 185, Fn. 31.

55 Mülbert, in: Großkomm. z. AktG, 4., Aufl. 2004, Vorbem. z. § 291 Rn. 5.

56 Flume, Werner (12.09.1908 – 28.01.2009), deutscher Rechtswissenschaftler und Professor für Römisches Recht, Bürgerliches Recht, Steuerrecht und Rechtsgeschichte.

57 Flume, in: DB 1955, 485; Flume, in: DB 1956, 455.

58 Ballerstedt, Kurt (24.12.1905 – 25.10.1977), deutscher Jurist und Professor.

59 Ballerstedt, in: DB 1958, 813 (814 f.), 837 (839).

60 Würdinger, Hans (18.05.1903 – 17.07.1989), deutscher Jurist und Professor.

61 Würdinger, in: DB 1958, 1447 (1448 ff.); Mülbert, in: Großkomm. z. AktG, 4. Aufl. 2004, § 291 Rn. 6.

62 Altmeppen, in: Münchn. Komm. z. AktG, 4. Aufl. 2015, § 291 Rn. 27.

Besonders beim Beherrschungsvertrag verpflichtet sich die Gesellschaft an sich nicht „von außen her", sondern die durch Vertragsschluss entstandenen unternehmensvertraglichen Verpflichtungen binden die Organe untereinander und gegenüber der Gesellschaft.[63] Organisationsverträge wirken auf die abhängige Gesellschaft verfassungsändernd[64] und einige der grundsätzlichen Bestimmungen des Aktiengesetzes, die Organisation der Gesellschaft betreffend, werden ab dem Zeitpunkt eines unternehmensvertraglichen Abhängigkeitsverhältnisses modifiziert.[65]

Eine solche Modifikation findet sich beispielsweise in § 291 Abs. 3 AktG, wonach Leistungen der Gesellschaft an das herrschende Unternehmen aufgrund des Beherrschungs- oder Gewinnabführungsvertrages keinen Verstoß gegen die vermögensschützenden Vorschriften der §§ 57, 58 und 60 AktG darstellen. Dies ist deswegen relevant, weil dadurch Leistungen der abhängigen Gesellschaft an die herrschende Gesellschaft, die ja zugleich Aktionärin der abhängigen Gesellschaft ist, gegen die Kapitalbindungsvorschriften der §§ 57, 58 oder 60 AktG verstoßen würden und der Abschluss eines Gewinnabführungsvertrages i. S. v. § 291 Abs. 1 S. 1, 2. Alt. AktG nicht mehr vorteilhaft, vielmehr sinnentleert wäre. Unter § 291 Abs. 3 AktG fallen auch Leistungen an Dritte, die auf Anweisung des herrschenden Unternehmens erfolgen.[66] Eine solche Leistung ist dann – was der Gesetzgeber durch die Neufassung des § 291 Abs. 3 AktG im Zuge des MoMiG (Gesetz zur Modernisierung des GmbH-Rechts und zur Bekämpfung von Missbräuchen) vom 01.11.2008 klargestellt hat – keine verbotene Einlagenrückgewähr.[67]

Zudem stellt unter anderem der Ausschluss der Aktionäre zur Entscheidung über die Verwendung des Bilanzgewinns (§§ 119 Abs. 1 Nr. 2, 174 Abs. 1 S. 1 AktG) einen schwerwiegenden Eingriff in die Finanzverfassung der Gesellschaft und damit eine grundlegende Modifikation der grundsätzlichen Bestimmungen des Aktienrechts dar.[68] Wirtschaftlich ausgeglichen wird dieser Eingriff

---

63 Würdinger, in: DB 1958, 1447 (1451 f.).

64 Emmerich, in: Emmerich/Habersack, Komm. z. Aktien-/GmbH-KonzernR, 9. Aufl. 2019, § 291 Rn. 25 f.

65 Vgl. Veil, Unternehmensverträge, S. 192, 200.

66 Beschlussempfehlung des Rechtsausschusses zum Gesetz zur Modernisierung des GmbH-Rechts und zur Bekämpfung von Missbräuchen (MoMiG), BT-Drucks. 16/9737, S. 56.

67 Beschlussempfehlung des Rechtsausschusses zum Gesetz zur Modernisierung des GmbH-Rechts und zur Bekämpfung von Missbräuchen (MoMiG), BT-Drucks. 16/9737, S. 56; Altmeppen, in: Münchn. Komm. z. AktG, 4. Aufl. 2015, § 291 Rn. 229.

68 Langenbucher, in: K. Schmidt/Lutter, Komm. z. AktG, 3. Aufl. 2015, § 291 Rn. 51.

durch § 304 AktG.[69] Des Weiteren bewirkt die vertragliche Verbindung zwischen Unternehmen generell, dass Eingriffe in die Struktur der verpflichteten Gesellschaft durch die Sonderregeln der §§ 300-307 AktG zugelassen und kompensiert werden.[70] Darüber hinaus wird mit § 308 AktG durch den Abschluss eines Beherrschungsvertrages die Eigenverantwortlichkeit des Vorstandes eingeschränkt, die sich normalerweise aus § 76 AktG ergibt. Der Vorstand ist von nun an weisungsgebunden (aber nicht rückwirkend).[71]

2. Strukturändernder einseitiger Schuldvertrag

Eine Mindermeinung spricht sich gänzlich gegen eine Qualifizierung von Unternehmensverträgen des § 291 Abs. 1 AktG als Organisationsverträge aus.[72] Das Schwergewicht der Betrachtung sei vielmehr auf die Begründung von Rechten und Pflichten seitens der Vertragsparteien zu legen. Danach handele es sich um ein schuldrechtliches Rechtsgeschäft, den strukturändernden einseitigen Schuldvertrag.

Weiter argumentiert diese Meinung u. a. damit, den positivgesetzlichen Regelungen der §§ 291 Abs. 1 S. 1, 1. Alt., 293 Abs. 1, 308 AktG sei nicht zu entnehmen, dass durch diese die innergesellschaftliche Zweck-, Organisations- und Finanzverfassung geändert werden soll.[73] Die entgegenstehende Annahme der h. M. sei ein Widerspruch zu fundamentalen gesellschaftsrechtlichen Prinzipien. Eine derartige Umgestaltung liege in der ausschließlichen Zuständigkeit der Hauptversammlung, eine Maßnahme des Vorstandes wie ein Vertragsschluss könne keine Auswirkungen auf die Satzung haben (zu den Auswirkungen des Organisationsvertrages auf die Satzung vgl. nachfolgend unter C.II.).

Dem ist nicht zuzustimmen. Ein Verstoß gegen gesellschaftsrechtliche Prinzipien kann nicht angenommen werden, da ein Unternehmensvertrag gerade nur mit Zustimmung der Hauptversammlung wirksam werden kann, vgl. § 293 Abs. 1 S. 1 AktG. Stimmt die Hauptversammlung dem Unternehmensvertrag zu, nimmt sie entsprechende Auswirkungen auf die Zweck-, Organisations- und Finanzverfassung der Gesellschaft billigend in Kauf.

---

69 Langenbucher, in: K. Schmidt/Lutter, Komm. z. AktG, 3. Aufl. 2015, § 291 Rn. 59; Altmeppen, in: Münchn. Komm. z. AktG, 4. Aufl. 2015, § 291 Rn. 143.
70 Altmeppen, in: Münchn. Komm. z. AktG, 4. Aufl. 2015, § 291 Rn. 143.
71 Koppensteiner, in: Kölner Komm. z. AktG, 3. Aufl. 2004, Vorbem. z. § 291 Rn. 156.
72 Mülbert, in: Großkomm. z. AktG, 4. Aufl. 2013 (Stand 1. Oktober 2012), § 291 Rn. 21.
73 Vgl. Mülbert, in: Großkomm. z. AktG, 4. Aufl. 2013 (Stand 1. Oktober 2012), § 291 Rn. 21.

II. Auswirkungen des Organisationsvertrages auf die Satzung

Inwiefern sich der Abschluss eines Organisationsvertrages auf die Satzung der jeweiligen Gesellschaft auswirkt und ob damit faktisch eine Satzungsänderung einhergeht, wird in der Literatur nach wie vor diskutiert.

1. E. A.: Organisationsvertrag ist keine Satzungsänderung

Eine Ansicht[74] verneint wegen § 293 Abs. 1 S. 4 AktG – wonach auf den Beschluss über den Unternehmensvertrag die Bestimmungen des Gesetzes und der Satzung über Satzungsänderungen nicht anzuwenden sind –, dass Organisationsverträge eine Art Satzungsänderung sind. Für die Dauer des Unternehmensvertrages würden die Satzungsbestimmungen zwar teilweise verändert oder vollkommen verdrängt, würden aber nach Beendigung des Vertrages von selbst wieder in Kraft treten. Dieser Automatismus sei im Falle einer Satzungsänderung kaum zu erklären. Aufgrund dieser automatischen Abfolge sei der Beschluss nach § 293 AktG keine Satzungsänderung. Gäbe es die Vorschriften der §§ 291 ff. AktG nicht, würde es Sinn machen, eine unternehmensvertragliche Vereinbarung durch Satzungsänderung herbeizuführen. Es sei nicht nachzuvollziehen, wie die h. M. ihre Argumentation trotz § 293 Abs. 1 S. 4 AktG aufrechterhalten will. Zudem liege die Kompetenz, Satzungsänderungen vorzunehmen, ausschließlich im Zuständigkeitsbereich der Hauptversammlung.

2. H. M.: Abschluss eines Organisationsvertrages hat satzungsändernden Charakter

Die Unternehmensverträge, die als Organisationsverträge eingeordnet werden und die beschriebenen Auswirkungen auf die Organisations- und Finanzverfassung der unternehmensvertraglich verpflichteten Gesellschaften haben,[75] kommen nach der wohl herrschenden Ansicht – trotz § 293 Abs. 1 S. 4 AktG – einer Satzungsänderung zumindest gleich und übernehmen somit teilweise die Funktion der Satzung.[76] Dies komme faktisch einer Satzungsänderung sehr

74 Altmeppen, in: Münchn. Komm. z. AktG, 4. Aufl. 2015, § 291 Rn. 40 f.

75 Vgl. dazu unter I.1.

76 BGH NJW 1988, 1326 („Familienheim"); BGH NJW 1989, 295 (296); BGH GmbHR 2011, 922 (924), der umgekehrt klarstellt, dass die Gesellschaft durch Kündigung des Organisationsvertrages wieder in den satzungsmäßigen Normalzustand zurückfällt; OLG München, BB 2009, 631 (632); Veil, Unternehmensverträge, S. 200 (201); Koppensteiner, in: Kölner Komm. z. AktG, 3. Aufl. 2004, Vorbem. z. § 291 Rn. 159.

nahe, bedeute allerdings nicht, dass mit Abschluss des Unternehmensvertrages eine formelle Satzungsänderung stattfindet.[77] Mit Abschluss des Unternehmensvertrages werde vielmehr aufgrund der Veränderungen der Rechtsstellung der Organe und Aktionäre so stark in die Verfassung der Gesellschaften eingegriffen, dass die eigene Verfassung schlichtweg modifiziert[78], überlagert[79] und verdrängt[80] werde. Die Satzung (bzw. der Gesellschaftsvertrag der GmbH, der dort meist die Funktion der Satzung einnimmt) lebe mit Beendigung der Unternehmensverträge wieder auf.[81]

3. Auswirkungen des Meinungsstreits, Ergebnis

Der Streit hat im Ergebnis wenig praktische Bedeutung, weil auch *Altmeppen*[82] zugesteht, Unternehmensverträge seien wie Satzungen auszulegen, was diese Ansicht aus der Natur der Verträge als Organisationsverträge herleitet. Ob der Abschluss eines Unternehmensvertrages i. S. v. § 291 Abs. 1 AktG tatsächlich als eine faktische Satzungsänderung zu begreifen ist oder ob es dadurch nur der Sache nach zur Veränderung und Verdrängung der Satzung kommt, kann demnach grundsätzlich dahinstehen.

Dennoch ist die herrschende Meinung vorzugswürdig. § 293 Abs. 1 AktG bringt anschaulich zum Ausdruck, dass es sich bei dem Abschluss eines Organisationsvertrages – wie bei einer Satzungsänderung – um einen tiefgreifenden Eingriff in die Verbandsstruktur der Gesellschaft handelt, der den Abschluss des Unternehmensvertrages seitens der abhängigen Gesellschaft von einem

---

77 BayObLGZ 1988, 201 (208); BGH NJW 1992, 505 (505).

78 Liebscher, in: Drinhausen/Eckstein, Beck'sches Handbuch der AG, 3. Aufl. 2018, § 14 Rn. 104.

79 BGH NJW 1988, 1326; BGH NJW 1989, 295 (296), ergangen auf Vorlagebeschluss des BayObLGZ 1988, 201, das von einer Satzungsüberlagerung spricht und diese Begrifflichkeit geprägt hat; Würdinger, Aktienrecht und das Recht der verbundenen Unternehmen, 4. Aufl. 1981, § 70 (S. 324); Veil, Unternehmensverträge, 2003, S. 207; Beurskens, in: Baumbach/Hueck, Komm. z. GmbHG, 22. Aufl. 2019, Anhang: Die GmbH im Unternehmensverbund (GmbH-Konzernrecht) Rn. 105; Liebscher, in: Drinhausen/Eckstein, Beck'sches Handbuch der AG, 3. Aufl. 2018, § 14 Rn. 104.

80 Würdinger, Aktienrecht und das Recht der verbundenen Unternehmen, 4. Aufl. 1981, § 70 (S. 324).

81 Beurskens, in: Baumbach/Hueck, Komm. z. GmbHG, 22. Aufl. 2019, Anhang: Die GmbH im Unternehmensverbund (GmbH-Konzernrecht) Rn. 105.

82 Altmeppen, in: Münchn. Komm. z. AktG, 4. Aufl. 2015, § 291 Rn. 35 f., 41.

Hauptversammlungsbeschluss mit qualifizierter Mehrheit abhängig macht.[83] Darüber hinaus bringt § 293 Abs. 1 S. 4 AktG – entgegen der Sichtweise der unter C.II.2. dargestellten Ansicht – zum Ausdruck, dass ein Organisationsvertrag lediglich eine auf dessen Laufzeit begrenzte faktische Satzungsänderung ist, indem einzelne Satzungsbestimmungen durch die Natur der im Einzelnen abgeschlossenen Verträge sowie die vertraglichen Regelungen außer Kraft gesetzt oder überlagert werden. So setzt die Unterstellung eines Unternehmens unter die Beherrschung eines anderen u. a. die Reichweite der satzungsmäßig geregelten Vorgaben zur Kapitalerhaltung gem. §§ 57 ff. AktG sowie die Leitungsautonomie des Vorstandes aus § 76 AktG – dem in der Regel durch die Satzung ein Rahmen gesetzt wird, in dem er sich bewegen soll – nur für die Dauer des Unternehmensvertrages außer Kraft bzw. schränkt diese erheblich ein. Nach Beendigung des Unternehmensvertrages leben die durch den Vertrag zuvor eingeschränkten Satzungsbestimmungen wieder auf.

Auch im GmbH-Recht hat der Abschluss eines Beherrschungs- und Gewinnabführungsvertrags die oben beschriebenen Auswirkungen auf die Satzung. Im Fall des Abschlusses durch eine GmbH muss der Vertragsschluss wie eine Änderung des Gesellschaftsvertrags/der Satzung der GmbH behandelt und deren Anforderungen müssen eingehalten werden (insb. Beurkundung des Beschlusses sowie die Eintragung des Unternehmensvertrags im Handelsregister der abhängigen Gesellschaft).[84]

III. Normative Wirkung der Organisationsverträge

Neben den Auswirkungen der Organisationsverträge auf die Gesellschaft und deren Satzung sei noch erwähnt, dass die Organisationsverträge zugleich auch normative Wirkung entfalten. So ist beim Beherrschungsvertrag der Vorstand der abhängigen Gesellschaft ab dem Zeitpunkt des Abhängigkeitsverhältnisses (nicht rückwirkend) organschaftlich gegenüber seiner Gesellschaft verpflichtet, die Weisungen des herrschenden Unternehmens und sonstige unternehmensvertraglichen Bestimmungen zu befolgen.[85]

---

83 Emmerich, in: Emmerich/Habersack, Komm. z. Aktien-/GmbH-KonzernR, 9. Aufl. 2019, § 291 Rn. 26.

84 Beurskens, in: Baumbach/Hueck, Komm. z. GmbHG, 22. Aufl. 2019, Anhang: Die GmbH im Unternehmensverbund (GmbH-Konzernrecht) Rn. 105.

85 Veil, Unternehmensverträge, 2003, S. 202 f.

Mithin ändert der Organisationsvertrag faktisch sowohl die durch die Satzung als auch die durch Gesetz bestimmte Verfassung der Gesellschaft für den Zeitraum seines Bestandes in erheblichem Umfang ab.

IV. Rechtliche Behandlung der Organisationsverträge

Die rechtlichen Beziehungen der Vertragsparteien untereinander, die sich aus dem Unternehmensvertrag als Organisationsvertrag ergeben, sind ebenfalls umstritten.

So wird vertreten, dass die rechtlichen Beziehungen sich allein nach dem Gesellschaftsrecht richten (vgl. dazu unter 1.). Die nächste Ansicht stuft die Rechtsbeziehungen im Organisationsvertrag als solche schuldrechtlicher Natur ein (vgl. dazu 2.). Schließlich beruhen diese nach einer dritten Ansicht auf der sog. unternehmensrechtlichen Treuepflicht, sodass es keines Rückgriffs auf das Schuldrecht bedürfe (vgl. dazu 3.).

1. Strikte Lösung nach Gesellschaftsrecht

Vereinzelt gibt es Vertreter einer These, die aus der Rechtsnatur des Vertrages als Organisationsvertrag schließen, dass die diesbezügliche Rechtsanwendung ebenfalls ausschließlich strikt nach dem Gesellschaftsrecht erfolgen dürfe.[86] Für die Anwendung allgemeiner sowie schuldrechtlicher Vorschriften des Bürgerlichen Gesetzbuches sei kein Raum. Leiste die herrschende Gesellschaft keinen Verlustausgleich, stehe der abhängigen Gesellschaft nicht die Einrede des nicht erfüllten Vertrages aus § 320 BGB zur Verfügung, allerdings könne sie auf gesellschaftsrechtliche Rechtsbehelfe wie § 297 AktG zurückgreifen und beispielsweise den Unternehmensvertrag kündigen.[87]

Gegen dieses Argument spricht vor allem, dass der Gesetzgeber ausdrücklich davon ausging, dass die herrschende Gesellschaft nach den allgemeinen Vorschriften haftet und daher keine weitergehende Regelung traf, sowie, dass Organisationsverträge alle Charakteristika eines Dauerschuldverhältnisses aufweisen (siehe dazu ausführlich unter C.IV.2.).

Diese Ansicht hat zudem die Folge, dass die Vertragsparteien auf gesellschaftsrechtliche Rechtsbehelfe wie die Kündigung des Vertrages zur Durchsetzung

---

86 Bayer, Der grenzüberschreitende Beherrschungsvertrag; S 16 ff.; Kort, Der Abschluss von Beherrschungs- und Gewinnabführungsverträgen im GmbH-Recht, § 6, S. 56.

87 Kort, Der Abschluss von Beherrschungs- und Gewinnabführungsverträgen im GmbH-Recht, § 5, S.56.

ihrer Interessen beschränkt wären.[88] Dies würde wiederum dazu führen, dass im Falle der Weigerung Weisungen zu befolgen oder bei Nichterfüllung sonstiger Verpflichtungen die herrschende Gesellschaft keinen Erfüllungs- oder Schadensersatzanspruch gegen die abhängige Gesellschaft geltend machen könnte.[89] Auch der abhängigen Gesellschaft fehlen bei Verneinung schuldrechtlicher Ansprüche, vor allem dem der §§ 320 und 273 BGB, wichtige Mittel zur Durchsetzung ihrer Interessen, beispielsweise für den Fall, dass die herrschende Gesellschaft die entstandenen Verluste nicht ausgleicht (§ 302 Abs. 1 AktG).[90]

Schließlich ist ein Verzicht auf das Schuldrecht und die Verweisung lediglich auf die Kündigungsmöglichkeit nicht praktikabel, da so den unternehmensvertraglich verbundenen Gesellschaften die Austragung von Konflikten und die Durchsetzung ihrer Ansprüche im Fall einer grundsätzlichen Zufriedenheit mit der unternehmensvertraglichen Verbindung und eines bestehenden Wunsches nach der Aufrechterhaltung des Vertrages verwehrt bleiben. Dies würde bei derjenigen Vertragspartei, die mit gewissen Zuständen, die im Vertragsverhältnis herrschen, nicht einverstanden ist, zu großer Unzufriedenheit führen und die Spannungen im Konzern weiter verschärfen.

Der Ansicht, die die Anwendbarkeit von Schuldrecht auf Organisationsverträge versagt, wird daher mit den nachfolgenden[91] – überzeugenderen – Argumenten widersprochen.

2. Organisationsvertrag mit schuldvertraglichen Elementen

Es wird mehrheitlich vertreten, dass der Organisationsvertrag auch schuldrechtliche Elemente aufweise.[92] Abschluss, Aufhebung und Kündigung stellen nach Auffassung des BGH einerseits zwar einen Eingriff in die Organisationsstruktur der Gesellschaft dar, haben andererseits allerdings immer auch schuldrechtliche Wirkung.[93]

Dafür sprechen folgende Argumente:

---

88 Vgl. Altmeppen, in: Münchn. Komm. z. AktG, 4. Aufl. 2015, § 291 Rn. 38, § 308 Rn. 65; Veil, in: Spindler/Stilz, Komm. z. AktG, 4. Aufl. 2019, Vorbem. § 291 Rn. 28.

89 Veil, in: Spindler/Stilz, Komm. z. AktG, 4. Aufl. 2019, Vorbem. § 291 Rn. 28.

90 Koch, in: Hüffer/Koch, Komm. z. AktG, 13. Aufl. 2018, § 291 Rn. 18.

91 Siehe C.IV.2.

92 So schon Bayer, in: Festschrift Ballerstedt, 157 (163).

93 BGH NJW-RR 2011, 1117 (1119); Emmerich, in: Emmerich/Habersack, Komm. z. Aktien-/GmbH-KonzernR, 9. Aufl. 2019, § 291 Rn. 27 f.; Liebscher, in: Münchn. Komm. z. GmbHG, 3. Aufl. 2018, Anh. § 13 Rn. 652.

Der Gesetzgeber geht ausdrücklich von einer schuldrechtlichen Verbindung zwischen den Gesellschaften aus. Diese sei vor allem bezüglich der Haftung des herrschenden Unternehmens für sorgfaltswidrige Weisungen ausreichend und es gebe keinen gesonderten Regelungsbedarf. So hat der Gesetzgeber zu § 309 AktG ausdrücklich erklärt:[94]

> *„Hingegen regelt die Vorschrift abgesehen von dem Fall, daß ein Einzelkaufmann das herrschende Unternehmen ist, nicht die Haftung des herrschenden Unternehmens selbst. Das herrschende Unternehmen haftet nach den allgemeinen Rechtsgrundsätzen aufgrund des Vertrags; eine besondere aktienrechtliche Regelung ist daher nicht erforderlich."*

Daraus folgt, dass sich bereits die Haftung des herrschenden Unternehmens für sorgfaltswidrige Weisungen bzw. eine Verletzung der Pflicht zur Wahrung der Interessen der abhängigen Gesellschaft nach § 280 BGB i. V. m. § 31 BGB richten muss und damit der Rückgriff auf das Schuldrecht zwischen verbundenen Gesellschaften notwendig werden kann.[95]

Darüber hinaus spricht für die Bejahung schuldrechtlicher Elemente, dass Unternehmensverträge neben ggf. aufwendigen Verhandlungen und der Einschaltung von Wirtschafts- und Rechtsberatern schlussendlich durch einfachen Vertragsschluss nach den Vorschriften des allgemeinen Teils des BGB zustande kommen (Abgabe zweier übereinstimmender Willenserklärungen, bestehend aus Angebot und Annahme).[96] Sollten vertragliche Beziehungen und/oder Rechtsfolgen nicht den Vorschriften des BGB unterliegen, kann dies nur durch ausdrücklichen vertraglichen Ausschluss möglich sein oder durch eine spezialgesetzliche Bestimmung erfolgen. Eine solche spezialgesetzliche Bestimmung, die schuldrechtliche Ansprüche und Rechtsfolgen ausschließt, ist den gesellschaftsrechtlichen Bestimmungen über Unternehmensverträge nicht zu entnehmen. Aufgrund des Umstandes, dass zwei Rechtsträger ihre Rechtsbeziehungen untereinander vertraglich gestalten, sind damit die daraus resultierenden Anspruchsbeziehungen – trotz Einstufung der Unternehmensverträge als Organisationsverträge – schuldrechtlicher Natur.[97] Gerade aus dem

94 Kropff, Begründung des Regierungsentwurfs zum AktG von 1965, S. 404 f.
95 So in etwa auch Liebscher, in: Münchn. Komm. z. GmbHG, 3. Aufl. 2018, Anh. § 13 Rn. 655.
96 Im Ergebnis so auch Koch, in: Hüffer/Koch, Komm. z. AktG, 13. Aufl. 2018, § 291 Rn. 18.
97 Koch, in: Hüffer/Koch, Komm. z. AktG, 13. Aufl. 2018, § 291 Rn. 18.

Beherrschungsvertrag ergeben sich diese beiderseitigen Leistungspflichten in Form der §§ 302 Abs. 1 und 308 Abs. 2 S. 1 AktG.[98]

Zudem zeigt der Inhalt der §§ 302 Abs. 1 und 308 Abs. 2 S. 1 deutlich, dass sich aus der unternehmensvertraglichen Verbindung der Gesellschaft beidseitige Leistungspflichten ergeben.[99] Dann ist es konsequent, dass auch die §§ 273, 276, 280 und 320 BGB Rechtsgrundlage für eine Anspruchsdurchsetzung sind.[100]

Des Weiteren beinhaltet ein Organisationsvertrag alle Elemente eines klassischen Dauerschuldverhältnisses. Ein solches liegt vor, wenn durch einmalige Vereinbarung ständig wiederkehrende oder neue Leistungs-, Neben- und Schutzpflichten über einen langen Zeitraum entstehen.[101] Dies ist bei Gewinnabführungs- und Beherrschungsverträgen der Fall. Der Gewinnabführungsvertrag begründet die (schuldrechtliche) Verpflichtung der abhängigen Gesellschaft zur Gewinnabführung (§ 291 Abs. 1 S. 1 AktG) und demgegenüber die Verpflichtungen der herrschenden Gesellschaft zum Verlustausgleich (§ 302) sowie gegenüber den außenstehenden Aktionären die Erbringung von Ausgleichs- und Abfindungsleistungen, §§ 304 und 305 AktG. Der Beherrschungsvertrag verpflichtet die abhängige Gesellschaft zur Weisungsbefolgung und die herrschende Gesellschaft zur Rücksichtnahme. Bezeichnend für ein Dauerschuldverhältnis ist auch die Kündigungsmöglichkeit des § 297 AktG. Die Kündigung aus wichtigem Grund ist das vorherrschende und charakteristische Loslösungsrecht bei Dauerschuldverhältnissen (vgl. § 314 BGB).

Schließlich werden auch die Gesellschaftsverträge der Personengesellschaften als Organisationsverträge eingeordnet, auf die schuldrechtliche Bestimmungen – beispielsweise §§ 320 ff. BGB, soweit es sich um eine zweigliedrige Gesellschaft handelt – entsprechend anwendbar sein können.[102] Für eine Differenzierung,

---

98 Emmerich, in: Emmerich/Habersack, Komm. z. Aktien-/GmbH-KonzernR, 9. Aufl. 2019, § 291 Rn. 27.

99 Vgl. Emmerich, in: Emmerich/Habersack, Komm. z. Aktien-/GmbH-KonzernR, 9. Aufl. 2019, § 291 Rn. 27.

100 Emmerich, in: Emmerich/Habersack Komm. z. Aktien-/GmbH-KonzernR, 9. Aufl. 2019, § 291 Rn. 27.

101 Grüneberg, in: Palandt, Komm. z. BGB, 78. Aufl. 2019, § 314 Rn. 2.

102 Koppensteiner, in: Kölner Komm. z. AktG, 3. Aufl. 2004, Vorbem. z. § 291 Rn. 157; Kropff, Begründung des Regierungsentwurfs zu § 295 AktG von 1965, S. 384; Schäfer, in: Münchn. Komm. z. BGB, 7. Aufl. 2017, § 705 Rn. 169; Möhrle, in: MHdB GesR, Bd. 2, 5. Aufl. 2019, § 2 Rn. 72; V. Falkenhausen/H. C. Schneider, in: MHdB GesR, Bd. 1, 5. Aufl. 2019, § 60 Rn. 71.

warum dies für Kapitalgesellschaften anders sein sollte, ist kein sachlicher Grund ersichtlich.

Damit sprechen die überwiegenden und besseren Gründe für eine Bejahung des Vorhandenseins schuldrechtlicher Elemente bei Organisationsverträgen.

Aufgrund der vorstehenden praktischen Argumente ist daher im weiteren Verlauf dieser Arbeit davon auszugehen, dass die Unternehmensverträge i. S. d. § 291 Abs. 1 S. 1 AktG Organisationsverträge mit schuldvertraglichen Elementen sind. Dies ist vor allem für das unter Abschnitt J dieser Arbeit untersuchte Problem, eine Anspruchsgrundlage für die Rückforderung übermäßig abgeführter Gewinne nach Beendigung eines Gewinnabführungsvertrages zu finden, von großer Bedeutung.

Für den Praktiker ist die Qualifizierung der Unternehmensverträge als Organisationsverträge mit schuldvertraglichen Elementen zudem maßgeblich, da – wie gezeigt – der BGH dieser Argumentation ebenfalls folgt.[103]

a) *Leistungsverweigerungsrechte der abhängigen Gesellschaft*

Aus den wechselseitigen Rechten und Pflichten der §§ 302 Abs. 1 und 308 Abs. 2 S. 1 AktG folgern die Vertreter der h. M., die sich für einen Organisationsvertrag mit schuldvertraglichen Elementen aussprechen, die Anwendbarkeit der Leistungsverweigerungsrechte nach § 273 Abs. 1 BGB beziehungsweise § 320 BGB.[104] Danach dürfe die abhängige Gesellschaft die Befolgung von Weisungen oder das Abführen des Gewinns beispielsweise für den Fall, dass die herrschende Gesellschaft die Verluste nicht übernimmt, verweigern.

Im Detail ist jedoch streitig, ob die Pflichten aus Unternehmensverträgen im Synallagma stehen und damit § 320 BGB anwendbar ist. Voraussetzungen für ein Synallagma ist ein Gegenseitigkeitsverhältnis (vgl. § 320 Abs. 1 S. 1 BGB).

Zum einen wird vertreten, im Ergebnis sei eine Verneinung des Synallagmas eine erhebliche Erschwerung der Anspruchsdurchsetzung im Rahmen des Anspruchs aus § 302 Abs. 1 AktG für die ansonsten weitgehend schutzlos gestellte abhängige Gesellschaft.[105] Dies ist ein stark konstruiertes Argument für ein Synallagma, da allein ein Ungleichgewicht zwischen Vertragsparteien nicht ein fehlendes Gegenseitigkeitsverhältnis begründen kann. Dennoch kann ein solches mit den nachfolgenden Argumenten bejaht werden:

---

103 BGH NJW-RR 2011, 1117 (1119).

104 Koppensteiner, in: Kölner Komm. z. AktG, 3. Aufl. 2004, Vorbem. z. § 291 Rn. 157; Koch, in: Hüffer/Koch, Komm. z. AktG, 13. Aufl. 2018, § 291 Rn. 18.

105 Koch, in: Hüffer/Koch, Komm. z. AktG, 13. Aufl. 2018, § 291 Rn. 18.

Für das Vorliegen eines Synallagmas spricht zunächst, wie gezeigt, dass auch die Gesellschaftsverträge der Personengesellschaften als Organisationsverträge qualifiziert werden, bei denen ebenfalls schuldrechtliche Beziehungen und Ansprüche entstehen können (so zumindest weitestgehend unstreitig die §§ 320 ff. bei der zweigliedrigen Personengesellschaft).[106] Warum dies bei Kapitalgesellschaften hingegen nicht der Fall sein soll, ist nicht ersichtlich.

Bei der Beantwortung der Frage, ob §§ 320 und 273 BGB einschlägig sind, kommt es maßgeblich darauf an, wie man die unternehmensvertraglichen Verbindungen zwischen den Gesellschaften bewertet. Im Gesamtkonstrukt eines Beherrschungs- und Gewinnabführungsvertrages stehen m. E. die Weisungsbefolgungspflicht aus § 308 AktG sowie die Verpflichtung zur Abführung des ganzen Gewinns der abhängigen Gesellschaft im engen Zusammenhang mit dem Anspruch auf Verlustausgleich des § 302 AktG (do ut des) gegenüber der herrschenden Gesellschaft. Die abhängige Gesellschaft unterstellt sich in der Regel den Weisungen des herrschenden Unternehmens und führt ihre Gewinne ab, um im Gegenzug den Verlustausgleich beanspruchen zu können. Zusammen sind daher der Beherrschungs- und der Gewinnabführungsvertrag – trotz ihrer systematischen Trennung in § 291 Abs. 1 S. 1 AktG – rechtlich gesehen eine Einheit, sodass ein Synallagma besteht.

Je nach der Ausgestaltung des Vertrages kommt jedoch zumindest das Zurückbehaltungsrecht des § 273 BGB zum Tragen, das lediglich dasselbe rechtliche Verhältnis voraussetzt, was aufgrund der rechtlichen Einheit des Beherrschungs- und des Gewinnabführungsvertrages und der Entscheidung für einen gemeinsamen – und nicht isolierten – Abschluss der Fall ist.

Damit ist es nach Ansicht der Verfasserin durchaus möglich, dass die abhängige Gesellschaft sich bei Ausbleiben des Verlustausgleichs gegenüber der herrschenden Gesellschaft weigern kann, deren Weisungen zu befolgen, indem sie sich bis zum Ausgleich ihrer Verluste auf § 273 BGB bzw. § 320 BGB beruft.

b) Keine Leistungsverweigerungsrechte der herrschenden Gesellschaft

Jedoch stellt sich in diesem Zusammenhang zwangsläufig die Frage, ob auch die herrschende Gesellschaft beispielsweise gegenüber dem Verlustausgleich (§ 302 AktG) und Ansprüchen außenstehender Aktionäre nach den §§ 304, 305 AktG Leistungsverweigerungsrechte geltend machen kann. Dies wird der

106 Vgl. bereits unter C.IV.2.a), Fn. 102.

herrschenden Gesellschaft aufgrund der Tatsache, dass ihre Pflichten gläubiger- und aktionärsschützenden Charakter haben, abgesprochen.[107]

c) *Treuepflicht*

In seiner Habilitationsschrift vertritt *Veil*[108] die Ansicht, Unternehmensverträge könnten aufgrund der Bindung ihrer Organe gegenüber der Gesellschaft zwar durchaus auch normative Wirkungen entfalten, allerdings bedürfe es für ein Leistungsverweigerungsrecht des einen oder des anderen Vertragsteils keines Rückgriffs auf die allgemeinen Vorschriften der §§ 320, 273 BGB.[109] Denn im Ergebnis ergebe sich die Lösung ohne einen solchen Rückgriff aus der unternehmensrechtlichen Treuepflicht. Der Rechtsgrund für eine solche Treuepflicht könne nur der Unternehmensvertrag selbst sein. Diese unternehmensvertragliche Treuepflicht verpflichte zur Rücksichtnahme.

Aus der unternehmensvertraglichen Treuepflicht folge, dass der Vorstand sich darauf berufen könne, seitens der herrschenden Gesellschaft sei es treuwidrig, Weisungen im Rahmen der Konzernleitungsmacht zu erteilen, ohne seinerseits die unternehmensvertraglichen Pflichten zu erfüllen.[110] Dies ergebe sich aus den gesellschaftsrechtlichen Loyalitätspflichten, die bereits im Rahmen der Diskussionen zu den mitgliedschaftsrechtlichen Pflichten der GmbH entwickelt worden seien. Diese Treuepflicht des Vorstandes beinhalte indes auch die Hinnahme schädigender Maßnahmen der herrschenden Gesellschaft gegenüber der abhängigen. Allerdings könne es die Befolgung der Weisung und die Gewinnabführung aufgrund der gesellschaftsrechtlichen Treuepflicht davon abhängig machen, ob die herrschende Gesellschaft ihrer Pflicht zum Verlustausgleich nachkommt. Eines Rückgriffs auf zivilrechtliche Vorschriften bedürfe es daher nicht.

---

107 Vgl. Altmeppen, in: Münchn. Komm. z. AktG, 4. Aufl. 2015, § 291 Rn. 39; Schenk, in: Bürgers/Körber, Komm. z. AktG, 4. Aufl. 2017, § 291 Rn. 11; Koch, in: Hüffer/Koch, Komm. z. AktG, 13. Aufl. 2018, § 291 Rn. 18.

108 Deutscher Rechtswissenschaftler, seit August 2017 Inhaber des Lehrstuhls für Bürgerliches Recht und Unternehmensrecht an der LMU München.

109 Veil, Unternehmensverträge, 2003, S. 192 ff. (200 ff.), sowie Veil, in: Spindler/Stilz, Komm. z. AktG, 4. Aufl. 2019, Vorbem. § 291 Rn. 29; Schenk, in: Bürgers/Körber, Komm. z. AktG, 4. Aufl. 2017, § 291 Rn. 11.

110 Veil, in: Spindler/Stilz, Komm. z. AktG, 4. Aufl. 2019, Vorbem. § 291 Rn. 30; so auch Altmeppen, in: Münchn. Komm. z. AktG, 4. Aufl. 2015, § 291 Rn. 38.

Normativer Anknüpfungspunkt für *Veils* These, dass es daher treuwidrig sein könne, Konzernleitungsmacht auszuüben oder die Abführung des ganzen Jahresüberschusses zu verlangen, ohne entsprechend Verluste auszugleichen,[111] ist damit offenbar schlichtweg der Schutzzweck der §§ 302 und 308 AktG.

d) Ergebnis: Anwendbarkeit des Schuldrechts hinsichtlich der Leistungsverweigerungsrechte der abhängigen Gesellschaft

Hinsichtlich des Streits, woraus sich Leistungsverweigerungsrechte der abhängigen Gesellschaft ergeben, wird wie folgt Stellung genommen:

Im Ergebnis sind die Vertreter der beiden letztgenannten Ansichten[112] sich darüber einig, dass auch bei Einordnung der Rechtsnatur der Beherrschungs- und Gewinnabführungsverträge als Organisationsverträge den Vertragsparteien Leistungsverweigerungsrechte zustehen. Zum einen folge ein solches Leistungsverweigerungsrecht nach der einen Ansicht aus §§ 320, 273 BGB, zum anderen aus der gesellschaftsrechtlichen/unternehmensvertraglichen Treuepflicht.

Für die Praxis erscheint jedoch eine Lösung über die vorhandenen allgemein zivilrechtlichen Normen der §§ 273 und 320 BGB im Zweifel hilfreicher und handfester, vor allem im Hinblick auf die rechtliche Durchsetzung der Zurückbehaltungsrechte. Die Berufung auf die Treuepflicht als Ausprägung des Grundsatzes von Treu und Glauben nach § 242 BGB sollte in der Regel als Ultima Ratio probiert werden. Es ist empfehlenswert, zunächst auf die geschriebenen Rechtnormen zurückzugreifen. Im Falle des Scheiterns einer normativen Anspruchsdurchsetzung oder als Hilfsbegründung kann sodann auf die ungeschriebene Rechtsnorm der Treuepflicht, die zumindest auch unter den materiellen Gesetzesbegriff des Art. 2 EGBGB fällt,[113] zurückgegriffen werden.

Eine rechtliche Anspruchsverfolgung oder Verteidigung unter Berufung allein auf die unternehmensvertragliche Treuepflicht könnte aufgrund der fehlenden Normierung und Greifbarkeit unter Umständen der Durchsetzung der Interessen des Anspruchstellers nicht ausreichend Nachdruck verleihen. Unter Zugrundelegung der einschlägigen BGB-Vorschriften bleibt der in Nachteil geratenen Gesellschaft in der Regel mindestens jeweils eine Anspruchsgrundlage (und damit ein normativer Anknüpfungspunkt), um Ansprüche auf Erfüllung

---

111 Veil, Unternehmensverträge, 2003, S. 192 ff. (205).

112 Siehe C.VI.2 und C.VI.3.

113 Göz, in: Bürgers/Körber, Komm. z. AktG, 4. Aufl. 2017, § 243 Rn. 3; Drescher, in: Spindler/Stilz, Komm. z. AktG, 4. Aufl. 2019, § 243 Rn. 40.

des Vertrages oder Schadensersatzansprüche geltend machen und durchsetzen zu können.

In der Praxis sollte im Falle einer Rechtsverfolgung oder -verteidigung allein aus Vorsichtsgründen daher zunächst auf die normativen Anknüpfungspunkte und sodann hilfsweise auf die unternehmensrechtliche Treuepflicht abgestellt werden.

V. Folgerungen aus der Rechtsnatur des Beherrschungs- und Gewinnabführungsvertrages nach § 291 Abs. 1 S. 1 AktG

Die Bestimmung der Rechtsnatur der Unternehmensverträge spielt für die Rechtsprechung zum einen eine Rolle im Hinblick auf den Umgang mit fehlerhaften Beherrschungs- und Gewinnabführungsverträgen.[114] Aus der organisationsrechtlichen Einordnung der Verträge folgt, dass diese nach den Grundsätzen über die fehlerhafte Gesellschaft zu behandeln sind.[115] Zum anderen stellen sich die hier näher zu beleuchtenden Fragen, inwieweit Unternehmensverträge der Auslegung zugänglich sind und damit einer Auslegung bedürfen (vgl. dazu unter C.V.1. „Auslegungsbedürftigkeit"), sowie, in welchem Umfang die Vorschriften der §§ 291 ff. AktG es erlauben, von den zwingenden Vorschriften des Gesetzes abzuweichen (vgl. dazu unter C.V.2. „Vertragsfreiheit"). Schließlich eröffnet die Einordnung der Unternehmensverträge als Organisationsverträge mit schuldrechtlicher Wirkung die klageweise Geltendmachung der aus den Verträgen resultierenden materiell-rechtlichen Ansprüche (vgl. dazu unter C.V.3. „Klagbarkeit").

1. Auslegungsbedürftigkeit

Aus dem organisationsvertraglichen Charakter der Unternehmensverträge des § 291 Abs. 1 AktG ergibt sich der herrschenden Meinung zufolge, dass diese einer objektiven Auslegung bedürfen.[116] Es seien die gleichen Maßstäbe anzulegen,

---

114 BGH NJW 1988, 1326 (1326 f.) („Familienheim"); BGH NJW 1989, 295 (296 ff.) („Supermarkt"); BGH NJW 1992, 1452 (1454) („Stromlieferung"); Veil, in: Spindler/Stilz, Komm. z. AktG, 4. Aufl. 2019, Vorbem. § 291 Rn. 27 m. w. N.; kritisch: Koppensteiner, in: Kölner Komm. z. AktG, Vorbem. zu § 291 Rn. 158.

115 BGH NJW 1988, 1326 (1326 f.) („Familienheim"); BGH NJW 1988, 3143 (3146 f.); BGH NJW 1992; 505 (505 f.) („Stromlieferung"); Altmeppen, in: Münchn. Komm. z. AktG, 3. Aufl. 2010, § 291 Rn. 28.

116 OLG München, DNotZ 2009, 474 (475); Passarge, BB 2006, 2769 (2770).

wie dies bei der Auslegung von Satzungsbestimmungen der Fall ist.[117] Dritten sollten dabei die Absichten und Erklärungen der Vertragsparteien ersichtlich sein, deshalb müsse die Auslegung objektiv und einheitlich erfolgen sowie sich aus Akten des Handelsregisters und sonstigen allgemein zugänglichen Unterlagen ergeben.[118] Darüber hinaus sei der Grundsatz der „falsa demonstratio non nocet" nicht uneingeschränkt, mithin lediglich hinsichtlich der genannten, bei objektiver Auslegung zu berücksichtigenden Umstände heranzuziehen.[119]

Dem ist zuzustimmen. Das Bedürfnis der objektivierten Auslegung ergibt sich daraus, dass der Organisationsvertrag anerkanntermaßen (vgl. dazu unter C.II.3.) satzungsüberlagernd wirkt und damit für dessen Dauer teilweise die Funktion der Satzung einnimmt sowie – wie die Satzung – in der Revisionsinstanz uneingeschränkt überprüfbar und revisibel ist, § 546 ZPO.[120] Für Satzungen einer Kapitalgesellschaft ist die objektivierte Auslegung auch allgemein anerkannt, weil deren körperschaftliche Bestimmungen eine gewisse Außenwirkung haben, indem sie sich an Dritte, Gläubiger und auch künftige Gesellschafter richten.[121] Somit sind die Bestandteile des Unternehmensvertrages, die Dritten zugänglich sind, objektiviert auszulegen.

Hingegen sind individualrechtliche (nicht körperschaftliche) Bestimmungen des Unternehmensvertrages nach den §§ 133, 157 BGB auszulegen.[122] Das sind solche, die auch außerhalb des Unternehmensvertrages hätten zustande kommen können, wie zum Beispiel Vereinbarungen zwischen der Gesellschaft und Gesellschaftern, Vereinbarungen über Weisungsrechte oder Verlustübernahmepflichten.[123]

---

117 OLG München, DNotZ 2009, 474 (475); Passarge, BB 2006, 2769 (2770).

118 Schenk, in: Bürgers/Körber, Komm. z. AktG, 4. Aufl. 2017, § 291 Rn. 11; Passarge, BB 2006, 2769 (2770).

119 OLG München, DNotZ 2009, 474 (475); Passarge, BB 2006, 2769 (2770).

120 BGH NJW 1992, 892; BGH NJW 1994, 51; vgl. ebenso Altmeppen, in: Münchn. Komm. z. AktG, 4. Aufl. 2010, § 291 Rn. 35; Veil, in: Spindler/Stilz, Komm. z. AktG, 4. Aufl. 2019, Vorbem. z. § 291 Rn. 34.

121 BGH NJW 1994, 51 (51 ff.); BFH GmbHR 2008, 778 (779 f.); Koppensteiner, in: Kölner Komm. z. AktG, 3. Aufl. 2004, Vorbem. z. § 291 Rn. 160; Passarge, BB 2006, 2769 (2770).

122 RGZ 159, 272 (278 f.); Veil, Unternehmensverträge, S. 196 f.; Veil, in: Spindler/Stilz, Komm. z. AktG, 4. Aufl. 2019, Vorbem. § 291 Rn. 35; Nodoushani, in: DStR 2009, 620 (621); a. A.: Grunewald, in: ZGR 2009, 647 (650 f.).

123 Passarge, BB 2006, 2769 (2770).

2. Vertragsfreiheit

Für den Abschluss von Unternehmensverträgen gilt Vertragsfreiheit. Nach den §§ 291 ff. AktG ist eine Abweichung von den gesetzlichen Bestimmungen über die Unternehmensverträge im Rahmen der Privatautonomie grundsätzlich möglich.

Eine gänzliche Vertragsfreiheit würde allerdings wiederum mit den grundsätzlichen Bestimmungen der §§ 291 ff. AktG – dem Schutz außenstehender Aktionäre und der Gläubiger – kollidieren. Insoweit hat die unternehmensvertragsrechtliche Freiheit ihre Grenzen im Schutz dieser Interessengruppen.[124] Auch deshalb dürfen Umstände, die außerhalb der Vertragsurkunde oder körperschaftlicher Satzungsbestimmungen liegen, demnach aufgrund der gebotenen Objektivität keine Berücksichtigung bei der Auslegung finden.[125]

Darüber hinaus ist gemäß § 17 S. 2 KStG bei dem Übereinkommen, eine körperschaftssteuerliche Organschaft zu begründen, unabdingbarer Vertragsinhalt, dass der gesamte Gewinn abgeführt wird, die vereinbarte Gewinnabführung den in § 301 AktG genannten Betrag nicht überschreitet und eine Verlustübernahme durch Verweis auf die Vorschriften des § 302 AktG in seiner jeweils gültigen Fassung (dynamischer Verweis). Andernfalls erkennt die Finanzverwaltung die steuerliche Organschaft nicht an.

3. Klagbarkeit

Nach Bestimmung der Rechtsnatur der Unternehmensverträge stellt sich die Frage der Klagbarkeit der daraus resultierenden Ansprüche.

a) Allgemeines zur Klagbarkeit unternehmensvertraglicher Ansprüche

Klagbar ist unstreitig der Anspruch auf Leistung des Gewinns, der sich aus dem Gewinnabführungsvertrag ergibt.[126] Zudem können solche Ansprüche aus Unternehmensverträgen klageweise geltend gemacht werden, die auf die Erfüllung einer bestimmten Weisung gerichtet sind und nicht generell abstrakt auf die Erfüllung des Vertrages.[127] Denn die Klageschrift muss gem. § 253 Abs. 2 S. 2

---

124 Altmeppen, in: Münchn. Komm. z. AktG,4. Aufl. 2015, § 291 Rn. 33; Veil, in: Spindler/Stilz, Komm. z. AktG, 4. Aufl. 2019, Vorbem. § 291 Rn. 37.

125 Deilmann, in: Hölters, Komm. z. AktG, 3. Aufl. 2017, § 291 Rn. 69.

126 Altmeppen, in: Münchn. Komm. z. AktG, 4. Aufl. 2015, § 291 Rn. 34.

127 Altmeppen, in: Münchn. Komm. z. AktG, 4. Aufl. 2015, § 291 Rn. 34.

ZPO einen bestimmten Antrag enthalten und an die Bestimmtheit des Antrages werden strenge Anforderungen gestellt. Ansonsten kann die Klage wegen fehlender Bestimmtheit als allgemeine Prozessvoraussetzung als unzulässig abgewiesen werden.

b) Klagbarkeit eines Anspruchs auf Verlustausgleich

Der Anspruch auf Verlustausgleich der abhängigen gegen die herrschende Gesellschaft ist klagbar, jedoch kann die folgende Schwierigkeit auftreten:

Im Falle eines Rechtsstreits zwischen zwei (ehemals) verbundenen Unternehmen, in dem die abhängige Gesellschaft begehrt, ihren Verlustausgleich zu erhalten, trägt sie die Beweislast für die den Verlustausgleich beziffernde Höhe der entstandenen Verluste.[128] Nach der im Weiteren unter F.III. eingehend erörterten Rechtsprechung zur maßgeblichen Bilanz, Entstehung und Fälligkeit des Anspruchs auf Verlustausgleich ist für die Höhe die objektive Bilanz zum Bilanzstichtag maßgeblich. Das führt bei der gerichtlichen Anspruchsverfolgung bei einer Verzögerung der Feststellung des Jahresabschlusses dazu, dass für eine Leistungsklage der Fehlbetrag zunächst mittels einer Zwischenbilanz vorläufig festgestellt werden muss, damit Abschlagszahlungen erfolgen können.[129] Auch ist eine Schätzung durch das Gericht gem. § 287 ZPO denkbar, wenn sich die abhängige Gesellschaft nicht in der Lage sieht, eine Zwischenbilanz aufzustellen.[130]

Stellt sich nach endgültiger Feststellung der Bilanz heraus, dass der tatsächliche Verlust niedriger war, muss die abhängige Gesellschaft die Differenz zum – auf der Grundlage der Zwischenbilanz – eingeklagten Betrag der herrschenden Gesellschaft erstatten.[131]

c) Kein Urkundenprozess nach § 592 ff. ZPO

Schließlich ist im Hinblick auf die Durchsetzung von Ansprüchen aufgrund fehlerhafter Bilanzierungen zu beachten, dass der durch die abhängige Gesellschaft aufgestellte Jahresabschluss im Zivilprozess kein urkundliches Beweismittel ist,

128 BGH NZG 2005, 481 (282) = ZIP 2005, 854 (855).

129 BGHZ 142, 382 = NJW 2000, 210 = ZIP 1999, 1965 (1966), eine nähere Befassung mit dieser Entscheidung erfolgt unter F.III.1.a); BGH NJW 2002, 822 (824).

130 BGH NJW 2002, 822 (824).

131 BGHZ 142, 382 = NJW 2000, 210 (211) = ZIP 1999, 1965 (1966); Kleindiek, in: ZGR 2001, 479 (488 ff.).

sondern schlicht wie ein Sachverständigengutachten zu behandeln ist.[132] Ein Beweismittel, das lediglich Zeugenaussagen oder Sachverständigengutachten ersetzt, ist kein taugliches urkundliches Beweismittel.[133] Somit können der Verlustausgleichsanspruch des § 302 AktG, der Anspruch auf Gewinnabführung und die Rückforderung übermäßig abgeführter Gewinne nicht im Urkundenprozess nach §§ 592 ff. ZPO verfolgt werden, da deren Anspruchsgrund und Anspruchshöhe nur durch Vorlage der zum Bilanzstichtag objektiv richtigen Jahresabschlüsse bewiesen werden können.

d) Klagbarkeit eines Anspruchs auf Rückerstattung überzahlter Leistungen

Ansprüche auf Rückerstattung überzahlter Leistungen, Nachforderung zu wenig abgeführter Gewinne oder zu wenig übernommener Verluste sind klagbar (vgl. dazu bereits unter C.V.3.a).

Einer Anspruchsverfolgung auf Rückerstattung überzahlten Gewinns der abhängigen Gesellschaft gegen die herrschende Gesellschaft, deren Rechtsgrundlage streitig ist,[134] stehen einige zu überwindende Hindernisse im Weg. So könnte sich die genaue Berechnung der Höhe eines solchen Rückzahlungsanspruchs als schwierig gestalten, da diese nur durch bilanzielle Berechnungen anhand der zurückliegenden Jahresabschlüsse festgestellt werden kann. Des Weiteren müsste der vermeintliche Anspruchsinhaber die Bilanzierungsfehler darlegen und beweisen, die zu einer zunächst überhöhten und damit unrichtigen Gewinnabführung geführt haben, was ebenfalls eine große Hürde darstellt.

Zum Teil werden verschuldensabhängige Anspruchsgrundlagen herangezogen. Deshalb sollte diejenige Gesellschaft, die, aus Bilanzierungsfehlern resultierende Ansprüche geltend machen will, prüfen, wer die Bilanzierungsfehler (weit überwiegend) zu vertreten hat und ob den Anspruchsgegner zumindest ein Mitverschulden trifft, § 254 BGB.

---

132 Liebscher, in: Münchn. Komm. z. GmbHG, (1. Aufl.) 2010, Band 1, Anhang: Die GmbH als Konzernbaustein (GmbH-Konzernrecht), Rn. 874.

133 BGHZ 1, 218 (220 f.); OLG München NJW 1953, 1835; Liebscher, in: Münchn. Komm. z. GmbHG, 3. Aufl. 2018, Band 1, Anhang: Die GmbH als Konzernbaustein (GmbH-Konzernrecht), Rn. 874; Braun, in: Münchn. Komm. z. ZPO, 5. Aufl. 2016, § 592 Rn. 16; Greger, in: Zöller, Komm. z. ZPO, 32. Aufl. 2018, § 592 Rn. 16.

134 Vgl. dazu ausführlich unter J.

Darüber hinaus ist – gerade nach zwischenzeitlicher Beendigung des Gewinnabführungsvertrages – besonderes Augenmerk darauf zu richten, welche Gesellschaft, z. B. nach erfolgter Rechtsnachfolge, passivlegitimiert ist.

Schließlich ist der Anspruch in unverjährter Zeit geltend zu machen. Dies könnte aus zwei Gründen problematisch sein: Zum einen treten in der Vergangenheit begangene Bilanzierungsfehler nicht sofort zutage, was unter anderem daran liegen kann, dass ein Vorstand oder Geschäftsführer, der den Fehler erkennt oder sogar begangen hat, eigene Versäumnisse aufdecken müsste, weshalb Fehler häufig auch erst nach einem Wechsel des Managements bemerkt werden. Zum anderen ist neben der richtigen Anspruchsgrundlage fraglich, wann ein Rückzahlungsanspruch verjährt. Je nachdem, welche Anspruchsgrundlage herangezogen wird, kommen verschiedene Verjährungsvorschriften in Betracht und es stellt sich ein weiteres Problem, ab welchem Zeitpunkt der jeweilige Anspruch fällig ist und damit die Verjährungsfrist tatsächlich zu laufen beginnt (vgl. dazu ausführlich im Rahmen der Prüfung der jeweiligen Anspruchsgrundlage unter Abschnitt J).

D. Die GmbH im Vertragskonzern

Auch die GmbH spielt eine gewichtige Rolle im Konzernrecht. Seit dem MoMiG[135] geht auch der Gesetzgeber ausdrücklich in § 30 Abs. 1 S. 2 GmbHG davon aus, dass eine GmbH Vertragspartei eines Beherrschungs- oder Gewinnabführungsvertrages im Sinne von § 291 Abs. 1 AktG sein kann. Dies ist die gesetzgeberische Bestätigung der vor der Einführung des MoMiG absolut herrschenden Meinung.[136] Einen Beweggrund für den Verweis in § 30 Abs. 1 S. 1 GmbHG und dessen Reichweite bezüglich des Verhältnisses der GmbH zum Aktienkonzernrecht lieferte der Gesetzgeber jedoch nicht. Der mindeste Inhalt des Verweises auf § 291 AktG muss jedoch die Zulässigkeit von Unternehmensverträgen mit der GmbH sein.

Vor dem Hintergrund, dass auch die GmbH im deutschen GmbH-Recht sehr häufig abhängiges Unternehmen ist, für das einige Besonderheiten gelten, erfolgt an dieser Stelle ein Überblick über das GmbH-Konzernrecht.

Die nachfolgenden Problemkreise sind hingegen nicht relevant, wenn die GmbH herrschende Gesellschaft einer AG oder KGaA ist, denn in diesem Fall sind die §§ 291 ff. AktG unmittelbar anwendbar.[137]

I. Rechtsgrundlage für das GmbH-Konzernrecht

Das GmbH-Konzernrecht ist nicht kodifiziert. Im 6. und 7. Bundestag 1971/73 gab es ein Reformvorhaben, das ein GmbH-Konzernrecht kodifizieren sollte.[138] Dies wurde allerdings vom Gesetzgeber mangels Einigung wieder aufgegeben, da es nicht gelang, den spezifischen Charakteristika der GmbH genügend Rechnung zu tragen.[139] Die kleine GmbH-Novelle von 1980 beinhaltete kein

135 Gesetz zur Modernisierung des GmbH-Rechts und zur Bekämpfung von Missbräuchen vom 01.11.2008.

136 Grundlegend dazu BGH NJW 1989, 295 („Supermarkt").

137 Servatius, in: Grigoleit, Komm. z. AktG, 1. Aufl. 2013, § 291 Rn. 55; Lutter/Hommelhoff, Komm. z. GmbHG, 19. Aufl. 2016, Anh. zu § 13 Rn. 75.

138 BT-Drs. VI/3088 vom 31.01.1972, neu eingebracht als BT-Drs. 7/253 vom 26.02.1973; Keul, in: Mehrbrey, Gesellschaftsrechtliche Streitigkeiten, 2. Aufl. 2015, § 25 Rn. 5; Lutter/Hommelhoff, Komm. z. GmbHG, 19. Aufl. 2016, Anh. zu § 13 Rn. 2; Beurskens, in: Baumbach/Hueck, Komm. z. GmbHG, 22. Aufl. 2019, Anh. KonzernR Rn. 10.

139 Keul, in: Mehrbrey, Gesellschaftsrechtliche Streitigkeiten, 2. Aufl. 2015, § 25 Rn. 5; Lutter/Hommelhoff, Komm. z. GmbHG, 19. Aufl. 2016, Anh. zu § 13 Rn. 2.

spezifisches GmbH-Konzernrecht, sondern lediglich Änderungen einzelner Regelungen.[140]

Indessen haben seitdem Lehre und Rechtsprechung im Rahmen der Rechtsfortbildung ein ungeschriebenes GmbH-Konzernrecht geschaffen. So arbeitete der BGH in seinen beiden Grundsatz-Entscheidungen *„Supermarkt"* und ergänzend dazu in *„Siemens/NRG"* heraus, dass der Abschluss eines Beherrschungs- und/oder Gewinnabführungsvertrages für die abhängige GmbH ein massiver Eingriff in deren Struktur sei und faktisch einer Satzungsänderung gleichkomme.[141] Diese Änderung besteht insbesondere darin, dass die Weisungskompetenz der Gesellschafterversammlung auf die herrschende Gesellschaft übertragen, der Gesellschaftszweck geändert (Wirtschaften für das Konzerninteresse) und in das Gewinnbezugsrecht der Gesellschaft eingegriffen wird. Daher sei der Rechtsgedanke der §§ 53, 54 GmbHG (Beschlussfassung über und Eintragung des Unternehmensvertrages) heranzuziehen.[142] Dadurch werden auch bei der GmbH die Anforderungen, die für Unternehmensverträge der AG sowie der KGaA – im Hinblick auf die Zustimmung (§ 293 Abs. 2 AktG) der Gesellschafter zum Vertragsschluss und die Eintragung in das Handelsregister (§ 294 Abs. 2 AktG) – gewahrt, sodass diese Voraussetzungen auch auf die ein- oder mehrgliedrige GmbH als abhängige Gesellschaft übertragen werden können. Dies trifft nach der Rechtsprechung ebenfalls uneingeschränkt auf die Ein-Mann-GmbH zu.[143]

Es ist nicht erforderlich, dass die herrschende Gesellschaft gesellschaftsrechtlich an der abhängigen GmbH beteiligt ist. Unternehmensverträge können auch mit Nichtgesellschaftern abgeschlossen werden.[144] In der Praxis finden sich solche Konstellationen hingegen kaum. Zumeist ist der Hintergrund der Eingehung einer unternehmensvertraglichen Beziehung die Bildung einer steuerlichen Organschaft, die gem. § 14 Abs. 1 Nr. 1 KStG eine Stimmrechtsmehrheit der herrschenden Gesellschaft (in dem Fall der Organträgerin) voraussetzt.

---

140 Emmerich, in: Scholz, Komm. z. GmbHG, 12. Aufl. 2018, Anh. § 13 Rn. 6.

141 BGH NJW 1989, 295 (296) („Supermarkt"); BGH NJW 1992, 1452 (1453) („Siemens/NRG").

142 BGH NJW 1989, 295 (296) („Supermarkt").

143 BGH NJW 1989, 295 (296) („Supermarkt"); BGH NJW 1992, 1452 (1454) („Siemens/NRG"), bei denen es sich jeweils um eine Ein-Mann-GmbH handelte.

144 Koppensteiner, in: Kölner Komm. z. AktG, 3. Aufl. 2004, § 291 Rn. 9.

1. Erforderlichkeit eines Beherrschungsvertrages mit der GmbH

Eine vor dem Inkrafttreten des MoMiG verbreitete und heute auch noch stark vertretene Ansicht in der Literatur hält Beherrschungsverträge mit einer (Ein-Personen-)GmbH nicht für erforderlich und hat sich somit gegen eine – wenn auch nur eingeschränkte – Analogie der aktienkonzernrechtlichen Vorschriften auf den GmbH-Vertragskonzern ausgesprochen.[145] Durch den Beherrschungsvertrag werde die Gesellschafterversammlung einer GmbH naturgemäß durch die herrschende Gesellschaft ausgeschaltet.[146] Der Gesetzgeber habe ausdrücklich auf die Einführung eines GmbH-Konzernrechts verzichtet, zudem seien die Voraussetzungen einer Analogie zum Aktienkonzernrecht gar nicht erfüllt.[147] Vielmehr folge die Leitungskompetenz sowohl aus den zwingenden als auch den dispositiven Regelungen, dem Gesetz und dem Gesellschaftsvertrag des GmbH-Rechts.[148]

Dem kann nicht gefolgt werden. Gegen eine Analogie zu den §§ 291 ff. AktG spricht nicht, dass der Gesetzgeber von der weiteren Verfolgung einer Einführung des GmbH-Konzernrechts abgesehen hat.[149] So hat der BGH in der Supermarkt-Entscheidung ausgeführt, dass der Gesetzgeber der Rechtsprechung und Lehre gerade den Auftrag einer Rechtsfortbildung des GmbH-Rechts erteilt hat und dies im Zweifel mit einer Analogie zu den §§ 291 ff. AktG zu geschehen habe.[150] Die Rechtsfortbildung des gesamten GmbH-Rechts durch Rechtsprechung und Lehre ist zudem seit jeher die in der Bundesrepublik übliche und gelebte Praxis. Im Rahmen der Rechtsfortbildung klärte der BGH vor allem in zwei weiteren, prominenten Leitentscheidungen („*Familienheim*“[151] und „*Stromlieferung*“[152]) viele grundsätzliche Fragen zur GmbH im Vertragskonzern. Dass ein Beherrschungsvertrag mit einer abhängigen GmbH nicht erforderlich ist, ergibt sich

145 Bitter, in: ZIP 2001, 265, (271); Beurskens, in: Baumbach/Hueck, Komm. z. GmbHG, 22. Aufl. 2019, Anh. KonzernR, Rn. 98; zumindest für die Ein-Personen-GmbH auch Altmeppen, in: Roth/Altmeppen, Komm. z. GmbHG, 9. Aufl. 2019, Anh. § 13 Rn. 27.

146 Bitter, in: ZIP 2001, 265 (271).

147 Bitter, in: ZIP 2001, 265, (271).

148 Bitter, in: ZIP 2001, 265, (270; 277 f.); Servatius, in: Michalski u. a., Komm. z. GmbHG, Bd. 1, 3. Aufl. 2017, Syst. Darst. 4 KonzernR Rn. 34.

149 Servatius, in: Michalski u. a., Komm. z. GmbHG, Bd. 1, 3. Aufl. 2017, System. Darst. 4, KonzernR Rn. 35.

150 BGH NJW 1989, 295 (296) („Supermarkt“).

151 BGHNJW 1988, 1326 ff. („Familienheim“).

152 BGH NJW 1992, 505 ff. („Stromlieferung“), Bestätigung von BGHNJW 1988, 1326 ff. („Familienheim“).

aus diesen für das GmbH-Konzernrecht so wichtigen Leitentscheidungen jedoch nicht. Das Gegenteil ist der Fall. Es erfolgten die Anerkennung des fehlerhaften Beherrschungsvertrages und die Herausarbeitung seiner Rechtsfolgen (es werden die Grundsätze über die fehlerhafte Gesellschaft angewandt).

Die Vertreter, die sich gegen die Notwendigkeit eines Beherrschungsvertrages mit der GmbH aussprechen, argumentieren weiter, die Gesellschafter der GmbH hätten ohnehin ein Weisungsrecht gegenüber der Geschäftsführung aus § 37 Abs. 1 GmbHG. Auch gebe es keine Notwendigkeit, die Gläubiger zu schützen, weil dazu die Regelungen zur Erhaltung des Stammkapitals herangezogen werden könnten.[153] Im Aktienrecht hingegen könne dies lediglich durch den Beherrschungsvertrag gestaltet werden.[154]

Dagegen spricht allerdings, dass das Weisungsrecht aus dem Beherrschungsvertrag gegenüber dem aus § 37 Abs. 1 GmbHG eine direkte Einflussnahme auf die abhängige Gesellschaft bzw. deren Geschäftsführung (§ 308 Abs.1 AktG) ermöglicht.[155] Darüber hinaus schütze die unternehmensvertragliche Verlustausgleichspflicht, da sie nicht rückwirkend aufgehoben werden kann, auch die Gläubiger der Ein-Personen-GmbH weitaus stärker als das Stammkapital der Gesellschaft.[156] § 37 Abs. 1 GmbHG verlangt einen Gesellschafterbeschluss, dessen Zustandekommen bei der mehrgliedrigen GmbH, je nach Mitgliederstruktur und Gesellschaftsvertrag der GmbH, eines größeren zeitlichen Aufwands bedarf. Das heißt, bei einer abhängigen Gesellschaft in der Rechtsform der GmbH wäre eine lediglich faktische Beherrschung vor allem im Geschäftsleben, in dem schnelle Entscheidungen getroffen und umgesetzt werden müssen, nicht gleich geeignet wie ein Beherrschungsvertrag nach § 308 AktG. Demzufolge ist es eine Erschwerung für das tägliche Geschäft, wenn lediglich eine Einflussnahme über § 37 Abs. 1 AktG erfolgen kann.

Danach ist festzuhalten, dass auch für die Ein-Personen-GmbH zumindest kein zwingender Grund ersichtlich ist, warum bei einer GmbH als Vertragspartnerin von einem Analogieschluss zu den §§ 291 ff. AktG abgesehen werden und

---

153 Bitter, in: ZIP 2001, 265, (270 f.); Beurskens, in: Baumbach/Hueck, Komm. z. GmbHG, 22. Aufl. 2019, Anh. KonzernR, Rn. 98, Altmeppen, in: Roth/Altmeppen, Komm. z. GmbHG, 9. Aufl. 2019, Anh. § 13 Rn. 27.

154 Bitter, in: ZIP 2001, 265, (270).

155 Keul, in: Mehrbrey, Gesellschaftsrechtliche Streitigkeiten, 2. Aufl. 2015, § 25 Rn. 2; Emmerich, in: Emmerich/Habersack, Komm. z. Aktien-/GmbH-KonzernR, 9. Aufl. 2019, § 308 Rn. 10.

156 Lutter/Hommelhoff, in: Lutter/Hommelhoff, Komm. zu GmbHG, 19. Aufl. 2016, Anh. z. § 13 Rn. 47.

diese gegenüber einer abhängigen AG privilegiert sein sollte. Ziel der GmbH ist es, genau wie das jeder AG, die sich in ein Abhängigkeitsverhältnis begibt, sich in eine Konzernstruktur zu integrieren und in der Regel eine steuerliche Organschaft mit der herrschenden Gesellschaft zu bilden. Im Fall kombinierter Verträge würde dann nur der Gewinnabführungsvertrag den aktienrechtlichen Bestimmungen unterliegen und dieser müsste in der Folge isoliert abgeschlossen werden. Dies, obwohl in der Regel auch eine Beherrschung von beiden Parteien gewollt ist. Diese beiderseits gewollte Beherrschung müsste sich sodann über das GmbH-Gesetz konstruieren lassen. Die Stellung als Mehrheitsgesellschafter gem. § 46 Nr. 6 GmbHG zur Prüfung und Überwachung der Geschäftsführung der beherrschten Gesellschaft und zur Erteilung von Weisungen hat nicht die gleiche Reichweite wie eine Beherrschung nach § 291 Abs. 1 S. 1, 1. Alt. AktG. So führen die sich aus der Stellung als Mehrheitsgesellschafter gemäß § 46 Nr. 6 GmbHG ergebenden Weisungsrechte nicht zur organisatorischen Eingliederung im Sinne einer umsatzsteuerlichen Organschaft.[157] Nach Auffassung der Finanzverwaltung und des BFH ist dazu nach wie vor – im Gegensatz zur körperschaftssteuerlichen Organschaft – zwingend ein Beherrschungsvertrag i. S. v. § 291 AktG erforderlich. Den verbundenen Unternehmen wäre daher eine nachträgliche bzw. rückwirkende Begründung einer umsatzsteuerlichen Organschaft, trotz einer aufgrund der Stellung als Mehrheitsgesellschafter lange bestehenden Beherrschung, nicht mehr möglich und könnte nur für die Zukunft begründet werden.

2. Gewinnabführungsvertrag, § 291 ff. AktG analog?

Auch beim Gewinnabführungsvertrag mit einer abhängigen GmbH gibt es Stimmen, die eine Analogie zu den §§ 291, 293 ff. AktG für nicht erforderlich halten, wenn die GmbH sich verpflichtet, ihren ganzen Gewinn abzuführen.[158] Es handele sich um eine nach dem GmbHG abzuwickelnde gesellschaftsvertragliche Grundlagen- und Zweckänderung (Gewinnerzielung für die herrschende Gesellschaft), die eines Einstimmigkeitserfordernisses bedürfe (entsprechend § 33 Abs. 1 S. 2 BGB).[159] Danach passt vor allem der § 293 AktG nicht zu den

---

157 BFH DStR 2016, 226 (231); DStR 2017, 1653 (1654).

158 Beurskens, in: Baumbach/Hueck, Komm. z. GmbHG, 22. Aufl. 2019, Anh. GmbH-Konzernrecht Rn. 94.

159 Emmerich, in: Scholz, Komm. z. GmbHG, 12. Aufl. 2018, 2014, 2015, GmbH-Konzernrecht, Rn. 133, 150 f.; a. A. Lutter/Hommelhoff, in: Lutter/Hommelhoff,

Besonderheiten in der GmbH. Aufgrund der ohnehin bestehenden Treuepflicht des herrschenden Gesellschafters sei es nicht erforderlich, stets auf eine Analogie zum Aktienkonzernrecht zurückzugreifen, sondern diese nur heranzuziehen, soweit sie ausnahmsweise zur GmbH passe.[160]

Dagegen spricht jedoch, dass dennoch für eine analoge Anwendung der §§ 291 ff. AktG Raum bleibt, indem an entsprechender Stelle den GmbH-rechtlichen Besonderheiten Rechnung getragen werden kann, beispielsweise, wenn besondere Zustimmungserfordernisse bei Vertragsschluss beachtet werden können.[161] Auch streiten die ausgewogenen gesetzlichen Regelungen betreffend den Minderheitenschutz für ein Festhalten an den §§ 291 ff. AktG analog im Fall einer abhängigen GmbH.[162] Es ist daher nicht erforderlich, jedem Minderheitsgesellschafter ein Veto-Recht im Rahmen der Zustimmung einzuräumen und § 293 AktG analog für unanwendbar zu halten.

II. Anwendbare Vorschriften des AktG

1. GmbH als herrschende Gesellschaft

Die Frage, welche konzernrechtlichen Vorschriften des Aktiengesetzes nun ohne Weiteres auf die GmbH anwendbar sind, hat die durch die Rechtsprechung entwickelte Rechtsfortbildung folgendermaßen beantwortet: Sofern eine GmbH Vertragspartei eines Unternehmensvertrages mit einer AG oder KGaA ist und eine von diesen von der GmbH beherrscht wird, finden die Vorschriften der §§ 291 ff. AktG über Unternehmensverträge auf die GmbH unmittelbare Anwendung.[163] Dies gilt auch für die UG (Unternehmergesellschaft).[164] Bei der

Komm. z. GmbHG, 19. Aufl. 2016, Anh. § 13 Rn. 65, der eine satzungsändernde Mehrheit ausreichen lässt.

160 Beurskens, in: Baumbach/Hueck, Komm. z. GmbHG, 22. Aufl. 2019, Anh. GmbH-Konzernrecht Rn. 94.

161 So auch Servatius, in: Grigoleit, Komm. z. AktG, 1. Aufl. 2013, § 291 Rn. 55; Servatius, in: Michalski u. a., Komm. z. GmbH, Bd. 1, 3. Aufl. 2017, Syst. Darst. 4, KonzernR Rn. 271.

162 Vgl. Servatius, in: Grigoleit, Komm. z. AktG, 1. Aufl. 2013, § 291 Rn. 55; Servatius, in: Michalski u. a., Komm. z. GmbH, Bd. 1, 3. Aufl. 2017, Syst. Darst. 4, KonzernR Rn. 271.

163 Lorz/Pfister/Gerber, in: Beck'sches Formularbuch GmbH-Recht, 2010; Rn. 1; Anhang § 13 GmbHG Rn. 60; Keul, in: Mehrbrey, Gesellschaftsrechtliche Streitigkeiten, 2. Aufl. 2015, § 25 Rn. 5; Liebscher, in: Münchn. Komm. z. GmbHG, 3. Aufl. 2018, Anhang § 13 Rn. 638.

164 Fastrich, in: Baumbach/Hueck, 22. Aufl. 2019, § 5a Rn. 37.

UG ist jedoch beim Weisungsrecht und der Verlustübernahmepflicht stets die spezielle Thesaurierungsvorschrift des § 5 a Abs. 3 GmbHG zu beachten, die Vorrang hat.[165]

2. GmbH als beherrschte Gesellschaft

Keine unmittelbare, aber eine entsprechende Anwendung der §§ 291 ff. AktG kommt in Betracht, wenn die GmbH beherrschte Gesellschaft oder auf beiden Seiten beteiligt ist, sofern es sich um eine den aktienrechtlichen Vorschriften vergleichbare Situation handelt und dem kein essentieller Grundgedanke des GmbH-Rechts entgegensteht.[166] Es wird damit eine *„eingeschränkte Gesamtanalogie zum Aktienrecht"* gebildet.[167] Eine generelle Analogiefähigkeit besteht nicht, sondern in jedem einzelnen Fall muss die jeweilige Vorschrift dahingehend geprüft werden, ob rechtsformspezifische Besonderheiten einer entsprechenden Anwendung entgegenstehen.[168]

Die Normen der §§ 15 ff. AktG zu den begrifflichen Grundlagen des Konzernrechts hingegen sind allgemein gehaltene Vorschriften, die keine bestimmte Rechtsform der Unternehmen voraussetzen, und finden daher auch auf die GmbH Anwendung.[169]

Allgemein anerkannt analogiefähig sind die §§ 301, 302, 303, 308, 309, 310 AktG.[170] Darüber hinaus hat der BGH sich erfreulicherweise mit seinem Urteil vom 16.06.2015 (Az.: II ZR 384/13) für die entsprechende Anwendbarkeit

---

165 Servatius, in: Michalski u. a., Komm. z. GmbHG, Bd. 1, 3. Aufl. 2017, Syst. Darst. 4, KonzernR Rn. 296.

166 BGH NJW 1989, 295 (296) („Supermarkt"); Liebscher, in: Münchn. Komm. z. GmbHG, 3. Aufl. 2018, Anhang § 13 Rn. 638; Wicke, in: Wicke, GmbHG, 3. Aufl. 2016, Anhang § 13 Rn. 1; Altmeppen, in: Roth/Altmeppen, Komm. z. GmbHG, 9. Aufl. 2019, Anhang § 13 Rn. 17.

167 Servatius, in: Michalski GmbHG, Bd. 1, 3. Aufl. 2017, Syst. Darst. 4, KonzernR Rn. 217; Servatius, in: Ziemons/Jaeger, Beck'scher Online-Kommentar z. GmbHG, Ed. 37, Stand 01.06.2017, Syst. Darstellungen Konzernrecht, B.II. Rn. 45.

168 Kropff, in: FS Semler, 1993, S. 517 (521 ff.); Emmerich, in: Emmerich/Habersack, Komm. z. Aktien-/GmbH-KonzernR, 9. Aufl. 2019, § 291 AktG Rn. 41; Emmerich, in: Scholz, Komm. z. GmbHG, 12. Aufl. 2018, Anh. § 13 Rn. 131; Altmeppen, in: Roth/Altmeppen, GmbHG, 9. Aufl. 2019, Anhang § 13 Konzernrecht der GmbH Rn. 17; Verse, in: Henssler/Strohn, Gesellschaftsrecht, 4. Aufl. 2019, Anhang § 13 GmbHG Rn. 60.

169 Wicke, in: Wicke, GmbHG, 3. Aufl. 2016, Anhang § 13 Rn. 1.

170 Keul, in: Mehrbrey, Gesellschaftsrechtliche Streitigkeiten, 2. Aufl. 2015, § 25 Rn. 7.

des § 296 Abs. 1 S. 1 AktG, die Aufhebung eines Unternehmensvertrages mit einer abhängigen GmbH, ausgesprochen.[171] Im Rahmen der §§ 304, 305, 307 AktG erübrigt sich eine Analogie, soweit der Ansicht gefolgt wird, die einen einstimmigen Gesellschafterbeschluss zum Abschluss eines Beherrschungsvertrages für erforderlich hält.[172] Stimmt man mit der großzügigeren Ansicht überein, der Zustimmungsbeschluss erfordere lediglich eine qualifizierte Mehrheit, ist eine Analogie geboten.[173]

Streitig ist, ob die §§ 311 AktG ff. bei einer abhängigen GmbH im faktischen Konzern Anwendung finden.[174]

§ 300 AktG ist aufgrund der Tatsache, dass nach dem GmbHG keine gesetzlichen Rücklagen gebildet werden müssen, nicht entsprechend anwendbar.[175]

Der für diese Dissertationsschrift im Folgenden noch relevante § 302 AktG zur Verlustausgleichspflicht des herrschenden Unternehmens im Vertragskonzern findet auf den GmbH-Vertragskonzern mit der herrschenden Meinung und dem BGH zweifelsfrei entsprechende Anwendung.[176]

Nach herrschender Meinung ist die Vorschrift des § 308 AktG auf Beherrschungsverträge mit einer abhängigen GmbH anwendbar.[177] Die in dieser Arbeit vertretene Ansicht der Erforderlichkeit des Abschlusses eines Beherrschungsvertrages mit einer abhängigen GmbH (siehe D.I.1.) führt dazu, dass nach Abschluss eines Beherrschungsvertrages nach den §§ 291 ff. AktG analog das Weisungsrecht gem. § 37 Abs. 1 GmbHG hinter dem der herrschenden Gesellschaft für den Zeitraum des Vertrages zurücktritt, wenn Weisungen kollidieren. Der Einfluss der Gesellschafterversammlung auf die Geschäftsführung der Gesellschaft wird durch den beherrschenden Einfluss im Konzern überlagert, wenn

---

171 NJW-RR 2015, 1175 (1175).

172 So beispielsweise Emmerich, in: Emmerich/Habersack, Komm. z. Aktien-/GmbH-KonzernR, 9. Aufl. 2019, § 304 Rn. 11a.

173 BGH NJW 1989, 295 (296) („Supermarkt"); Lutter/Hommelhoff, Komm. z. GmbHG, 19. Aufl. 2016, Anh. z. § 13 Rn. 65 f.

174 Vgl. dazu J.IV.3.

175 Keul, in: Mehrbrey, Gesellschaftsrechtliche Streitigkeiten, 2. Aufl. 2015, § 25 Rn. 8 m. w. N.

176 BGH NJW 2006, 3279 (3279 ff.); so auch schon BGH NJW 2000, 210; Emmerich, in: Scholz, Komm. z. GmbHG, 12. Aufl. 2018, Anh. KonzernR Rn. 205.

177 Emmerich, in: Emmerich/Habersack, Komm. z. Aktien-/GmbH-KonzernR, 9. Aufl. 2019, § 308 AktG Rn. 9 ff.; Servatius, in: Michalski GmbHG, Bd. 1, 3. Aufl. 2017, Syst. Darst. 4, KonzernR Rn. 26.

die herrschende Gesellschaft von ihrem Weisungsrecht Gebrauch macht.[178] Auch für den Fall, dass eine GmbH die Rolle der abhängigen Gesellschaft einnimmt, liegen solche Weisungen nicht im Konzerninteresse, die zu einer unverhältnismäßigen Schädigung, einer Existenzgefährdung oder -vernichtung der abhängigen Gesellschaft führen, und sind daher unzulässig.[179]

Im Rahmen des § 62 AktG (der im Weiteren unter Abschnitt J.VII. als Anspruchsgrundlage für die Rückforderung übermäßig abgeführter Gewinne nach Beendigung des Gewinnabführungsvertrages diskutiert wird) kann eine GmbH als abhängige GmbH nicht Gläubigerin des Anspruchs auf Rückgewähr unrechtmäßig bezogener Leistungen sein.[180] Auch eine analoge Anwendung scheidet aus, weil das GmbH-Recht mit § 31 GmbHG zum einen eine ähnliche Regelung enthält, zum anderen aber auch von ihr abweicht und erschöpfend ist, weshalb für eine Übertragung der aktienrechtlichen Vorschrift auf die GmbH im Konzern zwingendes GmbH-Recht entgegensteht.[181]

III. Bedeutung und Vorteile der GmbH im Vertragskonzern

Zusammenfassend lässt sich festhalten, dass die GmbH sehr gut geeignet ist, Unternehmensverbindungen einzugehen.[182] Das GmbH-Recht ist im Gesellschaftsvertrag weitgehend abdingbar und es kann auch einzelnen Gesellschaftern vertraglich ein Weisungsrecht gegenüber den Geschäftsführern eingeräumt werden, § 45 GmbHG. Die Geschäftsführer sind aufgrund der weitreichenden Kompetenzen der Gesellschafterversammlung ohnehin nur sehr eingeschränkt weisungsunabhängig. So ist die Geschäftsführung einer GmbH als abhängige Gesellschaft, im Gegensatz zu den geschäftsführenden Vorständen

178 Emmerich, in: Emmerich/Habersack, Komm. z. Aktien-/GmbH-KonzernR, 9. Aufl. 2019, § 308 AktG Rn. 10a.

179 Vgl. dazu bereits ausführlich unter B.I.

180 BGH NJW 1977, 1449 (1451); Drygala, in: Köln. Komm. z. AktG, Bd. 1, 3. Aufl. 2011, § 62 Rn. 10, 15.

181 BGH NJW 1977, 1449 (1451); Henze, in: Großkomm. z. AktG, 4. Aufl. 2008, § 62 Rn. 10; Drygala, in: Köln. Komm. z. AktG, Bd. 1, 3. Aufl. 2011, § 62 Rn. 10, 15; Fleischer, in: K. Schmidt/Lutter, Komm. z. AktG, 3. Aufl. 2015, § 62 Rn. 3; Bayer, in: Münchn. Komm. z. AktG, 4. Aufl. 2016, § 62 Rn. 7.

182 Emmerich, in: Emmerich/Habersack, Komm. z. Aktien-/GmbH-KonzernR, 9. Aufl. 2019, § 291 AktG Rn. 41; Emmerich, in: Scholz, Komm. z. GmbHG, 12. Aufl. 2018, Anh. § 13 Rn. 1.

von Aktiengesellschaften, aufgrund § 37 Abs. 1 GmbHG bereits an die Weisungen der Gesellschafterversammlung gebunden und verfügt damit ohnehin nicht über eine autonome Geschäftsführung. Die herrschende Gesellschaft ist aufgrund einer nicht unerheblichen Beteiligung an der GmbH in den meisten Fällen Mehrheitsgesellschafterin und übt erheblichen Einfluss auf die abhängige GmbH aus. Auch ist der Gläubigerschutz im Gegensatz zu den anderen Gesellschaftsformen eher schwach ausgeprägt.

Somit ist das in dieser Arbeit im Fokus stehende Problem der Rückforderung übermäßig abgeführter Gewinne nach Beendigung eines Beherrschungs- und Gewinnabführungsvertrages i. S. v. § 291 Abs. 1 AktG auch für die konzernierte GmbH relevant und die dafür erforderliche Analogie damit Gegenstand des Titels. Gerade die Nichtanwendbarkeit des § 62 AktG auf die GmbH hat erheblichen Einfluss auf die in dieser Arbeit an späterer Stelle getroffene Kernaussage zu der Ergebnisfindung bezüglich des im Weiteren zu untersuchenden Problems, der Suche nach einer Anspruchsgrundlage für die Rückforderung übermäßig abgeführter Gewinne nach Beendigung eines Gewinnabführungsvertrages (siehe dazu unter Abschnitt J).

E. Die Beendigung von Beherrschungs- und Gewinnabführungsverträgen

Dieser Abschnitt gibt einen Überblick über die Beendigung von Beherrschungs- und Gewinnabführungsverträgen. Dabei werden verschiedene in der gesellschafsrechtlichen Praxis häufig vorkommende Beendigungsgründe und deren Voraussetzungen beleuchtet.

Vorweg ist klarzustellen, dass aufgrund eines Beherrschungsvertrages allein der Gesellschaft wegen § 299 AktG (der dies verbietet) nicht die Weisung erteilt werden kann, den Beherrschungs- und/oder den Gewinnabführungsvertrag zu beenden. Eine dennoch erteilte Weisung zur Beendigung ist gem. § 134 BGB nichtig.[183]

Der in der Praxis häufigste Beendigungsgrund ist der Verkauf einer Gesellschaft. Im Fall des Verkaufs einer Gesellschaft durch eine andere Gesellschaft, mit der ein Beherrschungs- und Gewinnabführungsvertrag besteht, muss der – zumeist noch laufende – Unternehmensvertrag (vorzeitig) beendet werden. Aufgrund dessen treffen den Veräußerer oftmals nachlaufende Haftungsrisiken. Diese sind im Hinblick auf die nachvertragliche Rückabwicklung zu wenig übernommener Verluste (vgl. unter G.), zu wenig abgeführter Gewinne (vgl. unter I.), überhöhter Gewinnabführungen (vgl. unter J.) oder auch überhöhter Verlustausgleichszahlungen (vgl. unter I.) im Folgenden Gegenstand der Erörterungen und sind das Kernproblem dieser Arbeit. Im Verkaufsfall kommt zum einen die Beendigung des Unternehmensvertrags durch Aufhebung (vgl. unter E.I.) und zum anderen die durch Kündigung (vgl. unter E.II.) in Betracht. Daneben existieren weitere Fallgruppen, die zur Beendigung der unternehmensvertraglichen Verbindung führen. Diese werden im Anschluss überblicksartig behandelt (vgl. unter E.III.).

I. Die Aufhebung des Unternehmensvertrages

Eine Möglichkeit, Unternehmensverträge zu beenden, ist die einvernehmliche Aufhebung. Aufgrund der Tatsache, dass die abhängige Gesellschaft, insbesondere ihre Aktionäre und Gläubiger, vor nachteiligen Folgen wie dem Verlust unternehmensvertraglicher Ansprüche durch eine Aufhebung geschützt

---

183 Koch, in: Hüffer/Koch, Komm. z. AktG, 13. Aufl. 2018, § 299 Rn. 4.

werden sollen, regelt § 296 AktG einige formelle und inhaltliche Anforderungen der Aufhebung.[184] Auch sollen die Formerfordernisse des § 296 AktG Rechtssicherheit und -klarheit bezwecken.[185] So ist gemäß § 296 Abs. 1 S. 2 AktG eine rückwirkende Aufhebung unzulässig. Der Unternehmensvertrag kann vielmehr lediglich zum Ende des Geschäftsjahres oder des sonst vertraglich bestimmten Abrechnungszeitraums einvernehmlich aufgehoben werden, § 296 Abs. 1 S. 1 AktG. Eine anderweitige Regelung, wodurch die Aufhebung nicht in diese Zeiträume fällt, ist wegen Verstoßes gegen § 296 Abs. 1 AktG gemäß § 134 BGB nichtig.[186] Demgegenüber steht es den Vertragsparteien frei, einen späteren als den in § 296 Abs.1 AktG bestimmten Zeitpunkt zu wählen.[187]

Beim gleichzeitigen Neuabschluss eines Unternehmensvertrages mit einem anderen Unternehmen handelt es sich ebenfalls um eine Aufhebung.[188]

1. Schriftform

Formelle Voraussetzung des § 296 AktG ist die Schriftform der Aufhebung (Abs. 1 S. 3). Ob dieses Formerfordernis durch die elektronische Form gem. § 126 Abs. 3 BGB i. V. m. § 126 a BGB ersetzt werden kann, ist streitig. Zum einen wird behauptet, dass die elektronische Form den Anforderungen der Aufhebung genüge.[189] Zum anderen wird die Möglichkeit, die elektronische Form genügen zu lassen, im Hinblick darauf verneint, dass gem. § 298 AktG die Beendigung des Unternehmensvertrages ins Handelsregister eingetragen werden müsse, was

184 BGH NJW 2002, 822 (823); Koch, in: Hüffer/Koch, Komm. z. AktG, 13. Aufl. 2018, § 296 Rn. 1.

185 Kropff, Begründung des Regierungsentwurfs zu § 296 AktG von 1965, S. 285 f.; Koppensteiner, in: Kölner Komm. z. AktG, 3. Aufl. 2004, § 296 Rn. 8; Emmerich, in: Emmerich/Habersack, Komm. z. Aktien-/GmbH-KonzernR, 9. Aufl. 2019, § 296 Rn. 11.

186 Langenbucher, in: K. Schmidt/Lutter, Komm. z. AktG, 3. Aufl. 2015, § 296 Rn. 8; Koch, in: Hüffer/Koch, Komm. z. AktG, 13. Aufl. 2018, § 296 Rn. 3.

187 Koppensteiner, in: Kölner Komm. z. AktG, 3. Aufl. 2004, § 296 Rn. 12; Altmeppen, in: Münchn. Komm. z. AktG, 4. Aufl. 2015, § 296 Rn. 21; Emmerich, in: Emmerich/Habersack, Komm. z. Aktien-/GmbH-KonzernR, 9. Aufl. 2019, § 296 Rn. 14.

188 Paschos, in: Henssler/Strohn, Komm. z. Gesellschaftsrecht, 4. Aufl. 2019, § 269 Rn. 2.

189 Mülbert, in: Großkomm. z. AktG, 4. Aufl. 2004, § 296 Rn. 22; Langenbucher, in: K. Schmidt/Lutter, Komm. z. AktG, 3. Aufl. 2015, § 296 Rn. 6; Paschos, in: Henssler/Strohn, Komm. z. Gesellschaftsrecht, 2. Aufl. 2019, § 296 Rn. 2.

eine weitere formelle Voraussetzung sei, die auf eine strengere Sicht der Dinge bezüglich etwaiger Formerfordernisse schließen lasse.[190]

Ein Verstoß gegen das Schriftformerfordernis des § 296 Abs. 1 S. 3 AktG hat gemäß § 125 BGB zur Folge, dass die Aufhebung nichtig ist und der Unternehmensvertrag weiter fortbesteht.[191] Die Eintragung in das Handelsregister hingegen ist keine Wirksamkeitsvoraussetzung für den Aufhebungsvertrag und hat nur deklaratorische Bedeutung.[192]

2. Zuständigkeit

a) Aktiengesellschaft

Die Aufhebung des Unternehmensvertrages liegt in der Geschäftsführungskompetenz des Vorstandes, § 78 AktG.[193] Die Geschäftsordnung, die das das von den Vorstandsmitgliedern einzuhaltende Prozedere für gewisse Geschäftsführungsmaßnahmen regelt, kann abweichendes vorsehen. Im Gegensatz zum Abschluss des Vertrages sollen nach einer Ansicht bei dessen Aufhebung die Hauptversammlung sowie die jeweilige Gesellschafterversammlung des anderen Vertragsteils nicht beteiligt sein, weil die Belange der Aktionäre im Falle der Aufhebung des Unternehmensvertrages nicht so stark betroffen seien wie bei dessen Abschluss.[194] Dagegen wird eingewendet, dass es aus rechtspolitischer Sicht nicht einleuchtet, aus welchem Grund die Aktionärsinteressen bei einer Vertragsaufhebung weniger betroffen sein sollen als bei einem Vertragsschluss.[195] Gerade für

---

190 Emmerich, in: Emmerich/Habersack, Komm. z. Aktien-/GmbH-KonzernR, 7. Aufl. 2013, § 296 Rn. 11, der nach wie vor schreibt, dass offen ist, ob die Textform genügt, aber nun wohl auch eher dazu tendiert, dass die Textform ausreicht, vgl. Emmerich, in: Emmerich/Habersack, Komm. z. Aktien-/GmbH-KonzernR, 9. Aufl. 2019, § 296 Rn. 11.

191 Emmerich, in: Emmerich/Habersack, Komm. z. Aktien-/GmbH-KonzernR, 9. Aufl. 2019, § 296 Rn. 11; Deilmann, in: Hölters, Komm. z. AktG, 3. Aufl. 2017, § 296 Rn. 3.

192 Liebscher/Franz, in: BeckHdbAG, 3. Aufl. 2018, § 14 Rn. 182.

193 Altmeppen, in: Münchn. Komm. z. AktG, 4. Aufl. 2015, § 296 Rn. 8; Paschos, in: Henssler/Strohn, Komm. z. Gesellschaftsrecht, 4. Aufl. 2019, § 296 Rn. 2.

194 Kropff, Begründung des Regierungsentwurfs zu § 296 AktG von 1965, S. 285 f.; Servatius, in: Grigoleit, Komm. z. AktG, 2013, § 296 Rn. 5; Altmeppen, in: Münchn. Komm. z. AktG, 4. Aufl. 2015, § 296 Rn. 8, 11 mit Bedenken gegen die Vorschrift des § 296 AktG; Paschos, in: Henssler/Strohn, Komm. z. Gesellschaftsrecht, 4. Aufl. 2019, § 269 Rn. 2.

195 Altmeppen, in: Münchn. Komm. z. AktG, 4. Aufl. 2015, § 296 Rn. 9, 11; Veil, in: Spindler/Stilz, Komm. z. AktG, 4. Aufl. 2019, § 296 Rn. 9.

die abhängige Gesellschaft sei eine eigenständige Existenz im Anschluss an eine Abhängigkeit oftmals diffizil.[196] Die Beteiligung der Hauptversammlung könnte aufgrund der naheliegenden Möglichkeit, dass die Aufhebung eine gewichtige Entscheidung i. S. der Holzmüller-Doktrin ist, zwar notwendig sein. Gegen diese Ansicht spricht jedoch, dass die Heranziehung der Holzmüller-Doktrin mit der eindeutigen Regelung des § 296 AktG zur Aufhebung, die dazu schweigt, de lege lata nicht vereinbar ist.[197] Der Gesetzgeber hat, obwohl er sich der Problematik bewusst war, dennoch diese Variante derart gesetzlich geregelt, für Rechtsfortbildung bleibt in diesem Fall kein Raum.[198]

Möglich ist allerdings, dass der Vorstand der Hauptversammlung den Aufhebungsvertrag aus freien Stücken gem. § 119 Abs. 2 AktG vorlegt oder die Satzung der Gesellschaft oder die Geschäftsordnung des Vorstands ein Zustimmungsrecht des Aufsichtsrats gem. § 111 Abs. 4 S. 2 AktG für Aufhebungsverträge vorsehen. Verweigert der Aufsichtsrat seine Zustimmung, so kann der Vorstand verlangen, dass die Hauptversammlung dann über die Zustimmung beschließt, vgl. § 111 Abs. 4 S. 3 AktG.

In der Praxis wird der Vorstand in der Regel aus Gründen der Rechtssicherheit die Hauptversammlung zur Aufhebung des Unternehmensvertrages befragen.

b) Zustimmung der Gesellschafterversammlung der GmbH

Auch bei der GmbH war die Zuständigkeit für die Aufhebung eines Unternehmensvertrages lange Zeit streitig. Weit verbreitet war die Ansicht, § 256 AktG sei analog anzuwenden, da es sich bei der Aufhebung um eine Geschäftsführungsmaßnahme handele.[199]

---

196 Koppensteiner, in: Kölner Komm. z. AktG, 3. Aufl. 2004, § 296 Rn. 9; Altmeppen, in: Münchn. Komm. z. AktG, 4. Aufl. 2015, § 296 Rn. 11; Veil, in: Spindler/Stilz, Komm. z. AktG, 4. Aufl. 2019, § 296 Rn. 9.

197 Koppensteiner, in: Kölner Komm. z. AktG, 3. Aufl. 2004, § 296 Rn. 9; Koch, in: Hüffer/Koch, Komm. z. AktG, 13. Aufl. 2018, § 296 Rn. 5; Veil, in: Spindler/Stilz, Komm. z. AktG, 4. Aufl. 2019, § 296 Rn. 9.

198 Kropff, Begründung des Regierungsentwurfs zu § 296 AktG von 1965, S. 285 f.

199 OLG Frankfurt ZIP NJW-RR 1994, 296 (296 f.); Dilger, in: WM 1993, 935; Bungert, in: NJW 1995, 1118 (1119 ff.); Vetter, in: ZIP 1995, 345 (347 f.); Krieger/Jannott, in: DStR 1995, 1473, (1477); dem weiterhin zustimmend: Altmeppen, in: Münchn. Komm. z. AktG, 4. Aufl. 2015; § 296 Rn. 17; Altmeppen, in: Roth/Altmeppen, Komm. z. GmbHG, 9. Aufl. 2019, Anh. § 13 Rn. 107.

Mittlerweile hat der BGH diese Streitfrage entschieden.[200] Die Aufhebung eines Unternehmensvertrages sei wie eine Satzungsänderung (Analogie zu §§ 53, 54 GmbHG) zu behandeln. [201] Die Aufhebung bedürfe als Grundlagengeschäft (innergesellschaftlicher Organisationsakt) gem. §§ 53, 54 GmbHG der Zustimmung der Gesellschafterversammlung. Die Begründung dafür ist, dass auch der Abschluss des Unternehmensvertrages einer Satzungsänderung[202] (zumindest) entspreche und somit der Actus-contrarius- Gedanke greife. § 296 Abs. 1 AktG analog sei nicht anzuwenden. Dies ist ein anschauliches Beispiel dafür, dass die §§ 291 ff. AktG im Fall einer GmbH als abhängiger Gesellschaft nur entsprechend angewandt werden sollten, sofern GmbH-rechtliche Besonderheiten – wie hier das Zustimmungserfordernis bei Grundlagengeschäften – der analogen Anwendbarkeit des Aktienkonzernrechts nicht entgegenstehen.

Eine rückwirkende Aufhebung ist demgegenüber – wie bei der Aktiengesellschaft analog § 296 Abs. 1 S. 2 AktG – nach einhelliger Auffassung nicht möglich.[203]

c) *Sonderbeschlusserfordernis*

§ 296 Abs. 2 AktG sieht für die Aufhebung des Unternehmensvertrages zum Schutz der außenstehenden Aktionäre ein Sonderbeschlusserfordernis vor, wenn dadurch Ausgleichs- und Abfindungsregelungen aufgehoben werden. Der Sonderbeschluss kommt, wie die Vertragsänderung, nur zustande, wenn die Vorschriften über die Zustimmung der Hauptversammlung (§ 293 Abs. 1 S. 2 und 3 AktG) und Änderung von Unternehmensverträgen (§ 295 Abs. 2 S. 3 AktG) eingehalten werden. Andernfalls ist eine Vertragsaufhebung schwebend unwirksam.[204] Solange die Unwirksamkeit nicht beseitigt wird, bleibt der Unternehmensvertrag somit weiterhin bestehen.

---

200 BGH NJW-RR 2011, 1117 (117 f.).

201 OLG Oldenburg NZG 2000, 1138 (139); BGH NJW-RR 2011, 1117 (117 f.); so auch Emmerich, in: Emmerich/Habersack, Komm. z. Aktien-/GmbH-KonzernR, 7. Aufl. 2013, § 296 Rn. 7 ff.; Lutter/Hommelhoff, in: Lutter/Hommelhoff, Komm. z. GmbHG, 19. Aufl. 2016, Anh. § 13 Rn. 89; Scholz, in: Emmerich/Scholz, Komm. z. GmbHG, 12. Aufl. 2018, Anh. § 13 Rn. 195.

202 Vgl. dazu eingehend C.II.2.

203 Vgl. BGH NJW 2002, 822 (Leitsatz); Lutter/Hommelhoff, in: Lutter/Hommelhoff, Komm. z. GmbHG, 19. Aufl. 2016, Anh. § 13 Rn. 89; Altmeppen, in: Roth/Altmeppen, Komm. z. GmbHG, 9. Aufl. 2019, Anh. § 13 Rn. 108.

204 Altmeppen, in: Münchn. Komm. z. AktG, 4. Aufl. 2015; § 296 Rn. 32; Krieger, in: MünchHdb GesR, Bd. 4, 4. Aufl. 2015, 12. Kap., § 71 Rn. 197.

Umstritten ist, ob der Sonderbeschluss vor der Aufhebung gefasst werden muss und somit dem Rückwirkungsverbot des § 296 Abs. 1 S. 2 AktG unterliegt[205] oder ob ein nachträglich gefasster Beschluss auf den geplanten Beendigungszeitpunkt zurückwirkt.[206]

Die Vertreter der ersten Ansicht erstrecken das Rückwirkungsverbot des Abs. 1 S. 2 auch auf den Sonderbeschluss. Ansprüche, die zwischen dem Aufhebungszeitpunkt und dem gefassten Sonderbeschluss entstanden sind, seien entstanden, als die Aufhebung schwebend unwirksam war und somit der Unternehmensvertrag weiterhin bestand. Mithin seien dies Ansprüche aus dem Vertrag. Diese Ansprüche würden bei einer Rückwirkung des Sonderbeschlusses auf den ursprünglichen Aufhebungszeitpunkt untergehen. Aufhebungszeitpunkt ist nach dieser Ansicht der nächstmögliche.

Die Vertreter der Ansicht, die eine Rückwirkung auf den Vertragsschluss nach § 184 Abs. 1 BGB für zulässig halten (c.i.c.), sind der Auffassung, dass sich das Verbot des Abs. 1 S. 2 lediglich auf den Zeitpunkt der Vertragsaufhebung und nicht auch auf den Sonderbeschluss beziehe.[207] Zudem diene der Sonderbeschluss gerade dem Schutz der außenstehenden Aktionäre, die diesen fassen, und nicht dem der abhängigen Gesellschaft oder der Gläubiger.[208] Somit könnten die außenstehenden Aktionäre die Zustimmung verweigern, wenn dieser Beendigungszeitpunkt nicht ihren Interessen entsprechen sollte.[209]

Für die letztere Ansicht spricht nicht zuletzt der eindeutige Wortlaut des § 296 Abs. 1 S. 2 AktG, der sich nur auf die Aufhebung bezieht. Auch durch die Stellung des Rückwirkungsverbots in der Norm wird deutlich, dass auch nur die Aufhebung gemeint ist. Wollte der Gesetzgeber auch ein Rückwirkungsverbot

---

205 Krieger, in: MünchHdb GesR, Bd. 4, 4. Aufl. 2015,12. Kap., § 71 Rn. 197; Emmerich, in: Emmerich/Habersack, Komm. z. Aktien-/GmbH-KonzernR, 9. Aufl. 2019, § 296 Rn. 24; Altmeppen, in: Münchn. Komm. z. AktG, 4. Aufl. 2016; § 296 Rn. 37.

206 LG Essen AG 1995, 189 (191); Vetter, in: ZIP 1995, 345 (348); Koppensteiner, in: Kölner Komm. z. AktG, 3. Aufl. 2004, § 296 Rn. 21; Langenbucher, in: K. Schmidt/Lutter, Komm. z. AktG, 3. Aufl. 2015, 3 296 Rn. 11; Koch, in: Hüffer/Koch, Komm. z. AktG, 13. Aufl. 2018, § 296 Rn. 8; Paschos, in: Henssler/Strohn, Komm. z. Gesellschaftsrecht, 4. Aufl. 2019, AktG, § 269 Rn. 5.

207 Vetter, in: ZIP 1995, 345 (348).

208 LG Essen AG 1995, 189 (191).

209 LG Essen AG 1995, 189 (191); Koppensteiner, in: Kölner Komm. z. AktG, 3. Aufl. 2004, Langenbucher, in: K. Schmidt/Lutter, Komm. z. AktG, 2. Aufl. 2010, § 296 Rn. 11; § 296 Rn. 21; Paschos, in: Henssler/Strohn, Komm. z. Gesellschaftsrecht, 4. Aufl. 2019, § 269 Rn. 5.

des Sonderbeschlusses statuieren, hätte er eine andere Stellung des Rückwirkungsverbots innerhalb der Norm, beispielsweise in Abs. 3 mit Bezugnahme auf die beiden vorstehenden Absätze, wählen können.

3. Rechtsfolgen

Mit Wirksamkeit der Aufhebung entfaltet der Unternehmensvertrag sodann keinerlei Rechtsfolgen mehr:[210] Das herrschende Unternehmen ist nicht mehr nach § 308 Abs. 1 AktG weisungsbefugt, das abhängige Unternehmen muss den Weisungen aufgrund § 308 Abs. 2 AktG nicht mehr Folge leisten. Die Pflicht zur Gewinnabführung und zum Verlustausgleich gemäß § 302 AktG entfällt. Das Gleiche gilt für die Ausgleichs- und Abfindungsansprüche der §§ 304 und 305 AktG gegenüber den außenstehenden Aktionären. Gleichwohl ist das herrschende Unternehmen gegenüber den Gläubigern der abhängigen Gesellschaft gem. § 303 Abs. 1 AktG dazu verpflichtet, Sicherheit zu leisten.

Nach heute überwiegender Ansicht ist das ehemals herrschende Unternehmen nicht dazu verpflichtet, seinem ehemals abhängigen Unternehmen Wiederaufbauhilfe zu leisten.[211] Dies ergibt sich auch aus der Regierungsbegründung zu § 305 AktG. Der Gesetzgeber war sich der Problematik bewusst, dass es für die ehemals abhängige Gesellschaft schwierig werden kann, nach Beendigung des Vertrages „auf eigenen Füßen zu stehen", hat allerdings ausdrücklich keine Regelung getroffen, dies auf Kosten des vormals herrschenden Unternehmens, beispielsweise durch eine Verpflichtung zur Wiederaufbauhilfe, zu verhindern.[212]

II. Kündigung

Die Regelung zur Kündigung von Unternehmensverträgen findet sich in § 297 AktG. Der Absatz 1 des § 297 AktG lässt die Kündigung aus wichtigem Grund zu. Absatz 2 bestimmt, dass ein Vertrag, der zur Leistung eines Ausgleichs an die außenstehenden Aktionäre der Gesellschaft oder zum Erwerb

---

210 Altmeppen, in: Münchn. Komm. z. AktG, 4. Aufl. 2015; § 296 Rn. 40; Koch, in: Hüffer/Koch, Komm. z. AktG, 13. Aufl. 2018, § 296 Rn. 9; Paschos, in: Henssler/Strohn, Komm. z. Gesellschaftsrecht, 4. Aufl. 2019, § 269 Rn. 6; Veil, in: Spindler/Stilz, Komm. z. AktG, 4. Aufl. 2019, § 296 Rn. 13.

211 Altmeppen, in: ZHR 171 (2007), 320 (328); Deilmann, in: Hölters, Komm. z. AktG, 3. Aufl. 2017, § 296 Rn. 15; Paschos, in: Henssler/Strohn, Komm. z. Gesellschaftsrecht, 4. Aufl. 2019, § 269 Rn. 6.

212 Kropff, Begründung des Regierungsentwurfs zu § 305 AktG von 1965, S. 397.

ihrer Aktien verpflichtet, ohne wichtigen Grund durch den Vorstand gekündigt werden kann. Dazu ist allerdings ein Sonderbeschluss der außenstehenden Aktionäre erforderlich. Formell bedarf sowohl die ordentliche als auch die außerordentliche Kündigung aus Gründen der Rechtssicherheit[213] der Schriftform (§ 126 BGB), § 297 Abs. 3 AktG. Die Norm regelt die Vertragsbeendigung durch Kündigung allerdings nicht abschließend und vollumfänglich. Der Gesetzgeber wollte, dass alle weiteren Fragen wie die Frist und der Zeitpunkt einer Kündigung ohne wichtigen Grund der Vertragsfreiheit unterliegen, beziehungsweise soll in den Fällen, in denen ein Wille der Vertragsparteien fehlt oder nicht ausgelegt werden kann, auf die allgemeinen zivilrechtlichen Regeln zurückgegriffen werden.[214]

Obgleich es nach dem bereits Aufgezeigten möglich ist, einen isolierten Beherrschungs- sowie Gewinnabführungsvertrag abzuschließen, ist bei einer (steuerlichen) Organschaft, die sowohl aus einem Gewinnabführungs- als auch aus einem Beherrschungsvertrag besteht, eine (Teil-)Kündigung nur eines der Verträge nicht möglich, wenn dieser so als Unternehmensvertrag im Handelsregister eingetragen ist.[215] Denn dies wäre eine unzulässige einseitige Änderung des Inhalts des Unternehmensvertrages ohne Zustimmung des anderen Teils.[216]

1. Die ordentliche Kündigung

Ausdrücklich ist die ordentliche Kündigung von Unternehmensverträgen gesetzlich nicht geregelt, sie wird jedoch in § 297 Abs. 2 S. 1 AktG vorausgesetzt.[217] Zu den Voraussetzungen allerdings schweigt das Gesetz. Zum einen wird vertreten, das Gesetz gehe davon aus, dass alle Unternehmensverträge, die unter § 297 Abs. 2 AktG fallen, auch ordentlich gekündigt werden können.[218] Es sei denn,

---

213 Kropff, Begründung des Regierungsentwurfs zu § 297 AktG von 1965, S. 386.

214 Kropff, Begründung des Regierungsentwurfs zu § 297 AktG von 1965, S. 386.

215 OLG Karlsruhe NJW-RR 2001, 973 (974); Emmerich, in: Emmerich/Habersack, Komm. z. Aktien-/GmbH-KonzernR, 9. Aufl. 2019, § 291 Rn. 59, § 297 Rn. 13; Hölters, Komm. z. AktG, 3. Aufl. 2017, § 297 Rn. 11.

216 OLG Karlsruhe NJW-RR 2001, 973 (974); Emmerich, in: Emmerich/Habersack, Komm. z. Aktien-/GmbH-KonzernR, 9. Aufl. 2019, § 291 Rn. 59, § 297 Rn. 13; Hölters, Komm. z. AktG, 3. Aufl. 2017, § 297 Rn. 11.

217 Kropff, Begründung des Regierungsentwurfs zu § 297 AktG von 1965, S. 386; Koch, in: Hüffer/Koch, Komm. z. AktG, 13. Aufl. 2018, § 297 Rn. 12 f.

218 Altmeppen, in: MünchKomm z. AktG, 4. Aufl. 2015; § 297 Rn. 68-72; *Liebscher, in: Münchn. Komm. z. GmbHG,* 3. Aufl. 2018, *Anh. zu § 13* (GmbH-Konzernrecht) Rn. 1001.

ein ordentliches Kündigungsrecht wurde explizit ausgeschlossen.[219] Zum anderen, und das ist die herrschende Meinung, geht man davon aus, die Möglichkeit zur Kündigung von Beherrschungs- und Gewinnabführungsverträgen solle nur bestehen, wenn ein solches ordentliches Kündigungsrecht auch bereits begründet, sprich vertraglich vorgesehen ist.[220] In diesem Fall ist die Möglichkeit der ordentlichen Kündigung unstreitig.[221]

Da Beherrschungs- und Gewinnabführungsverträge keinem gesetzlichen Vertragstyp zugeordnet werden können, enthält das BGB keine Vorschriften, nach denen sich bei diesen Verträgen eine ordentliche Kündigung (analog) richten könnte.[222] Auch bei den Dauerschuldverhältnissen sieht das Gesetz in § 315 BGB nur eine Kündigung aus wichtigem Grund explizit vor. Die Möglichkeit zur ordentlichen Kündigung muss somit vertraglich oder zumindest konkludent im Vertrag geregelt worden sein.[223] Fehlt eine derartige Vereinbarung und ist sie auch nicht durch ergänzende Vertragsauslegung (§§ 133, 157 BGB) ermittelbar, ist die ordentliche Kündigung bei Beherrschungs- und/oder Gewinnabführungsverträgen i. S. v. § 291 AktG nach überwiegender Ansicht keine Option.[224] Sollten die Vertragsparteien das ordentliche Kündigungsrecht nicht explizit vertraglich ausgeschlossen und damit bewusst keine zeitliche Grenze im Sinn gehabt haben, ist zwar auch eine Kündigung gem. §§ 624, 723 BGB analog denkbar, allerdings dürfte eine Auslegung des Vertrages dann ergeben, dass eine Art Fusion auf unbestimmte Dauer und damit endgültig erreicht werden sollte.[225]

---

219 Altmeppen, in: MünchKomm z. AktG, 4. Aufl. 2015; § 297 Rn. 70.

220 Koppensteiner, in: Kölner Komm. z. AktG, 3. Aufl. 2004, § 297 Rn. 10; Langenbucher, in: K. Schmidt/Lutter, Komm. z. AktG, 3. Aufl. 2015, § 297 Rn. 20; Krieger, in: MünchHdb GesR, Bd. 4, 4. Aufl. 2015, 12. Kap., § 71 Rn. 198; Emmerich, in: Emmerich/Habersack, Komm. z. Aktien-/GmbH-KonzernR, 9. Aufl. 2019, § 297 Rn. 5.

221 Zu den einzelnen möglichen Regelungsinhalten vgl. Altmeppen, Münchn. Komm. z. AktG, 4. Aufl. 2015; § 297 Rn. 52 ff, 60 ff.

222 Koppensteiner, in: Kölner Komm. z. AktG, 3. Aufl. 2004, § 297 Rn. 9, 10; Koch, in: Hüffer/Koch, Komm. z. AktG, 13. Aufl. 2018, § 297 Rn. 1, 14.

223 Koppensteiner, in: Kölner Komm. z. AktG, 3. Aufl. 2004, § 297 Rn. 9, 10; Koch, in: Hüffer/Koch, Komm. z. AktG, 13. Aufl. 2018, § 297 Rn. 1, 14.

224 Koppensteiner, in: Kölner Komm. z. AktG, 3. Aufl. 2004, § 297 Rn. 10; Peres, in: Heidel, Komm. z. Aktienrecht und Kapitalmarktrecht, 4. Aufl. 2014, § 297 Rn. 26 ff., Emmerich, in: Emmerich/Habersack, Komm. z. Aktien-/GmbH-KonzernR, 9. Aufl. 2019, § 297 Rn. 5; Veil, in: Spindler/Stilz, Komm. z. AktG, 4. Aufl. 2019, § 297 Rn. 21.

225 Emmerich, in: Emmerich/Habersack, Komm. z. Aktien-/GmbH-KonzernR, 9. Aufl. 2019, § 297 Rn. 6.

In der Praxis hat diese Kontroverse jedoch kaum mehr Bedeutung. Die Kautelarjurisprudenz orientiert sich an dem überwiegenden Verständnis des § 297 Abs. 2 AktG und trifft dementsprechend die von den Vertragsparteien gewünschten Regelungen zur ordentlichen Kündigung.[226]

a) Kündigungsfrist

Auch die Kündigungsfrist ist gesetzlich nicht geregelt. Es gelten die vertraglichen Bestimmungen. Wenn eine Kündigungsfrist nicht vereinbart wurde, wird bei Beherrschungs- und Gewinnabführungsverträgen die Regelung des § 132 HGB entsprechend angewendet,[227] diese beträgt sechs Monate.

b) Kündigungstermin

Die Kündigungsfrist bei Beherrschungs- und Gewinnabführungsverträgen ist an einen bestimmten Kündigungstermin gebunden.[228] Ist ein solcher nicht vertraglich vereinbart, bietet sich auch im Fall des Kündigungstermins eine analoge Anwendung des § 132 HGB oder des § 296 Abs. 1 AktG an, was zur Folge hat, dass eine Kündigung sechs Monate vor Ende des Geschäftsjahres erfolgen muss.[229]

c) Sonderbeschlusserfordernis

Gemäß § 297 Abs. 2 AktG i. V. m. §§ 295 Abs. 2 und 296 Abs. 2 AktG ist ein Sonderbeschluss der außenstehenden Aktionäre erforderlich, wenn die ordentliche Kündigung eines Vertrages, der Ausgleich- oder Abfindungsleistungen zugunsten dieser außenstehenden Aktionäre vorsieht, durch den Vorstand der abhängigen Gesellschaft erklärt werden soll. Für den umgekehrten Fall einer Kündigung des herrschenden Vertragsteils ist § 297 Abs. 2 AktG nicht anwendbar, weil die Rechte der Minderheitsaktionäre – so argumentiert der Gesetzgeber – nicht

226 Altmeppen, Münchn. Komm. z. AktG, 3. Aufl. 2010; § 297 Rn. 70; Veil, in Spindler/Stilz, Komm. z. AktG, 4. Aufl. 2019, § 297 Rn. 21.

227 Langenbucher, in: K. Schmidt/Lutter, Komm. z. AktG, 3. Aufl. 2015, § 297 Rn. 23; Altmeppen, MünchKomm z. AktG, 4. Aufl. 2015; § 297 Rn. 75; Koch, in: Hüffer/Koch, Komm. z. AktG, 13. Aufl. 2018, § 297 Rn. 16.

228 Langenbucher, in: K. Schmidt/Lutter, Komm. z. AktG, 3. Aufl. 2015, § 297 Rn. 24; Koch, in: Hüffer/Koch, Komm. z. AktG, 13. Aufl. 2018, § 297 Rn. 16.

229 Langenbucher, in: K. Schmidt/Lutter, Komm. z. AktG, 3. Aufl. 2015, § 297 Rn. 24; Koch, in: Hüffer/Koch, Komm. z. AktG, 13. Aufl. 2018, § 297 Rn. 16.

beeinträchtigt werden.[230] § 297 Abs. 2 AktG ist eine nicht unumstrittene Vorschrift,[231] jedoch ist sie de lege lata, so wie sie lautet, hinzunehmen. Der Gesetzgeber hat die Situation gekannt und es bei der Vorschrift belassen.[232]

Auch im GmbH-Konzern ist für die ordentliche Kündigung eines Beherrschungs- und Gewinnabführungsvertrages nach der Rechtsprechung des BGH die Beschlussfassung der Gesellschafterversammlung erforderlich.[233] Dabei bleibt der Mehrheitsgesellschafter stimmberechtigt.[234]

2. Die außerordentliche Kündigung

Die außerordentliche Kündigung von Unternehmensverträgen ist, im Gegensatz zur ordentlichen Kündigung, gesetzlich in § 297 Abs. 1 AktG geregelt. Wenn ein wichtiger Grund vorliegt, hat der Vertragsteil, der davon betroffen ist, die Möglichkeit, fristlos zu kündigen. Insbesondere liegt gemäß § 297 Abs. 1 S. 2 AktG ein wichtiger Grund dann vor, wenn der andere Vertragsteil voraussichtlich nicht in der Lage sein wird, seine aufgrund des Unternehmensvertrages bestehenden Verpflichtungen zu erfüllen. Dabei spielt es keine Rolle, ob der Vertrag befristet oder unbefristet abgeschlossen wurde.[235] Soll der Unternehmensvertrag wegen des Verkaufs der Untergesellschaft beendet werden, muss die Anteilsübertragung ein wichtiger Grund i. S. v. § 297 Abs. 1 S. 2 AktG sein.

a) Wichtiger Grund i. S. v. § 297 Abs. 1 S. 2 AktG

Die Kündigung wegen Leistungsunfähigkeit kann gem. § 297 Abs. 1 S.2 AktG erklärt werden, wenn im konkreten Fall die Voraussetzungen dafür vorliegen.[236]

Zwar scheint der Wortlaut des § 297 Abs. 1 S. 2 AktG eine fristlose Kündigung des herrschenden Unternehmens bei Erkennen, dass Vertragspflichten nicht erfüllt werden können, selbst nicht herzugeben. Eine fristlose Kündigung auch des herrschenden Unternehmens selbst wird von der h. M. jedoch

---

230 Kropff, Begründung des Regierungsentwurfs zu § 297 AktG von 1965, S. 386.

231 Vgl. dazu Koppensteiner, in: Kölner Komm. z. AktG, 3. Aufl. 2004, § 297 Rn. 4.

232 Kropff, Begründung des Regierungsentwurfs zu § 297 AktG von 1965, S. 386.

233 BGH NJW-RR 2011, 1117 (1118 f.).

234 BGH NJW-RR 2011, 1117 (1118 f.).

235 Altmeppen, Münchn. Komm. z. AktG, 4. Aufl. 2015; § 297 Rn. 15; Koch, in: Hüffer/Koch, Komm. z. AktG, 13. Aufl. 2018, § 297 Rn. 3.

236 Koppensteiner, in: Kölner Komm. z. AktG, 3. Aufl. 2004, § 297 Rn. 16; Krieger, in: MünchHdb GesR, Bd. 4, 4. Aufl. 2015, 2. Kap., § 71 Rn. 202.

bejaht.[237] Alles andere widerspreche dem schuldrechtlichen Grundsatz der beidseitigen Kündigungsmöglichkeit aus wichtigem Grund bei Dauerschuldverhältnissen und würde vorliegend die herrschende Gesellschaft stark benachteiligen. Danach kann das herrschende Unternehmen nach überwiegender Auffassung eigeninitiativ den Unternehmensvertrag kündigen, wenn voraussehbar ist, dass die Erfüllung der eigenen finanziellen Vertragspflichten nicht mehr realisiert werden kann. Einerseits berechtigen kurzfristige wirtschaftliche Schwierigkeiten des anderen Vertragsteils zwar nicht sofort zur fristlosen Kündigung, andererseits muss in einer schwierigen, aussichtlosen Lage nicht so lange abgewartet werden, bis endgültige Erfüllungsunfähigkeit vorliegt.[238] Die Unfähigkeit, vertragliche Verpflichtungen zu erfüllen, muss objektiv vorliegen, ein fehlender Wille der anderen Vertragspartei, die eigenen Verpflichtungen zu erfüllen, ist kein Kündigungsgrund i. S. v. § 297 Abs. 1 S. 2 AktG.[239]

b) *Sonstige weitere wichtige Gründe, die zur außerordentlichen Kündigung berechtigen*

Daneben existieren weitere Fallgruppen, die ein wichtiger Grund i. S. v. § 297 AktG sein können. Dazu zählt beispielsweise, dass anhaltend unzulässige Weisungen erteilt werden (§ 308 AktG) oder es wurden vertraglich Umstände bestimmt, die nach der Vorstellung der Parteien ein wichtiger Grund zur außerordentlichen Kündigung nach § 297 AktG sind.[240] Des Weiteren zählen dazu Gründe, die es einer Partei unzumutbar machen, am Vertrag festzuhalten, und kartellrechtliche Hürden, die nicht zu überwinden sind.[241] Denkbar ist auch, einen außerordentlichen Kündigungsgrund in der Eröffnung des Insolvenzverfahrens über das Vermögen der herrschenden Gesellschaft anzunehmen.[242]

---

237 Krieger, in: MünchHdb GesR, Bd. 4, 4. Aufl. 2015, 12. Kap., § 71 Rn. 202; Koch, in: Hüffer/Koch, Komm. z. AktG, 13. Aufl. 2018, § 297 Rn. 4; Paschos, in: Henssler/Strohn, Komm. z. GesR, 4. Aufl. 2019, AktG, § 297 Rn. 4; a. A.: Langenbucher, in: K. Schmidt/Lutter, Komm. z. AktG, 3. Aufl. 2015, § 297 Rn. 5; Altmeppen, Münch. Komm. z. AktG, 4. Aufl. 2015; § 297 Rn. 34 ff., § 297 Rn. 22; Veil, in: Spindler/Stilz, Komm. z. AktG, 294. Aufl. 2019, § 297 Rn. 16.

238 Krieger, in: MünchHdb GesR, Bd. 4, 4. Aufl. 2015, 12. Kap., § 71 Rn. 202; Koch, in: Hüffer/Koch, Komm. z. AktG, 13. Aufl. 2018, § 297 Rn. 4.

239 Koch, in: Hüffer/Koch, Komm. z. AktG, 13. Aufl. 2018, § 297 Rn. 4.

240 Paschos, in: Henssler/Strohn, Komm. z. GesR, 4. Aufl. 2019, AktG, § 297 Rn. 6.

241 Koch, in: Hüffer/Koch, Komm. z. AktG, 13. Aufl. 2018, § 297 Rn. 6.

242 Vgl. dazu E.III.5.a).

c) *Formale Voraussetzungen der außerordentlichen Kündigung*

Zu den formalen Voraussetzungen der außerordentlichen Kündigung schweigt das AktG. Neben der speziellen Vorschrift des § 297 AktG gelangen die § 314 Abs. 2, 3 BGB zur Anwendung, wenn das Aktienrecht eigens keine Regelung enthält.[243] Daher muss der außerordentlichen Kündigung grundsätzlich zunächst eine erfolglose Fristsetzung oder Abmahnung vorausgehen.[244] Darüber hinaus bedarf die Kündigungserklärung der Schriftform, § 297 Abs. 3 i. V. m. §§ 125, 126 BGB.[245] § 314 Abs. 2 S. 2 BGB i. V. m. § 323 Abs. 2 BGB sowie § 314 Abs. 2 S. 3 BGB bestimmen, wann eine Fristsetzung entbehrlich ist.[246] Gemäß § 314 Abs. 3 BGB muss die Kündigung innerhalb einer angemessenen Frist erfolgen, nachdem der Kündigungsberechtigte von dem Kündigungsgrund Kenntnis erlangt hat.[247] Zuständiges Organ für die Erklärung der Kündigung ist der jeweilige Vorstand, § 78 AktG[248], bzw. bei einer GmbH der Geschäftsführer, da es sich um eine Geschäftsführungsmaßnahme handelt. Bei der außerordentlichen Kündigung ist die Abgabe eines Kündigungsgrundes entbehrlich, solange deutlich wird, dass es sich um eine außerordentliche Kündigung handelt.[249]

3. Besonderheiten bei der körperschaftssteuerlichen Organschaft

Besonderheiten ergeben sich bei der körperschaftsteuerlichen Organschaft. Diese ist in den §§ 14 bis 19 KStG geregelt. Vereinfacht ausgedrückt liegt eine Organschaft vor, wenn eine Kapitalgesellschaft in einem tatsächlichen und rechtlichen Unterordnungsverhältnis (Beherrschung) zu einer anderen Gesellschaft (in dem Fall Organträger genannt) steht, sodass die abhängige Gesellschaft (in dem Fall Organgesellschaft genannt) bei wirtschaftlicher Betrachtung als unselbstständig anzusehen ist. Weitere Voraussetzung ist der Abschluss eines Gewinnabführungsvertrages.

---

243 Altmeppen, in: Münchn. Komm z. AktG, 4. Aufl. 2015, § 297 Rn. 22; Emmerich, in: Emmerich/Habersack, Komm. z. Aktien-/GmbH-KonzernR, 9. Aufl. 2019, § 297 Rn. 18.

244 Mülbert, in: Großkomm. z. AktG, 4. Aufl. 2004, § 297 Rn. 62; Altmeppen, in: Münchn. Komm. z. AktG, 4. Aufl. 2015, § 297 Rn. 22.

245 Hertel, in: Staudinger, Komm. z. BGB, Neubearbeitung 2017, § 126 Rn. 159 f.

246 OLG München AG 2011, 467 (468).

247 OLG München AG 2011, 467 (468).

248 Langenbucher in: K. Schmidt, K./Lutter, AktG, 3. Aufl. 2015, § 297 AktG, Rn. 18; 26.

249 Langenbucher in: K. Schmidt, K./Lutter, AktG, 3. Aufl. 2015, § 297 AktG, Rn. 18; Weidenkaff, in: Palandt, Komm. z. BGB, 78. Aufl. 2019, § 626 Rn. 32.

Aus steuerrechtlicher – nicht aus aktienrechtlicher – Sicht muss der Gewinnabführungsvertrag, um die Voraussetzungen der steuerlichen Organschaft i. S. v. § 14 Abs. 1 S. 1 Nr. 3 KStG zu erfüllen, für mindestens fünf volle Jahre abgeschlossen und ausgeführt werden.[250] Aus diesem Grund ist die ordentliche Kündigung des Vertrages in diesen fünf Jahren in der Regel vertraglich ausgeschlossen. Dabei wird sie zumeist auf den Zeitpunkt zum Ende eines Geschäftsjahres beschränkt, sodass die steuerrechtliche Rückwirkung des gem. § 14 Abs. 1 S. 1 Nr. 3 S. 3 KStG zum Anfang des Wirtschaftsjahres nicht greift und so die Organschaft gefährdet.[251] Nach Ablauf der Mindestlaufzeit kann der Beherrschungs- und Gewinnabführungsvertrag im Hinblick auf einen anstehenden Verkauf der Organgesellschaft mit der Einlegung eines Rumpfgeschäftsjahres auf den gewünschten Zeitpunkt gekündigt werden.[252]

Ausnahmsweise ist die vorzeitige Beendigung eines die Fünfjahresfrist noch nicht erreichten Gewinnabführungsvertrages gemäß § 14 Abs. 1 S. 1 Nr. 3, S. 2 KStG i. V. m. R 14.5 Abs. 6 KStR zulässig. Dazu muss ein wichtiger Grund eine Kündigung rechtfertigen oder der Vertrag im gegenseitigen Einvernehmen beendet worden sein. Dann bleibt der Vertrag für die Jahre, für die er durchgeführt worden ist, steuerrechtlich wirksam. Liegt ein wichtiger Grund nicht vor, ist der Gewinnabführungsvertrag von Anfang an als steuerrechtlich unwirksam anzusehen, R 14.5 Abs. 6 S. 4 KStR. Gemäß R 14.5 Abs. 6 S. 2 KStR kann ein wichtiger Grund insbesondere in der Veräußerung oder Einbringung der Organbeteiligung durch den Organträger, in der Verschmelzung, Spaltung oder Liquidation des Organträgers oder der Organgesellschaft gesehen werden. Ein wichtiger Grund ist nach R 14.5 Abs. 6 S. 3 KStR nicht anzunehmen, wenn bereits im Zeitpunkt des Vertragsabschlusses feststand, dass der Gewinnabführungsvertrag vor Ablauf der ersten fünf Jahre beendet werden wird.

---

250 BFH NZG 2011, 596.

251 Stangl, in: Kessler/Kröner/Köhler, Konzernsteuerrecht, 3. Aufl. 2018, § 3 Rn. 235.

252 Stangl, in: Kessler/Kröner/Köhler, Konzernsteuerrecht, 3. Aufl. 2018, § 3 Rn. 235; Hentzen, in: NZG 2008, 201 (202).

III. Weitere Beendigungstatbestände beim Unternehmensvertrag

1. Automatische Vertragsbeendigung zur Sicherung außenstehender Aktionäre

Einen weiteren gesetzlichen Beendigungsgrund nennt § 307 AktG. Dieser sieht nur eine automatische Vertragsbeendigung zur Sicherung außenstehender Aktionäre vor. Außenstehender Aktionär im Sinne dieser Regelung ist der Erwerber einer Aktienbeteiligung, der nicht konzernverbunden mit dem Veräußerer ist.[253] War bei Vertragsschluss kein außenstehender Aktionär vorhanden und wurde von der Festsetzung der Abfindungs- und Ausgleichsansprüche, wie es § 304 Abs. 1 S. 3 AktG vorsieht, abgesehen, so sind nun eintretende außenstehende Aktionäre nicht geschützt, weshalb § 307 AktG bestimmt, dass in diesem Fall der Gesellschaftsvertrag spätestens (d. h., wenn nicht bereits andere Beendigungsgründe zur früheren Beendigung des Vertrages geführt haben)[254] zum Ende des Geschäftsjahres automatisch endet.

Umstritten ist, ob § 307 AktG Anwendung findet, wenn es sich bei der Untergesellschaft um eine GmbH handelt. Weit überwiegend wird die analoge Anwendbarkeit jedoch aufgrund des auch in dieser Konstellation bestehenden Schutzbedürfnisses der außenstehenden Gesellschafter, die sich erst nach Abschluss des Unternehmensvertrages an der abhängigen GmbH beteiligt haben, bejaht.[255]

2. Zeitablauf

Befristete Unternehmensverträge enden automatisch mit Zeitablauf, sofern der Vertrag keine Verlängerungsklausel vorsieht.[256] Dabei ist bei Beherrschungs- und Gewinnabführungsverträgen, die zur Bildung einer steuerlichen Organschaft geschlossen wurden, zu beachten, dass diese eine Mindestvertragsdauer von fünf Jahren haben müssen. Eine vorzeitige Beendigung ohne wichtigen

---

253 Koch, in: Hüffer/Koch, Komm. z. AktG, 13. Aufl. 2018, § 307 Rn. 2.

254 Koch, in: Hüffer/Koch, Komm. z. AktG, 13. Aufl. 2018, § 307 Rn. 2.

255 So Emmerich, in: Emmerich/Habersack, Komm. z. Aktien-/GmbH-KonzernR, 9. Aufl. 2019, § 307 Rn. 3; Beurskens, in: Baumbach/Hueck, Komm. z. GmbHG, 22. Aufl. 2019, Anh. GmbH-Konzernrecht Rn. 132; Altmeppen, in: Roth/Altmeppen, Komm. z. GmbHG, 9. Aufl. 2019, Anh. § 13 Rn. 95; a. A.: Katschinski, in: FS Reuter, 2010, 1043 (1050ff.).

256 Koch, in: Hüffer/Koch, Komm. z. AktG, 13. Aufl. 2018, § 297 Rn. 22.

Grund[257] lässt die steuerlichen Vergünstigungen des § 14 KStG rückwirkend entfallen,[258] was als *„verunglückte Organschaft"* bezeichnet wird.

3. Eingliederung

Die aktienrechtliche Eingliederung gem. §§ 319 ff. AktG kann auch zur Beendigung der Unternehmensverträge führen. Dabei ist zwischen der Eingliederung der abhängigen und der Eingliederung der herrschenden Gesellschaft sowie deren Auswirkungen sowohl auf den Beherrschungs- (siehe 3.a)) als auch den Gewinnabführungsvertrag (siehe 3.b)) zu unterscheiden.

a) Auswirkungen der Eingliederung auf den Beherrschungsvertrag

Wird die abhängige Gesellschaft gemäß der §§ 319 ff. AktG in das herrschende Unternehmen eingegliedert, endet der Beherrschungsvertrag automatisch.[259] Mit der Eingliederung wird der Beherrschungsvertrag gegenstandslos.[260]

Wird die abhängige Gesellschaft in ein drittes Unternehmen eingegliedert, wird der Beherrschungsvertrag grundsätzlich beendet, es sei denn, es ist eine koordinierte Beherrschung durch beide herrschenden Gesellschaften möglich und es entsteht dadurch so etwas wie eine Mehrmüttergesellschaft.[261]

Wird demgegenüber das herrschende Unternehmen in eine dritte Gesellschaft eingegliedert, ändert sich nichts an den Unternehmensbeziehungen zur abhängigen Gesellschaft.[262]

---

257 § 14 Abs. 1 S. 1 Nr. 3 S. 2 KStG.

258 Vgl. bereits E.II.3.

259 Koppensteiner, in: Kölner Komm. z. AktG, 3. Aufl. 2004, § 297 Rn. 40; Krieger, in: MünchHdb GesR, Bd. 4, 4. Aufl. 2015, Kap. 12, § 71 Rn. 217; Emmerich, in: Emmerich/Habersack, Komm. z. Aktien-/GmbH-KonzernR, 9. Aufl. 2019, § 297 Rn. 34a.

260 Emmerich, in: Emmerich/Habersack, Komm. z. Aktien-/GmbH-KonzernR, 9. Aufl. 2019, § 297 Rn. 34a, § 324 Rn. 8.

261 Krieger, in: MünchHdb GesR, Bd. 4, 4. Aufl. 2015, 12. Kap., § 71 Rn. 217; Emmerich, in: Emmerich/Habersack, Komm. z. Aktien-/GmbH-KonzernR, 9. Aufl. 2019, § 297 Rn. 35.

262 Altmeppen, in: Münchn. Komm. z. AktG, 4. Aufl. 2015, § 297 Rn. 140; Emmerich, in: Emmerich/Habersack Komm. z. Aktien-/GmbH-KonzernR, 9. Aufl. 20196, § 297 Rn. 36.; Veil, in: Spindler/Stilz, Komm. z. AktG, 4. Aufl. 2019, § 297 Rn. 52; a. A.: Koppensteiner, in: Kölner Komm. z. AktG, 3. Aufl. 2004, § 297 Rn. 40.

b) Auswirkungen der Eingliederung auf den Gewinnabführungsvertrag

Grundsätzlich gilt für Gewinnabführungsverträge, dass sie nicht durch die Eingliederung beeinflusst werden, wenn die abhängige Gesellschaft in die herrschende Gesellschaft eingegliedert wird.[263] Gleiches gilt dann, wenn die abhängige Gesellschaft in ein drittes Unternehmen eingegliedert wird.[264] Dies folgert die herrschende Meinung aus § 324 Abs. 2 AktG.[265]

c) Kein Sonderbeschlusserfordernis analog § 297 Abs. 2 S. 1 AktG

Eines Sonderbeschlusses bedarf es für die Eingliederung nicht. § 297 Abs. 2 S.1 AktG ist nicht, auch nicht entsprechend anwendbar.[266] Die §§ 295, 296 AktG finden keine Anwendung.[267]

4. Umwandlung

a) Verschmelzung

Die Verschmelzung von Unternehmen, die ihrerseits anderweitig unternehmensvertraglich gebunden sind, nach dem Umwandlungsgesetz kann unter Umständen ein wichtiger Grund für eine außerordentliche Kündigung des Unternehmensvertrages (§ 297 Abs. 1 AktG) seitens der nicht an der Verschmelzung beteiligten Gesellschaft sein.[268] Dies hängt, soweit die Kündigung für möglich erachtet wird, im Wesentlichen davon ab, wie gewichtig die Auswirkungen der veränderten rechtlichen Lage auf den nicht an der Verschmelzung beteiligten

---

263 Deilmann, in: Hölters, Komm. z. AktG, 3. Aufl. 2017, § 297 Rn. 26; Veil, in: Spindler/Stilz, Komm. z. AktG, 4. Aufl. 2019, § 297 Rn. 50.

264 Emmerich, in: Emmerich/Habersack, Komm. z. Aktien-/GmbH-KonzernR, 9. Aufl. 2019, § 297 Rn. 35.; Veil, in: Spindler/Stilz, Komm. z. AktG, 4. Aufl. 2019, § 297 Rn. 51; a. A.: Koppensteiner, in: Kölner Komm. z. AktG, 3. Aufl. 2004, § 297 Rn. 40.

265 Emmerich, in: Emmerich/Habersack, Komm. z. Aktien-/GmbH-KonzernR, 9. Aufl. 2019, § 297 Rn. 35; Veil, in: Spindler/Stilz, Komm. z. AktG, 4. Aufl. 2019, § 297 Rn. 50; a. A: Altmeppen, in: Münchn. Komm. z. AktG, 3. Aufl. 2010, § 297 Rn. 142, der im Ergebnis allerdings auch keine automatische Beendigung des Gewinnabführungsvertrages bejaht, sondern die Gesamtkonstellation lediglich für unrealistisch hält.

266 Krieger, in: MünchHdb GesR, Bd. 4, 4. Aufl. 2015, 12. Kap., § 71 Rn. 217; Deilmann, in: Hölters, Komm. z. AktG, 3. Aufl. 2017, § 297 Rn. 26.

267 Veil, in: Spindler/Stilz, Komm. z. AktG, 4. Aufl. 2019, § 297 Rn. 52.

268 Altmeppen, in: MünchKomm z. AktG, 4. Aufl. 2015; § 297 Rn. 133, 125.

Vertragspartner ist.[269] Insofern kann eine Verschmelzung mit einer dritten Gesellschaft trotz des grundsätzlichen Fortbestehens des Unternehmensvertrages zur Beendigung des Beherrschungs- und Gewinnabführungsvertrages durch außerordentliche Kündigung führen.

Im Folgenden werden die Auswirkungen einzelner Verschmelzungstatbestände auf bestehende Unternehmensverträge dargestellt.

aa) Verschmelzung der abhängigen Gesellschaft mit der herrschenden Gesellschaft

Bei der Verschmelzung ist davon auszugehen, dass der Unternehmensvertrag automatisch endet, wenn die abhängige Gesellschaft mit der herrschenden Gesellschaft verschmolzen wird.[270] Dabei bedarf es nicht der Zustimmung der außenstehenden Aktionäre der abhängigen Gesellschaft zur Verschmelzung durch Sonderbeschluss analog § 296 Abs. 2 AktG.[271]

bb) Verschmelzung der herrschenden Gesellschaft mit einem dritten Unternehmen

Verschmilzt das Vermögen der herrschenden Gesellschaft auf einen anderen, dritten Rechtsträger, gehen der Beherrschungs- und der Gewinnabführungsvertrag auf diesen im Wege der Gesamtrechtsnachfolge über.[272] Eine Zustimmung zu der Verschmelzung nach § 295 AktG ist auch in diesem Fall nicht erforderlich, auch wenn faktisch das herrschende Unternehmen ein ganz anderes wird, was einer Änderung des Unternehmensvertrages gleichkommt.[273] Allerdings macht es für die abhängige Gesellschaft keinen Unterschied, ob das sie beherrschende Unternehmen bei einer Verschmelzung aufnehmender oder übertragender

---

269 Mülbert, in: Großkomm. z. AktG, 4. Aufl. 2004, § 297 Rn. 114; Koppensteiner, in: Kölner Komm. z. AktG, 3. Aufl. 2004, § 297 Rn. 36; Krieger, in: MünchHdb GesR, Bd. 4, 4. Aufl. 2015, 12. Kap., § 71 Rn. 210 f.; Altmeppen, in: MünchKomm z. AktG, 4. Aufl. 2015; § 297 Rn. 125; Emmerich, in: Emmerich/Habersack, Komm. z. Aktien-/GmbH-KonzernR, 9. Aufl. 2019, § 297 Rn. 44; Veil, in: Spindler/Stilz. Komm. z. AktG, 4. Aufl. 2019, § 297 Rn. 42.

270 Marsch-Barner, in: Kallmeyer, Komm. z. UmwG, 6. Aufl. 2017, § 20 Rn. 18.

271 Koppensteiner, in: Kölner Komm. z. AktG, 3. Aufl. 2004, § 297 Rn. 37; Krieger, in: MünchHdb GesR, Bd. 4, 4. Aufl. 2015, 12. Kap., § 71 Rn. 208.

272 Krieger, in: MünchHdb GesR, Bd. 4, 4. Aufl. 2015, 12. Kap., § 71 Rn. 209; Leonard, in: Semler/Stengel, Komm. z. UmwG, 4. Aufl. 2017, § 20 Rn. 30.

273 Grunewald, in: Lutter, Komm. z. UmwG, 5. Aufl. 2014, § 20 Rn. 40.

Rechtsträger ist, weil nach wie vor dieselbe Vermögensmasse zum Nachteilsausgleich der abhängigen Gesellschaft zur Verfügung steht.[274]

Zudem dienen die §§ 295 ff. AktG dem Schutz der außenstehenden Aktionäre, und auf diese hat die Verschmelzung keine nachteiligen Auswirkungen.[275]

Die nun verschmolzene herrschende und die abhängige Gesellschaft können den Unternehmensvertrag nicht allein aufgrund der Verschmelzung kündigen, vielmehr müssen weitere Umstände hinzutreten, die einen wichtigen Grund i. S. v. § 297 Abs. 1 AktG darstellen.[276]

cc) Verschmelzung der abhängigen Gesellschaft mit einem dritten Unternehmen

Verschmilzt die abhängige Gesellschaft auf ein drittes Unternehmen, mit dem sie nicht unternehmensvertraglich verbunden ist, so erlischt der Unternehmensvertrag mit der herrschenden Gesellschaft mit Eintragung der Verschmelzung.[277] Eine Meinung vertritt die Ansicht, der Unternehmensvertrag erlösche nicht, sondern es bestehe lediglich ein Kündigungsrecht.[278] Dagegen spricht, dass nicht automatisch angenommen werden kann, dass sich der übernehmende Rechtsträger der Verschmelzung durch diese in ein Abhängigkeitsverhältnis begeben möchte[279] und ihm nicht ohne Zustimmung der Gesellschafter nach § 293 Abs. 1 AktG die Belastungen eines Abhängigkeitsverhältnisses auferlegt werden können.[280] Auch kann die herrschende Gesellschaft nicht ohne Weiteres dem Risiko einer höheren Verlustausgleichspflicht ausgesetzt werden (§ 302 AktG).[281] Der Übergang des Unternehmensvertrages kann auch nicht im Rahmen des Verschmelzungsvertrages vereinbart werden.[282] Denn die

---

274 Leonard, in: Semler/Stengel, Komm. z. UmwG, 4. Aufl. 2017, § 20 Rn. 30.
275 Grunewald, in: Lutter, Komm. z. UmwG, 5. Aufl. 2014, § 20 Rn. 40.
276 Koppensteiner, in: Kölner Komm. z. AktG, 3. Aufl. 2004, § 297 Rn. 36; Veil, in: Spindler/Stilz, Komm. z. AktG, 4. Aufl. 2019, § 297 Rn. 42; vgl. zudem unter E.III.4.a)dd).
277 OLG Karlsruhe NJW-RR 1995, 354; Marsch-Barner, in: Kallmeyer, Komm. z. UmwG, 6. Aufl. 2017, § 20 Rn. 21.
278 Vossius, in: Festschrift Widmann, 133 (138).
279 Grunewald, in: Lutter, Komm. z. UmwG, 5. Aufl. 2014, § 20 Rn. 38; Marsch-Barner, in: Kallmeyer, Komm. z. UmwG, 6. Aufl. 2017, § 20 Rn. 21.
280 Grunewald, in: Lutter, Komm. z. UmwG, 5. Aufl. 2014, § 20 Rn. 38; Emmerich, in: Emmerich/Habersack, Komm. z. Aktien-/GmbH-KonzernR, 9. Aufl. 2019; § 297 Rn. 39; Marsch-Barner, in: Kallmeyer, Komm. z. UmwG, 6. Aufl. 2017, § 20 Rn. 21.
281 Grunewald, in: Lutter, Komm. z. UmwG, 5. Aufl. 2014, § 20 Rn. 38.
282 Grunewald, in: Lutter, Komm. z. UmwG, 5. Aufl. 2014, § 20 Rn. 38.

außenstehenden Aktionäre des übernehmenden Rechtsträgers, die zu außenstehenden Aktionären eines neuen abhängigen Rechtsträgers werden würden, blieben ansonsten schutzlos.[283]

dd) Die Vertragsgesellschaft als übernehmender Rechtsträger

Der Beherrschungs- und/oder Gewinnabführungsvertrag wird, sowohl wenn die abhängige als auch wenn die herrschende Gesellschaft durch Verschmelzung eine andere Gesellschaft aufnimmt, soweit nicht § 307 AktG einschlägig ist, nicht tangiert.[284] Lediglich die „Vergrößerung" einer der am Unternehmensvertrag beteiligten Gesellschaften kann nicht dazu führen, dass bestehende vertragliche Verpflichtungen entfallen.[285] Eines Sonderbeschlusses der außenstehenden Aktionäre gem. § 296 Abs. 2 AktG analog bedarf es in diesen Fällen nicht.[286] Unter Umständen besteht in diesem Fall jedoch ein Recht zur außerordentlichen Kündigung.[287] Allerdings ist die Berufung auf einen wichtigen Grund erforderlich. Dies könnte für die herrschende Gesellschaft problematisch werden, da sie ja der Verschmelzung im Vorhinein zugestimmt oder diese sogar veranlasst hat.[288]

b) Spaltung

Thematisiert werden nachstehend die Folgen der drei Hauptspaltungskonstellationen nach § 123 UmwG auf den Unternehmensvertrag: die Aufspaltung nach Absatz 1, die Abspaltung nach Absatz 2 und die Ausgliederung nach Absatz 3.

---

283 Grunewald, in: Lutter, Komm. z. UmwG, 5. Aufl. 2014, § 20 Rn. 38.

284 Koppensteiner, in: Kölner Komm. z. AktG, 3. Aufl. 2004, § 291 Rn. 73; Marsch-Barner, in: Kallmeyer, Komm. z. UmwG, 6. Aufl. 201, § 20 Rn. 19.

285 Grunewald, in: Lutter, Komm. z. UmwG, 5. Aufl. 2014, § 20 Rn. 37.

286 Krieger, in: MünchHdb GesR, Bd. 4, 4. Aufl. 2015, 12. Kap., § 71 Rn. 211; Marsch-Barner, in: Kallmeyer, Komm. z. UmwG, 6. Aufl. 2017, § 20 Rn. 19.

287 BayObLG München, AG 2004, 99; Koppensteiner, in: Kölner Komm. z. AktG, 3. Aufl. 2004, § 291 Rn. 73; Altmeppen, in: MünchKomm z. AktG, 4. Aufl. 2015; § 297 Rn. 133; Krieger, in: MünchHdb GesR, Bd. 4, 4. Aufl. 2015, 12. Kap., § 71 Rn. 210.

288 Grunewald, in: Lutter, Komm. z. UmwG, 5. Aufl. 2014, § 20 Rn. 37; Emmerich, in: Emmerich/Habersack, Komm. z. Aktien-/GmbH-KonzernR, 9. Aufl. 2019, § 297 Rn. 41; Leonard, in: Semler/Stengel, Komm. z. UmwG, 4. Aufl. 2017, § 20 Rn. 29.

aa) Abspaltung und Ausgliederung der Vertragsgesellschaft

Die soeben aufgezeigten Folgen einer Verschmelzung für den Unternehmensvertrag treffen bei der Spaltung nach § 123 UmwG in ähnlicher Weise zu. Sowohl bei der Abspaltung als auch bei der Ausgliederung gelten die Unternehmensverträge des übertragenden Rechtsträgers, bei der herrschenden wie auch bei der abhängigen Gesellschaft, fort.[289] Unter Umständen kann jedoch aus der Sicht der abhängigen Gesellschaft dann eine außerordentliche Kündigungsmöglichkeit (§ 297 AktG) aus wichtigem Grund bestehen.[290]

Im Falle einer Abspaltung oder Ausgliederung bei der herrschenden Gesellschaft besteht allerdings auch die Möglichkeit, den Unternehmensvertrag auf den neuen Rechtsträger zu übertragen.[291]

Bei der abhängigen Gesellschaft gilt für die Abspaltung und Ausgliederung zur Aufnahme eine Besonderheit: Der bereits existente aufnehmende Rechtsträger kann ohne eigene Mitwirkung der Hauptversammlung nicht an den Unternehmensvertrag gebunden werden, ein Unternehmensvertrag bedarf entsprechend §§ 293, 295 AktG der Zustimmung der Hauptversammlung.[292] Diejenige Gesellschaft, von der die Abspaltung bzw. Ausgliederung ausgeht, bleibt an den bereits bestehenden Unternehmensvertrag gebunden.[293] Dahingegen besteht bei einer Abspaltung oder Ausgliederung zur Neugründung für die abhängige Gesellschaft die Möglichkeit, den bereits bestehenden Unternehmensvertrag zu übertragen, weil nach wie vor dieselben Parteien betroffen sind.[294]

Der Spaltungsvertrag bzw. Spaltungsplan muss im Falle einer Abspaltung oder Ausgliederung auf den bestehenden Unternehmensvertrag Bezug nehmen und diesen einem Zielrechtsträger zuordnen, ansonsten erlischt er bei dessen

289 Emmerich, in: Emmerich/Habersack, Komm. z. Aktien-/GmbH-KonzernR, 9. Aufl. 2019, § 297 Rn. 46, 47; Deilmann, in: Hölters, Komm. z. AktG, 3. Aufl. 2017, § 297 Rn. 35, 36; Veil, in: Spindler/Stilz, Komm. z. AktG, 4. Aufl. 2019, § 297 Rn. 43, 46.

290 Altmeppen, in: Münchn. Komm. z. AktG, 4. Aufl. 2015, § 297 Rn. 126, 135.

291 Emmerich/Habersack, Komm. z. Aktien-/GmbH-KonzernR, 9. Aufl. 2019, § 297 Rn. 46.

292 Emmerich/Habersack, Komm. z. Aktien-/GmbH-KonzernR, 9. Aufl. 2019, § 297 Rn. 46a; Deilmann, in: Hölters, Komm. z. AktG, 3. Aufl. 2017, § 297 Rn. 36.

293 Emmerich/Habersack, Komm. z. Aktien-/GmbH-KonzernR, 9. Aufl. 2019, § 297 Rn. 47; Deilmann, in: Hölters, Komm. z. AktG, 3. Aufl. 2017, § 297 Rn. 36.

294 Altmeppen, in: Münchn. Komm. z. AktG, 4. Aufl. 2015, § 297 Rn. 134; Deilmann, in: Hölters, Komm. z. AktG, 3. Aufl. 2017, § 297 Rn. 36; Veil, in: Spindler/Stilz, Komm. z. AktG, 4. Aufl. 2019, § 297 Rn. 46.

Aufspaltung (§ 131 Abs. 1 Nr. 2 UmwG), während er gegenüber dem übertragenden Rechtsträger bestehen bleibt.[295]

bb) Aufspaltung der abhängigen Gesellschaft

Die Aufspaltung der abhängigen Gesellschaft und die gleichzeitige Übertragung auf einen bestehenden Rechtsträger (Aufspaltung zur Aufnahme) führt gemäß § 123 Abs. 1 Nr. 1 UmwG i. V. m. § 131 Abs. 1 S. 2 UmwG zu deren Erlöschen.

Fraglich ist für den Fall, dass ein übertragender Rechtsträger abhängiges Unternehmen ist, ob der Unternehmensvertrag vertraglich auf den übernehmenden Rechtsträger erstreckt wird. Bei der Spaltung zur Neugründung scheint dies nach wohl herrschender Ansicht möglich zu sein.[296] Im Falle einer Spaltung zur Aufnahme hingegen spricht sich die überwiegende Mehrheit gegen eine Übertragung des Gewinnabführungs- und/oder Beherrschungsvertrages auf den übernehmenden Rechtsträger aus.[297]

Der Unternehmensvertrag kann im Fall der Spaltung des abhängigen Unternehmens auf eine übernehmende Gesellschaft daher nicht ohne Zustimmung des an der Spaltung unbeteiligten herrschenden Unternehmens übertragen werden.[298]

cc) Aufspaltung der herrschenden Gesellschaft

Bei einer Aufspaltung der herrschenden Gesellschaft bleibt der Unternehmensvertrag grundsätzlich unberührt.[299] Der Unternehmensvertrag kann allerdings auch auf einen übernehmenden Rechtsträger im Rahmen der *„partiellen Gesamtrechtsnachfolge“*[300] übertragen werden, wenn die Gesellschaft aufgrund einer Aufspaltung auf mehrere (mindestens zwei) Rechtsträger erlischt, § 131

295 Schröer, in: Semler/Stengel, Komm. z. UmwG, 4. Aufl. 2017, § 126 Rn. 75.

296 Sickinger, in: Kallmeyer, Komm. z. UmwG, 6. Aufl. 2016, § 126 Rn. 26; Schröer, in: Semler/Stengel, Komm. z. UmwG, 4. Aufl. 2017; Hörtnagl, in: Schmitt/Hörtnagl/Stratz, 8. Aufl. 2018, § 131 Rn. 61; Wilken, DStR 1999, 677 (680); Müller, BB 2002, 157 (161); a. A.: Priester, in: Lutter, Komm. z. UmwG, 5. Aufl. 2014, § 126 Rn. 65.

297 Priester, in: Lutter, Komm. z. UmwG, 5. Aufl. 2014, § 126 Rn. 65; Sickinger, in: Kallmeyer, Komm. z. UmwG, 6. Aufl. 2016, § 126 Rn. 26; Schröer, in: Semler/Stengel, Komm. z. UmwG, 4. Aufl. 2017; Hörtnagl, in: Schmitt/Hörtnagl/Stratz, 8. Aufl. 2018, § 131 Rn. 62; § 126 Rn. 74; Müller, BB 2002, 157 ff.

298 Priester, in: Lutter, Komm. z. UmwG, 5. Aufl. 2014, § 126 Rn. 65.

299 Emmerich/Habersack, Komm. z. Aktien-/GmbH-KonzernR, 9. Aufl. 2019, § 297 Rn. 46; Deilmann, in: Hölters, Komm. z. AktG, 3. Aufl. 2017, § 297 Rn. 35.

300 Schröer, in: Semler/Stengel, Komm. z. UmwG, 4. Aufl. 2017, § 131 Rn. 29.

Abs. 1 UmwG.[301] Dann kann der Unternehmensvertrag weiterhin einem der übernehmenden Rechtsträger zugeordnet werden. Jedoch soll die Zustimmung der Hauptversammlung der abhängigen Gesellschaft bei der Übertragung auf mehrere übernehmende Gesellschaften erforderlich sein: Die Konstellation sei vergleichbar mit der eines Beitritts zu einem Unternehmensvertrag.[302]

Nicht geklärt ist, ob der Übergang des Unternehmensvertrages der Zustimmung der Anteilseigner (über den Zustimmungsbeschluss des § 13 UmwG hinausgehend) eines der neuen Rechtsträger und der der außenstehenden Aktionäre der abhängigen Gesellschaft bedarf.[303]

Daher ist entweder vorsichtshalber vor Vertragsschluss die Zustimmung etwaiger außenstehender Anteilseigner einzuholen oder es ist zu ihrem Schutz ein variabler Ausgleich anzupassen und ihnen ein erneutes Abfindungsangebot zu machen.[304]

Einer Zustimmung der Hauptversammlung des herrschenden Unternehmens als übertragendem Rechtsträger nach §§ 295, 293 AktG bedarf es nicht.[305] Es handelt sich bei der Aufspaltung nicht um eine Vertragsänderung i. S. v. § 295 Abs. 1 AktG, sondern vielmehr um eine Rechtsnachfolge.[306]

5. Auflösung eines Vertragspartners

Umstritten ist, ob die Auflösungsgründe des § 262 AktG und eine daraus resultierende Auflösung einer Gesellschaft ebenfalls zur Beendigung bestehender Unternehmensverträge führen.[307]

---

301 Deilmann, in: Hölters, Komm. z. AktG, 3. Aufl. 2017, § 297 Rn. 35; Veil, in: Spindler/Stilz, Komm. z. AktG, 4. Aufl. 2019, § 297 Rn. 43.

302 Altmeppen, in: Münchn. Komm. z. AktG, 4. Aufl. 2015, § 297 Rn. 129; Veil, in: Spindler/Stilz, Komm. z. AktG, 4. Aufl. 2019, § 297 Rn. 43.

303 Gegen ein über § 13 UmwG hinausgehendes Zustimmungserfordernis: Hörtnagl, in: Schmitt/Hörtnagl/Stratz, Komm. z. UmwG/UmwStG, 8. Aufl. 2018, § 131 Rn. 59; dafür: Priester, in: Lutter, Komm. z. UmwG, 5. Aufl. 2014, § 126 Rn. 65.

304 Krieger, in: MünchHdb GesR, Bd. 4, 4. Aufl. 2015, 12. Kap., § 71 Rn. 213.

305 Schröer, in: Semler/Stengel, Komm. z. UmwG, 4. Aufl. 2017, § 131 Rn. 29; Hörtnagl, in: Schmitt/Hörtnagl/Stratz, Komm. z. UmwG/UmwStG, 8. Aufl. 2018, § 131 Rn. 59.

306 Schröer, in: Semler/Stengel, Komm. z. UmwG, 4. Aufl. 2017, § 131 Rn. 29; Hörtnagl, in: Schmitt/Hörtnagl/Stratz, Komm. z. UmwG/UmwStG, 8. Aufl. 2018, § 131 Rn. 59.

307 Altmeppen, in: Münchn. Komm. z. AktG, 4. Aufl. 2015, § 297 Rn. 129.

a) Eröffnung des Insolvenzverfahrens

Ob die Eröffnung des Insolvenzverfahrens über das Vermögen der herrschenden Gesellschaft ein außerordentlicher Kündigungsgrund[308] ist oder der Beherrschungs- und Gewinnabführungsvertrag mit der abhängigen Gesellschaft automatisch endet[309] (wie zuvor die h. M. zur Konkursordnung),[310] ist streitig. In jüngster Zeit ist allerdings eine neuere Ansicht im Vormarsch, die richtigerweise meint, Verträge sollen grundsätzlich, ergänzt um ein außerordentliches Kündigungsrecht, fortbestehen.[311]

b) Sonstige Auflösungsgründe

Die Auflösungsgründe des § 262 AktG und eine daraus resultierende Auflösung einer Gesellschaft führen in der Regel (ebenfalls) zur Beendigung bestehender Unternehmensverträge. Ziel der Abwicklung einer sich in Liquidation befindenden Gesellschaft ist nicht mehr der Ausgleich von Verlusten und die Abführung von Gewinnen,[312] sondern vielmehr die Verteilung des Gesellschaftsvermögens und die Befriedigung der Gläubiger.[313] Die weitere Realisierung eines Beherrschungs- und Gewinnabführungsvertrages ist daher bereits rein faktisch nicht durchführbar. Daher ist von einer Auflösung der Verträge auszugehen.

6. Rücktritt

Den Rücktritt vom Unternehmensvertrag regelt das AktG nicht. Diese nicht sehr praxisrelevante Entscheidung hat der Gesetzgeber bewusst offengelassen.[314] Ein gesetzliches Rücktrittsrecht ergibt sich damit subsidiär aus §§ 323, 326 BGB.

---

308 Koppensteiner, in: Kölner Komm. z. AktG, 3. Aufl. 2004, § 297 Rn. 47 ff.

309 Noack, Gesellschaftsrecht, InsO, Sonderbd. 1, 1999, Rn. 723 ff.; Krieger, in: MünchHdb GesR, Bd. 4, 4. Aufl. 2015, 12. Kap., § 71 Rn. 202; Koch, in: Hüffer/Koch, Komm. z. AktG, 13. Aufl. 2018, § 297 Rn. 4; Paschos, in: Henssler/Strohn, Komm. z. GesR, 4. Aufl. 2019, AktG, § 297 Rn. 13.

310 BGH NJW 1988, 1326 („Familienheim"), Konkurs der herrschenden Gesellschaft; BGH NJW 1988, 1326 (1326 f.), Konkurs der abhängigen Gesellschaft; Koch, in: Hüffer/Koch, Komm. z. AktG, 13. Aufl. 2018, § 297 Rn. 22a m. w. N.

311 OLG Zweibrücken NZG 2015, 319 (320); Koppensteiner, in: Kölner Komm. z. AktG, 3. Aufl. 2004, § 297 Rn. 47; Zeidler, in: NZG 1999, 692 (696 f.).

312 Koch, in: Hüffer/Koch, Komm. z. AktG, 13. Aufl. 2018, § 297 Rn. 22.

313 Koppensteiner, in: Kölner Komm. z. AktG, 3. Aufl. 2004, § 297 Rn. 44.

314 Kropff, Begründung des Regierungsentwurfs zum AktG von 1965, S. 378.

Vertraglich können die Unternehmensvertragsparteien ein Rücktrittsrecht vereinbaren. Da Rechtsfolge des Rücktritts die Rückabwicklung ist und der Rücktritt auf den Zeitpunkt des Vertragsschlusses wirkt, können das gesetzliche und das vertragliche Rücktrittsrecht nur ausgeübt werden, bis der Vertrag in Vollzug gesetzt wird. [315] Dies ist für Gewinnabführungs- und Beherrschungsverträge der Zeitpunkt der Registereintragung.[316] Ab diesem Zeitpunkt entsteht das Dauerschuldverhältnis, eine Rückabwicklung ist nicht mehr umsetzbar, weshalb eine Loslösung vom Unternehmensvertrag, wie bei Dauerschuldverhältnissen üblich, nur noch durch die ordentliche und außerordentliche Kündigung erfolgen kann.

IV. Besonderheiten bei der Beendigung von Beherrschungs- und Gewinnabführungsverträgen mit einer GmbH als abhängiger Gesellschaft

Zusammenfassend werden an dieser Stelle in Kürze die Besonderheiten bei der Beendigung von Beherrschungs- und Gewinnabführungsverträgen in der Konstellation mit einer GmbH als abhängiger Gesellschaft dargestellt.

Der Abschluss sowie die Beendigung eines Unternehmensvertrages liegen bei der GmbH im Zuständigkeitsbereich der Gesellschafter.[317] Beide haben satzungsändernden Charakter.[318] Auch für die außerordentliche Kündigung von Beherrschungs- und Gewinnabführungsverträgen i. S. v. § 291 Abs. 1 S. 1 AktG ist eine Beschlussfassung der Gesellschafter erforderlich.[319] Dies müsste zudem für die weiteren, unter E.III. dieser Arbeit aufgeführten Beendigungsgründe gelten.[320] Durch eine Regelung im Gesellschaftsvertrag oder entsprechenden

---

315 Altmeppen, in: Münchn. Komm. z. AktG, 4. Aufl. 2015, § 297 Rn. 93; Koch, in: Hüffer/Koch, Komm. z. AktG, 13. Aufl. 2018, § 297 Rn. 23.

316 Altmeppen, in: Münchn. Komm. z. AktG, 4. Aufl. 2015, § 297 Rn. 93; Koch, in: Hüffer/Koch, Komm. z. AktG, 13. Aufl. 2018, § 297 Rn. 23.

317 BGH NJW 1989, 295; BGH NJW 1992, 1452; BGH NJW 1989, 295; Emmerich, in: Emmerich/Habersack, Komm. z. Aktien-/GmbH-KonzernR, 9. Aufl. 2019, § 293 Rn. 40; Lutter/Hommelhoff, in: Lutter/Hommelhoff, Komm. z. GmbHG, 19. Aufl. 2016, Anh. § 13 Rn. 49, 87; Beurskens, in: Baumbach/Hueck, Komm. z. GmbHG, 22. Aufl. 2019, Anh. KonzernR Rn. 105, 128.

318 Vgl. C.II.2.

319 BGH NJW-RR 2011, 1117 (117 f.).

320 Beck, in: GmbHR 2012, 777 (785); Beck, in: GmbHR 2014, 1075 (1077).

Gesellschafterbeschluss ist eine Übertragung dieser Kompetenz auf den fakultativen Aufsichtsrat oder den Beirat denkbar.[321]

Bezüglich der Aufhebung eines Gewinnabführungsvertrages mit einer GmbH hat der BGH jüngst entschieden, sie sei ebenfalls wie eine Satzungsänderung einzuordnen (§§ 54, 55 GmbHG).[322] Darüber hinaus entschied der BGH in einem weiteren Urteil, entsprechend § 296 Abs. 1 S. 1 AktG könne ein Unternehmensvertrag mit einer abhängigen GmbH nur zum Ende des Geschäftsjahres oder des sonst vertraglich bestimmten Abrechnungszeitraums aufgehoben werden.[323]

Die Faustregel lautet: Die Vorschriften des AktG über die Begründung und die Beendigung eines Beherrschungs- und Gewinnabführungsvertrags mit einer abhängigen AG sind auf solche Unternehmensverträge mit einer abhängigen GmbH entsprechend anzuwenden, soweit der Schutzzweck der Vorschriften bei einer abhängigen GmbH gleichermaßen zutrifft und diese nicht auf Unterschieden der Binnenverfassung zwischen der AG und der GmbH beruhen.[324]

V. Wirkungen der Beendigung

1. Allgemeine Beendigungsfolgen

Der Vertrag endet im Fall der fristlosen Kündigung mit Zugang der Kündigung (§ 130 BGB) oder mit Eintritt eines der sonstigen automatischen Vertragsbeendigungsgründe.[325] Ist eine Kündigungsfrist zu beachten, endet der Vertrag mit Ablauf der Kündigungsfrist. Die ordentliche Kündigung wird bei Vorliegen des notwendigen Sonderbeschlusses[326] mit deren Zugang oder mit Vorlage des Beschlusses selbst wirksam.[327] Für den Fall, dass eine vorzeitige, unterjährige Beendigung eintritt, muss eine Stichtagsbilanz erstellt werden, um die bis zur Beendigung entstandenen Pflichten ermitteln zu können.[328]

---

321 Servatius, in Michalski u. a., Komm. z. GmbHG, Bd. 1, 3. Aufl. 2017, Syst. Darst. 4, KonzernR Rn. 308; dagegen: Beurskens, in: Baumbach/Hueck, Komm. z. GmbHG, 22. Aufl. 2019, Anh. KonzernR Rn. 110.

322 BGH NJW-RR 2011, 1117 (117 f.).

323 BGH NJW-RR 2015, 1175 = GmbHR 2015, 985.

324 BGH NJW-RR 2015, 1175 = GmbHR 2015, 985.

325 Emmerich, in: Emmerich/Habersack, Komm. z. Aktien-/GmbH-KonzernR, 9. Aufl. 2019, § 297 Rn. 54.

326 Vgl. unter E.I.2.c).

327 Deilmann, in: Hölters, Komm z. AktG, 3. Aufl. 2014, § 297 Rn. 42.

328 Deilmann, in: Hölters, Komm z. AktG, 3. Aufl. 2014, § 297 Rn. 42; Mühl/Wagenseil, in: NZG 2009, 1253 (1258).

Genau mit Eintritt der Vertragsbeendigung enden auch die vertraglichen Primärpflichten der Parteien.[329] Die Beendigung des Gewinnabführungsvertrages vor Ablauf der Mindestvertragsdauer führt dazu, dass der Gewinnabführungsvertrag von Anfang an als steuerrechtlich unwirksam anzusehen ist. Beim in Rede stehenden Beherrschungs- und Gewinnabführungsvertrag sind die Ausgleichsleistungen nur bis zum Zeitpunkt der Beendigung des Vertrages geschuldet (§ 304 AktG).[330] Die Verlustausgleichspflicht des § 302 AktG wandelt sich in die Pflicht zur Leistung von Sicherheit zugunsten der Gläubiger der gewinnabführenden Gesellschaft nach § 303 AktG um.[331] Der Anspruch auf Sicherheitsleistung muss § 303 Abs. 1 AktG zufolge innerhalb von sechs Monaten nach Bekanntmachung der Eintragung durch die Gläubiger beim anderen Vertragsteil angezeigt werden.

2. Folgen der Vertragsbeendigung bei der abhängigen GmbH

Auch in der GmbH haben die Aufhebung und die Kündigung des Beherrschungs- und Gewinnabführungsvertrages nicht nur schuldrechtliche Wirkung,[332] sondern sie ändern in organisationsrechtlicher Hinsicht den rechtlichen Status der abhängigen Gesellschaft: Der vor Abschluss des Vertrages satzungsgemäße Zustand wird wieder hergestellt.[333] Dies stellt, ebenso wie der Abschluss des Vertrages, einen Eingriff in die Gesellschaft dar.[334] Die Kündigung bewirkt, dass das Weisungsrecht gegenüber den Geschäftsführern wie vor Abschluss des Vertrages wieder der Gesellschafterversammlung anstatt dem herrschenden Unternehmen zusteht.[335] Auch erlangen die Gesellschafter ihr Gewinnbezugsrecht zurück, das zwischenzeitlich wegen des bestehenden Gewinnabführungsvertrages dem herrschenden Unternehmen zustand. Das abhängige Unternehmen verliert seinen Anspruch auf Verlustausgleich gem. § 302 AktG.

---

329 Mühl/Wagenseil, in: NZG 2009, 1253 (1258).

330 Emmerich, in: Emmerich/Habersack, Komm. z. Aktien-/GmbH-KonzernR, 9. Aufl. 2019, § 297 Rn. 55.

331 Emmerich, in: Emmerich/Habersack, Komm. z. Aktien-/GmbH-KonzernR, 9. Aufl. 2019, § 297 Rn. 54.

332 Vgl. C.IV.2. zu Organisationsverträgen mit schuldvertraglicher Wirkung.

333 BGH NJW-RR 2011, 1117 (1118 f.).

334 BGH NJW-RR 2011, 1117 (1118 f.).

335 BGH NJW-RR 2011, 1117 (1118 f.).

3. Nachvertragliche Treuepflichten

Ob nach Beendigung eines Beherrschungs- und Gewinnabführungsvertrages nachvertragliche Treuepflichten der ehemals vertraglich verbundenen Gesellschaften bestehen, wird im Weiteren unter J.XII.2. diskutiert.

F. Problemaufriss: Entstehung und Fälligkeit wechselseitiger Ansprüche aufgrund fehlerhafter Bilanzen nach Beendigung eines Gewinnabführungsvertrages

Für die Beantwortung des sich aus dem Titel dieser Arbeit ergebende Frage, der Rückforderung übermäßig abgeführter Gewinne nach Beendigung eines Gewinnabführungsvertrages, ist zunächst die nachfolgende Ausgangssituation zugrunde zu legen.

I. Ausgangssituation: Aufdecken von Bilanzierungsfehlern nach Beendigung eines Gewinnabführungsvertrages

Nach Beendigung eines Beherrschungs- und Gewinnabführungsvertrages zwischen zwei verbundenen Kapitalgesellschaften kann sich im Nachhinein herausstellen, dass ein oder mehrere Jahresabschlüsse der abhängigen Gesellschaft während der Laufzeit des Beherrschungs- und Gewinnabführungsvertrages aufgrund von Bilanzierungsfehlern fehlerhaft waren. Ein *„Klassiker“*[336] unter den Bilanzierungsfehlern ist die Nichtberücksichtigung vorvertraglicher Verlustvorträge.[337] Zudem treten Fehler beispielsweise durch Überbewertungen von Bilanzposten oder die Einstellung falscher Beträge in Rücklagen auf. Solche Bilanzierungsfehler führen dann unter Umständen dazu, dass der Jahresüberschuss der abhängigen Gesellschaft in den Jahresabschlüssen zu hoch ausgewiesen worden ist und diese infolgedessen zu viel Gewinn an die herrschende Gesellschaft abgeführt hat.

Durch einen fehlerhaften Jahresabschluss kann jedoch auch zu wenig oder zu viel an Verlusten übernommen (vgl. dazu näher unter G. bzw. I.) sowie zu wenig Gewinn abgeführt worden sein (vgl. dazu näher unter H.). Diese Konstellationen sind jedoch im Hinblick auf die Frage der Anspruchsverfolgung nicht problematisch, weshalb das Problem der übermäßig abgeführten Gewinne in dieser Arbeit im Fokus steht.

---

336 Schneider/Sommer, in: GmbHR 2013, 22 (23).

337 BFH NJOZ 2011, 824 (825).

II. Ausgangsfragen

Es stellt sich dann zum einen die Frage, ob die Gewinnabführung auf der Grundlage des zwar fehlerhaften, aber festgestellten Jahresabschlusses ebenfalls fehlerhaft war. Dafür ist zu ermitteln, welche die maßgebliche Bilanz ist: die fehlerhafte, aber bereits festgestellte oder die objektiv richtige Bilanz (vgl. dazu für den Verlustausgleich unter F.III.1., für die Gewinnabführung unter F.VI.)? Zum anderen stellt sich die Frage, wann der Anspruch auf Verlustausgleich entsteht und fällig ist (vgl. dazu zunächst unter F.III.2. zum Verlustausgleich und unter F.VI. zur Gewinnabführung).

Schließlich ist zu untersuchen, ob die abhängige Gesellschaft etwaige zu viel abgeführte Gewinne von der herrschenden Gesellschaft zurückverlangen kann und nach welcher Vorschrift dies möglich ist. Der Untersuchung dieser Frage widmet sich diese Arbeit unter Abschnitt J.

III. Höhe, Entstehung und Fälligkeit des Anspruchs auf Ausgleichszahlungen im Konzern – zunächst zum Verlustausgleich

Besteht ein Beherrschungs- oder Gewinnabführungsvertrag zwischen zwei Gesellschaften, so hat der andere Vertragsteil (= das herrschende Unternehmen) jeden während der Vertragsdauer sonst entstehenden Jahresfehlbetrag der abhängigen Gesellschaft auszugleichen (§ 302 Abs. 1 AktG), soweit dieser nicht dadurch ausgeglichen wird, dass den freien Rücklagen Beträge entnommen werden (sie mithin aufgelöst werden), die während der Vertragsdauer dort eingestellt worden sind. Die Gesellschaft kann auf den Anspruch auf Ausgleich erst drei Jahre nach Bekanntmachung der Vertragsbeendigung und nur mit Zustimmung der außenstehenden Aktionäre verzichten oder sich über ihn vergleichen (§ 302 Abs. 3 AktG). Ansonsten verjährt der Anspruch zehn Jahre nach Bekanntmachung der Vertragsbeendigung (§ 302 Abs. 4 AktG). Das Gesetz spricht in Abs. 1 von einem *„sonst entstehenden"* Jahresfehlbetrag, weil ein solcher im Jahresabschluss nicht ausgewiesen wird. Es ist lediglich der Ertrag aus der Verlustübernahme in der Gewinn- und Verlustrechnung vor dem Jahresüberschuss bzw. dem Jahresfehlbetrag auszuweisen, was sich aus § 277 Abs. 3 S. 2 HGB ergibt. Dabei werden den anderen Gewinnrücklagen Beträge entnommen, die während der Vertragsdauer dort eingestellt wurden. Die Verpflichtung zum Verlustausgleich entfällt dann, wenn dadurch der Verlust ausgeglichen wird.

Die Verlustausgleichspflicht des § 302 Abs. 1 AktG wird nahezu einhellig als gesetzliches Dauerschuldverhältnis qualifiziert.[338]

Zu der Frage, ob solche Verlustausgleichszahlungen auf der Grundlage eines zwar fehlerhaften, aber festgestellten Jahresabschlusses ebenfalls fehlerhaft sind, hat der BGH[339] entschieden, dass für die Höhe des Verlustausgleichs nach §§ 301, 302 AktG nicht der festgestellte Jahresabschluss, sondern die objektiv richtige Bilanz maßgeblich ist (vgl. dazu zunächst F.III.1). Darüber hinaus hat der BGH geklärt, dass für die Entstehung und Fälligkeit des Verlustausgleichsanspruchs der Bilanzstichtag maßgeblich ist (vgl. dazu auch F.III.1, näheres dazu dann unter F.III.2).

1. Höhe des Verlustausgleichs nach §§ 301, 302 AktG

Erstmals im Jahr 1999 hatte der BGH über die Fallkonstellation zu entscheiden, in der es im Wesentlichen darauf ankam, welche Bilanz – die schlussendlich festgestellte oder die objektiv richtige – für die korrekte Berechnung der Höhe des Verlustausgleichs nach §§ 301, 302 AktG maßgeblich ist.

a) BGH, Urteil vom 11.10.1999 – II ZR 120/98 (Vorinstanz OLG Düsseldorf)

So lautet der Leitsatz des Grundsatzurteils des BGH vom 11.10.1999 – II ZR 120/98[340]:

> *„Der sich aus einem Unternehmensvertrag ergebende Anspruch auf Ausgleich eines Jahresfehlbetrags entsteht am Stichtag der Jahresbilanz der beherrschten Gesellschaft. Er wird mit seiner Entstehung fällig. Die Höhe des Ausgleichsanspruchs wird nicht durch den festgestellten Jahresabschluss rechtsverbindlich festgelegt, sondern durch den zum Bilanzstichtag zutreffend ausgewiesenen Fehlbetrag bestimmt.“*

---

338 K. Schmidt, in: ZGR 1983, 513 (516 ff.); Veil, Unternehmensverträge 2003, S. 113 f.; Koppensteiner, in: Kölner Komm. z. AktG, Band 6, 3. Aufl. 2004, § 302 Rn. 15; Hirte, in: Großkomm. z. AktG, 4. Aufl. 2005, § 302 Rn. 6; Koch, in: Hüffer/Koch, Komm. z. AktG, 13. Aufl. 2018, § 302 Rn. 4; Veil, in: Spindler/Stilz, Komm. z. AktG, 4. Aufl. 2019, § 302 Rn. 12; a.A.: Cahn/Simon, in: Der Konzern 2003, 1 (13).

339 BGHZ 142, 382 = ZIP 1999, 1965 (1966) = NJW 2000, 210; bestätigt durch BGH NZG 2005, 481 = ZIP 2005, 854 (855).

340 BGHZ 142, 382 = ZIP 1999, 1965 (1966) = NJW 2000, 210; bestätigt durch BGH NZG 2005, 481 = ZIP 2005, 854 (855).

In dem vom BGH entschiedenen Fall vergingen bis zur Feststellung des Jahresabschlusses beinahe zwei Jahre. Die Erstellung des Abschlusses wurde über einen langen Zeitraum hinausgezögert und der Abschluss selbst war darüber hinaus nichtig.

b) BGH, Urteil vom 14.2.2005 – II ZR 361/02 (Vorinstanz LG Berlin)

Diese Sichtweise hat der BGH im Jahr 2005[341] noch einmal bestätigt. Dort hatte er sich mit der Frage auseinanderzusetzen, inwieweit es sich auf die Verlustausgleichspflicht des herrschenden Unternehmens aus § 302 AktG auswirkt, wenn eine festgestellte Bilanz objektiv fehlerhaft ist.

Der BGH untermauerte seine Rechtsprechung aus dem Jahr 1999 und führte zu der Problematik aus:

> *„Die Höhe des vom herrschenden Unternehmen geschuldeten Ausgleichs nach § 302 AktG wird unabhängig von der Wirksamkeit oder Unwirksamkeit der Bilanzfeststellung durch den sich bei objektiv ordnungsgemäßer Bilanzierung zum Bilanzstichtag ergebenden (fiktiven) Jahresfehlbetrag bestimmt."*

In dem in Rede stehenden Fall wurde der Jahresfehlbetrag im festgestellten Jahresabschluss erheblich zu niedrig ausgewiesen. Dieser Jahresabschluss wurde so – obwohl unrichtig – verbindlich, da keine Nichtigkeitsgründe des § 256 AktG festgestellt werden konnten.

2. Entstehung und Fälligkeit der Forderung

Im nächsten Schritt stellt sich die Frage, wann der Verlustausgleichsanspruch aus § 302 AktG fällig ist bzw. rückblickend war. Seit Aufstellung der unrichtigen Bilanz können bereits Jahre vergangen sein. Zu dieser Frage hat der BGH in seinem Urteil vom 11.10.1999 – II ZR 120/98[342], dessen unter F.III.1. aufgeführte Kernaussagen die Beantwortung dieser Frage schon vorweggenommen haben, zunächst den damaligen Streitstand und die dazu vertretenen Ansichten ausführlich dargestellt:

a) Forderung entsteht mit Feststellung der Bilanz

Es wurde zum einen die Ansicht vertreten,[343] die Forderung der abhängigen Gesellschaft entstehe erst mit Feststellung der Bilanz.[344] Andernfalls werde die

---

341 BGH NZG 2005, 481 (482) = ZIP 2005, 854 (855).

342 BGHZ 142, 382 = ZIP 1999, 1965 (1966) = NJW 2000, 210.

343 So auch heute noch Krieger, in: MünchHdb GesR, Bd. 4, 4. Aufl. 2015, § 71 Rn. 75.

344 OLG Schleswig, AG 1988, 382 (383).

Vorschrift des § 256 AktG unterlaufen, diese sei abschließend und es könne nur der in der Bilanz bereits festgestellte Jahresabschluss zählen.[345]

Dagegen wendet der BGH[346] ein, der Schutzzweck des § 302 AktG, der darin besteht, die Interessen der außenstehenden Gesellschafter und der Gesellschaftsgläubiger zu wahren, werde durch diese Sichtweise gefährdet. Durch eine Hinauszögerung der Bilanzfeststellung seitens der herrschenden Gesellschaft könnte diese erheblichen Einfluss auf die Entstehung des Ausgleichsanspruchs nehmen. Im schlimmsten Fall könnte dann der Verlustausgleichsanspruch entfallen, wenn mit der Bilanzfeststellung so lange zugewartet wird, bis der Unternehmensvertrag – wie in dem vom BGH zu entscheidenden Fall – zwischenzeitlich beendet wurde. Dies verstoße gegen den Gläubigerschutzgedanken des § 303 AktG. Der BGH hielt zudem mit dem Argument dagegen, dass § 302 AktG und die Interessen der Gesellschaftsgläubiger und der außenstehenden Aktionäre schwerer wiegen und nur durch eine Überlagerung des § 256 AktG in diesem Fall der Schutz dieser beiden Interessengruppen gewahrt werden könne.

b) Forderung entsteht am Bilanzstichtag

Vielmehr schloss sich der BGH der damals schon herrschenden Meinung in dieser Streitfrage an, die für die Entstehung des Anspruchs auf Verlustausgleich den Zeitpunkt des Bilanzstichtages angenommen hat.[347] Schon zu diesem Zeitpunkt stehe nämlich fest, wie die abhängige Gesellschaft gewirtschaftet hat und ob das Jahresergebnis positiv ausgefallen oder ob ein Jahresfehlbetrag entstanden ist. Dass von dieser bilanziellen Betrachtungsweise bezüglich des Verlustausgleichs abgewichen werden kann, sei dem § 302 Abs. 1 AktG nicht zu entnehmen.

c) Fälligkeit der Forderung

Der BGH vertritt in seinem Urteil zudem die Ansicht, die Forderung werde bereits mit Entstehung fällig und nicht erst mit der (wirksamen) Bilanzfeststellung.[348] Ansonsten bestünde die Gefahr einer Verschleppung des Verlustausgleiches zum Nachteil der Gläubiger und der außenstehenden Aktionäre durch

---

345 BGHZ 142, 382 (385 f.) = ZIP 1999, 1965 (1966) = NJW 2000, 210 (211).

346 BGHZ 142, 382 (385) = ZIP 1999, 1965 (1966) = NJW 2000, 210 (211).

347 LG Bochum, BB 1987, 355 (377), zumindest die Möglichkeit erkennend; Hüffer damals, in: Hüffer, Komm. z. AktG 4. Aufl. 1999, § 302 Rn 15; heute Koch, in: Hüffer/Koch, Komm. z. AktG, 13. Aufl. 2018, § 302 Rn. 13.

348 BGHZ 142, 382 (382, 385) = NJW 2000, 210 (211) = ZIP 1999, 1965 (1966).

missbräuchliche Einflussnahme der Muttergesellschaft auf die Bilanz oder ein Hinauszögern der Bilanzaufstellung.[349]

3. Weitere BGH-Rechtsprechung

a) BGH, Urteil vom 10.7.2006 – II ZR 238/04 (Vorinstanz OLG Jena)

Auch in seiner Entscheidung vom 10.7.2006 zur Aufrechnung gegen den Verlustausgleichsanspruch einer abhängigen Gesellschaft bei Werthaltigkeit der Forderung des herrschenden Unternehmens führte der II. Senat aus, dass der Anspruch aus § 302 Abs. 1 AktG mit dem Bilanzstichtag entstehe und fällig werde.[350]

b) BGH Urteil vom 19.04.2011 II ZR 237/09 sowie Urteil vom 19.04.2011 II ZR 244/09 (Vorinstanz je OLG Frankfurt a. M.) („Wella I" und „Wella II")

Weitere fünf Jahre später hält der BGH an seiner Rechtsprechung fest. In den beiden Parallelurteilen „Wella I"[351] und „Wella II"[352] vom selben Tag, deren Entscheidungsgründe sich wörtlich entsprechen, zitiert der II. Zivilsenat des BGH seine Entscheidungen vom 11.10.1999 und 14.2.2005. Er stellt zum wiederholten Mal klar, dass es dabei bleibe:

> *„...ein (vorläufiger) Verlustausgleichsanspruch der abhängigen Gesellschaft wird bereits mit Bilanzstichtag fällig."*

4. Fazit zu den Vorteilen der Rechtsprechung des BGH zur Entstehung, Höhe und Fälligkeit des Verlustausgleichsanspruchs

Die nunmehr gefestigte Rechtsprechung des BGH zur Bestimmung des Zeitpunktes der Entstehung der Forderung auf Verlustausgleich am Bilanzstichtag gewährleistet zum einen, dass keine Verschleppung der Pflicht zur Zahlung des Verlustausgleichs seitens der herrschenden Gesellschaft durch Verzögerung der Bilanzfeststellung stattfinden kann. Zum anderen, dass die herrschende

---

349 BGHZ 142, 382 (385 f.) = NJW 2000, 210 (211) = ZIP 1999, 1965 (1966).
350 BGH NJW 2006, 3279 (3280) = ZIP 2006 1488 (1490).
351 BGH NJW-RR 2011, 1119 = AG 2011, 514.
352 BGH NZG 2011, 780 = AG 2011, 517 (der auf S. 514 f. verweist).

Gesellschaft durch vorzeitige Beendigung des Unternehmensvertrages gar die Entstehung des Ausgleichsanspruchs verhindern kann.[353]

Darüber hinaus stellt die Rechtsprechung dadurch sicher, dass die Verlustausgleichspflicht der herrschenden Gesellschaft gegenüber der abhängigen Gesellschaft durch eine fehlerhaft aufgestellte Bilanz nicht zulasten der abhängigen Gesellschaft geringer ausfällt als das, was ihr bei objektiv richtiger Aufstellung zustünde.[354]

Des Weiteren hat die Rechtsprechung des BGH bezüglich der Höhe des Verlustausgleichs nach §§ 301, 302 AktG folgenden Vorteil: Wenn nicht der festgestellte Jahresabschluss, sondern die objektiv richtige Bilanz maßgeblich ist, werden etwaige Manipulationen durch die herrschende Gesellschaft abgewehrt. Nur der zum Bilanzstichtag zutreffend ausgewiesene Jahresfehlbetrag verhindert, dass die Feststellung eines für die herrschende Gesellschaft günstigen, jedoch unzutreffenden Jahresabschlusses erfolgen kann. Auch wird dadurch vermieden, dass die herrschende Gesellschaft eine Anfechtung nach §§ 243, 257 AktG verhindert oder eine unrichtige Bilanz verbindlich werden lässt, obwohl Nichtigkeit vorliegt, indem sie das Bekanntwerden der unrichtigen Bilanz (zeitlich) hinauszögert und dadurch wegen § 256 Abs. 6 AktG eine Nichtigkeit nicht mehr geltend gemacht werden kann.

IV. Kritik an der Rechtsprechung des BGH zur Entstehung und Fälligkeit des Verlustausgleichsanspruchs

Bis zu den unter F.III. dargestellten Entscheidungen des BGH zur Entstehung und Fälligkeit des Verlustausgleichsanspruchs war eine nicht gering verbreitete Ansicht, die Feststellung des Jahresabschlusses sei für dessen Entstehung und Fälligkeit maßgeblich.[355] Zumindest war nach früherer Ansicht der Anspruch bereits mit dem Stichtag entstanden und wäre sodann mit Feststellung des Jahresabschlusses fällig geworden. Die Argumentation dafür ist, dass weder die Existenz noch die Höhe eines auszugleichenden Verlustvortrags vor der Feststellung des Jahresabschlusses feststehen könne.

Die Positionierung des BGH bezüglich der Höhe, des Entstehens und der Fälligkeit des Anspruchs auf Verlustausgleich wurde daher im Schrifttum

353 Argumentation des BGH in BGHZ 142, 382 = ZIP 1999, 1965 (1966) = NJW 2000, 210.

354 Argumentation des BGH in BGH NZG 2005, 481 (482) = ZIP 2005, 854 (855).

355 OLG Schleswig, AG 1988, 382 (383); vgl. Darstellung bei Krieger, NZG 2005, 787 (788); Hirte, in: Großkomm. z. AktG, 4. Aufl. 2005, § 302 Rn. 6, 21.

nicht unkommentiert hingenommen. Die Entscheidung, dass die Höhe der Ausgleichsforderung durch den am Bilanzstichtag feststehenden Fehlbetrag bestimmt wird und nicht durch den (irgendwann) festgestellten Jahresabschluss, wird hauptsächlich folgendermaßen kritisiert:

Die herrschende Meinung verkenne die Tatsache, dass kein einziger richtiger Fehlbetrag zum Bilanzstichtag existiere.[356] Die Rechnungslegung des Handels- und Gesellschaftsrechts besitze keinen solchen *„Objektivierungsgrad"*.[357] Vielmehr hänge die bilanzielle Bewertung des Jahresfehlbetrages von individuell zustande kommenden Ansatz- und Bewertungswahlrechten und der Ausschöpfung bilanzieller Schätzungs- und Prognosespielräume ab.[358] Vor Feststellung des Jahresabschlusses sei noch gar nicht sicher, in welcher Höhe der andere Vertragsteil zu leisten habe, weshalb eine dahingehende Leistungsklage in diesem Stadium nicht bezifferbar sei.[359] Daraus wiederum stellen die Kritiker des BGH in Frage, wie denn ein nicht bezifferbarer Betrag fällig sein könne.[360]

Darüber hinaus verwehre das *„Stichtagsprinzip"* des BGH, das Wertaufhellungsprinzip des § 252 Abs. 1 Nr. 4 HGB berücksichtigen zu können, wenn der Abschlussstichtag alleine maßgebend sein soll.[361] Wertaufhellende Umstände, die im Normalfall Berücksichtigung finden würden – wenn sie vor dem Bilanzstichtag entstanden, aber erst nach diesem und vor Aufstellung bekannt geworden sind –, kämen so nicht in der Abschlussbilanz zum Tragen.[362]

Dem Argument der herrschenden Meinung, dass die Entstehung des Anspruchs nicht von der erst festgestellten Bilanz abhängig sein könne, weil § 302 Abs. 1 AktG nicht anwendbar sei, wenn der Unternehmensvertrag vorzeitig beendet werde, tritt die Gegenansicht damit entgegen, dass der Verlust, der bis zum Tag der Beendigung entstanden ist, auszugleichen sei.[363] Dieser Ausgleich solle anhand einer Stichtagsbilanz ermittelt werden.[364] Der Schutz der abhängigen Gesellschaft gegen unrichtige Jahresabschlüsse könne durch Zubilligung von

---

356 Kleindiek, in: ZGR 3/2001, 479 (486 f.); Krieger, in: NZG 2005, 787 (789); Hennrichs, in: NZG 174 (2010), 683 (692).

357 Kleindiek, in: ZGR 3/2001, 479 (486 f.); Hennrichs, in: NZG 174 (2010), 683 (692).

358 Kleindiek, in: ZGR 3/2001, 479 (487, 495); Krieger, in: NZG 2005, 787 (789); Krieger, in: MünchHdb GesR, Bd. 4, 4. Aufl. 2015, Bd. 4, 12. Kap., § 71 Rn. 75.

359 Koppensteiner, in: Kölner Komm. z. AktG, 3. Aufl. 2004, § 302 Rn. 53.

360 Koppensteiner, in: Kölner Komm. z. AktG, 3. Aufl. 2004, § 302 Rn. 53.

361 Krieger, in: NZG 2005, 787 (791).

362 Krieger, in: NZG 2005, 787 (791).

363 Kleindiek, in: ZGR 3/2001, 479 (487).

364 Kleindiek, in: ZGR 3/2001, 479 (487).

Abschlagszahlungen in Höhe des bis zum Stichtag bereits feststehenden Mindestbetrages gewährleistet werden.[365] Die darauf folgenden Zahlungen können allerdings lediglich auf den erwarteten Jahresfehlbetrag, unter Vorbehalt etwaiger Rückzahlungsansprüche des herrschenden Unternehmens, geleistet werden, die sich dann aus der später festgestellten Jahresbilanz ergeben.[366] So habe es der II. Zivilsenat des BGH in BGHZ 103, 1 (9 f.) schon gehandhabt, wobei er dort nicht entscheiden musste, wann der Verlustausgleich des § 302 Abs. 1 AktG entsteht und fällig wird.[367]

Des Weiteren wird mit Rechtssicherheitserwägungen gegen die Ansicht des BGH argumentiert. Die Gefahr, mit Nachforderungen gegebenenfalls noch Jahre nach Beendigung des Unternehmensvertrages überhäuft zu werden, sei für das herrschende Unternehmen so nicht kalkulierbar, wenn die zehnjährige Verjährungsfrist des § 302 Abs. 4 AktG gelte anstatt lediglich die dreijährige Heilungsfrist des § 256 Abs. 4 AktG.[368] Für den Fall der Unrichtigkeit des Jahresabschlusses würden die allgemeinen Regeln über die Nichtigkeit des Jahresabschlusses aus § 256 AktG sowie die allgemeinen Schutzmechanismen des Bilanzrechts, mit der Frist des § 256 Abs. 6 AktG in Höhe von drei Jahren, genügen.[369]

Dem herrschenden Unternehmen eine negative Einflussnahme auf den Jahresabschluss in Form einer Verzögerung oder falschen Ergebnisermittlung – und damit rechtswidriges Verhalten – zu unterstellen, sei lediglich eine Sorge der herrschenden Meinung, von der nicht grundsätzlich ausgegangen werden könne.[370] Einem solchen Verhalten könne man mit Sanktionen aus § 309 AktG oder wegen Pflichtverletzung aus dem Unternehmensvertrag aus § 280 BGB repressiv begegnen.[371] Die gesellschaftsrechtlichen Kontrollmechanismen reichten völlig aus.[372] Zudem könne man dieser Sorge mit einem Anspruch auf einen zu leistenden Vorschuss entgegentreten.[373]

---

365 Krieger, in: NZG 2005, 787 (789); Hennrichs, in: ZHR 174 (2010), 683 (697).

366 BGHZ 103, 1 (9 f.); Kleindiek, in: ZGR 3/2001, 479 (488); Krieger, in: NZG 2005, 787 (789); Hennrichs, in: ZHR 174 (2010), 683 (697).

367 BGHZ 103, 1 (9 f.); Kleindiek, in: ZGR 3/2001, 479 (488).

368 Krieger, in: NZG 2005, 787 (790).

369 Krieger, in: NZG 2005, 787 (790 f.).

370 Hennrichs, in: ZHR 174 (2010), 683 (695); Koppensteiner, in: Kölner Komm. z. AktG, Band 6, 3. Aufl. 2004, § 302 Rn. 53.

371 Hennrichs, in: ZHR 174 (2010), 683 (695); Koppensteiner, in: Kölner Komm. z. AktG, Band 6, 3. Aufl. 2004, § 302 Rn. 53.

372 Hennrichs, in: ZHR 174 (2010), 683 (695).

373 Krieger, in: MünchHdb GesR, Bd. 4, 4. Aufl. 2015, 12. Kap., § 71 Rn. 75.

Ferner habe der Aufsichtsrat aufgrund seiner Kontrollfunktion gegenüber dem Vorstand, der den Jahresabschluss aufgestellt hat, der sodann vom Aufsichtsrat gebilligt und zusammen mit diesem festgestellt wird (§ 172 AktG), auf eine rechtzeitige und ordnungsgemäße Rechnungslegung hinzuwirken.[374]

V. Stellungnahme

Die Kritik an der Ansicht des BGH erscheint in vielen Teilen nicht unberechtigt und der Lösungsweg, dass für die Entstehung und Fälligkeit des Ausgleichsanspruchs der festgestellte Jahresabschluss maßgeblich sein soll, ist in einigen Punkten auch nachvollziehbar. Die Ansicht der Rechtsprechung (h.M.) ist jedoch aufgrund der nachfolgenden Erwägungen zu bevorzugen:

Bei der Lösung, bei der für die Entstehung und Fälligkeit des Ausgleichsanspruchs der festgestellte Jahresabschluss maßgeblich sein soll, besteht nach wie vor die Gefahr, dass Manipulationen seitens der herrschenden Gesellschaft Tür und Tor geöffnet werden und sie den Verlustausgleich durch tatsächliche Einflussnahme „*verschleppt*"[375]: Die herrschende Gesellschaft könnte danach auf die Feststellung einer für sie günstigen, im Ergebnis aber nicht korrekten Bilanz hinwirken, eine Anfechtung gem. §§ 257, 243 AktG verhindern und darüber hinaus könnte sie die Feststellung durch Verzögerung trotz objektiver Nichtigkeit verbindlich werden lassen, wenn dadurch die Rechtsfolgen des § 256 Abs. 6 AktG eintreten.[376] Auch der den Jahresabschluss kontrollierende Aufsichtsrat der herrschenden Gesellschaft überwacht den Vorstand nur im Interesse der herrschenden Gesellschaft. Er müsste Fehler des Vorstandes bei der Aufstellung des Jahresabschlusses, die zulasten der abhängigen Gesellschaft gehen, zunächst erst einmal erkennen und diese dann auch erfolgreich verhindern. Zudem wird der Aufsichtsrat trotz seiner Einwirkungsmöglichkeit tatsächliche Verzögerungen im Endeffekt faktisch nicht verhindern können.

Für den Fall, dass es sich um eine nach §§ 316 ff. HGB prüfungspflichtige Gesellschaft handelt, wird ein Wirtschaftsprüfer durch den Aufsichtsrat vorgeschlagen und von den Gesellschaftern bzw. der Hauptversammlung gewählt, der dann die Abschlussprüfung durchführt. Dieser prüft, ob der Jahresabschluss in Übereinstimmung mit den geltenden Rechnungslegungsgrundsätzen und -vorschriften aufgestellt wurde und ein den tatsächlichen Verhältnissen

---

374 Hennrichs, in: ZHR 174 (2010), 683 (690 ff.).

375 Veil, in: Spindler/Stilz, Komm. z. AktG, 4. Aufl. 2019, § 302 Rn. 21.

376 Henze, in: BB 2000, 2053 (2058).

entsprechendes Bild der Vermögens-, Finanz- und Ertragslage vermittelt. Es gilt dabei u.a. der sog. Grundsatz der Wesentlichkeit (Prüfungsstandard Nr. 250 des Instituts der Wirtschaftsprüfer, IDW). Danach sind die Prüfung des Jahresabschlusses und des Lageberichtes darauf auszurichten, dass mit hinreichender Sicherheit falsche Angaben aufgedeckt werden, die auf Unrichtigkeiten oder Verstöße zurückzuführen sind und die wegen ihrer Größenordnung oder Bedeutung einen Einfluss auf den Aussagewert der Rechnungslegung für die Abschlussadressaten haben. Durch die Berücksichtigung des Kriteriums der Wesentlichkeit in der Abschlussprüfung erfolgt die Konzentration auf *„entscheidungserhebliche Sachverhalte"*. Demzufolge führt auch eine Abschlussprüfung durch einen Wirtschaftsprüfer nicht zu einer absoluten, d.h. hundertprozentigen Sicherheit, dass Fehler auch entdeckt werden. Ein bewusst falsch aufgestellter Jahresabschluss durch die Geschäftsführung zugunsten der Mehrheitsgesellschafter und zu Lasten der Minderheitsgesellschafter sollte durch den Wirtschaftsprüfer im Rahmen der gesetzlich vorgeschriebenen Jahresabschlussprüfung in der Regel aufgedeckt werden und zu einer Änderung durch die Gesellschaft führen. Sollte die Geschäftsführung sich weigern, den Jahresabschluss entsprechend zu ändern, so hat der Abschlussprüfer den Bestätigungsvermerk entsprechend einzuschränken (inklusive eines Hinweises auf den festgestellten Mangel) oder – je nach Wesentlichkeit und Auswirkung des Fehlers auf die Vermögens-, Finanz und Ertragslage – den Bestätigungsvermerk gem. § 322 Abs. 4, Abs. 5 HGB zu versagen. Darüber hinaus muss der Wirtschaftsprüfer den Sachverhalt an das Aufsichtsorgan herantragen. Sofern dort Vertreter der Minderheitsaktionäre/Minderheitsgesellschafter im Aufsichtsrat vertreten sind, werden diese entsprechend in Kenntnis gesetzt. Ebenso ist im Prüfungsbericht nach § 321 HGB ein entsprechender Hinweis bzw. Erläuterungen zu den festgestellten Mängeln aufzunehmen.

In den übrigen Fällen besteht weiterhin eine erhebliche Manipulationsgefahr, die dazu führt, dass der BGH sich zu Recht dafür entschieden hat, dem in § 303 AktG verankerten Gläubigerschutz und dem Schutz der außenstehenden Aktionäre, § 302 Abs. 1 AktG, gegenüber der Vorschrift des § 256 AktG Vorrang zu gewähren.

Für den Fall, dass ein Unternehmensvertrag vorzeitig endet, ist nicht ersichtlich, warum dann die endgültige Feststellung des Jahresabschlusses maßgeblich sein soll. Vielmehr ist dann richtigerweise – darin sind sich die Ansichten einig – eine Zwischen- bzw. Stichtagsbilanz aufzustellen,[377] um den Ausgleichsanspruch,

---

377 Vgl. bereits die Notwendigkeit einer Zwischenbilanz bei Verzögerung des

wenn auch vorläufig, zu bestimmen. Der Stichtag der Zwischenbilanz tritt sodann an die Stelle des Bilanzstichtages zum Ende des Geschäftsjahres.[378]

Darüber hinaus ist kein sachlicher Grund für eine Differenzierung ersichtlich, der eine Abweichung von der Fälligkeitsregel des § 271 Abs. 1 BGB für den Verlustausgleichsanspruch rechtfertigt. Dadurch wird der herrschenden Gesellschaft auch die Möglichkeit genommen, ihre Pflicht zum Verlustausgleich zu vereiteln, indem sie die Bilanzfeststellung hinauszögert.[379] Jeder Anspruch wird danach mit seiner Entstehung fällig.

Die für die herrschende Gesellschaft oder deren Rechtsnachfolgerin unangenehme Folge, nach Beendigung des Vertrages noch zehn Jahre lang Nachforderungen ausgesetzt sein zu können, sieht das Gesetz in § 302 Abs. 4 AktG ohnehin vor, ist allerdings seitens des herrschenden Unternehmens beinahe vermeidbar. Im Falle eines Mutter-Tochter-Verhältnisses i. S. v. § 290 HGB hat die herrschende (Mutter-)Gesellschaft Einblick in den Jahresabschluss der abhängigen (Tochter-)Gesellschaft, da dieses grundsätzlich gem. § 294 Abs. 1 HGB in den Jahresabschluss der herrschenden Gesellschaft konsolidiert wird. § 294 abs. 3 HGB verlangt von der abhängigen Gesellschaft die unverzügliche Einreichung der für den Konzernabschluss erforderlichen Unterlagen bei der herrschenden (Mutter-)Gesellschaft. Dieses Auskunftsrecht beinhaltet alle Aufklärungen und Nachweise, die für eine sorgfältige Prüfung erforderlich sind (Abs. 3 S. 2).

Schließlich wird dem Risiko möglicher Nachforderungen größtenteils kautelarjuristisch entgegengewirkt: Es wird mehrheitlich empfohlen, bei der Beendigung von Unternehmensverträgen durch Verkauf einer Gesellschaft, die mit dem Verkäufer unternehmensvertraglich verbunden ist, im Kaufvertrag eine Freistellung zu vereinbaren, die den Verkäufer von sämtlichen Ansprüchen der Untergesellschaft aus dem Unternehmensvertrag schützt (siehe ausführlicher dazu und zu den Schwierigkeiten, eine solche Klausel durchzusetzen, unter M.).[380] Weitere Möglichkeiten wären zudem im Rahmen der Kaufverhandlungen, den Erwerber

Jahresabschlusses durch die herrschende Gesellschaft unter C.V.3.b).

378 Emmerich, in: Emmerich/Habersack, Komm. z. Aktien-/GmbH-KonzernR, 9. Aufl. 2019, § 302 Rn. 40.

379 LG Bochum DB 1987, 355 (357); BGHZ 142, 382 = ZIP 1999, 1965 (1966) = NJW 2000, 210; BGH NZG 2005, 481 (482) = ZIP 2005, 854 (855); Altmeppen DB 1999, 2453 ff.; Kleindiek, in: ZGR 2001, 479 (491); Philippi/Neveling, in: BB 2003, 1685 (1691); Liebscher, in: Münchn. Komm. z. GmbHG, 3. Aufl. 2018, Anh. § 13 Rn. 899; Altmeppen, in: Roth/Altmeppen, Komm. z. GmbHG, 9. Aufl. 2019, Anh. § 13 Rn. 72.

380 Simon/Leuering, in: NJW-Spezial 2006, 123 (124); Hentzen, in: NZG 2008, 201 (203); Goldschmidt/Laeger, in: NZG 2012, 1201 (1202).

aufgrund seiner dann beherrschenden Stellung gegenüber der Zielgesellschaft zum einen dazu zu bewegen, nach Beendigung des Unternehmensvertrages durch diesen Verkauf keine Ansprüche mehr gegen die ehemals herrschende Gesellschaft (Verkäuferin) geltend zu machen.[381] Zum anderen wäre es möglich, die Erwerberin zu verpflichten, einen Anspruchsverzicht seitens der Zielgesellschaft zu erwirken, was allerdings erst nach Ablauf von drei Jahren nach Beendigung bzw. Entstehung des Anspruchs möglich ist, § 317 AktG.[382] Wobei hier die Gefahr besteht, dass sich die Erwerberin daraufhin den Ansprüchen aus § 311 AktG ausgesetzt sieht.[383]

Im Ergebnis ist daher festzuhalten, dass diese Arbeit der herrschenden Meinung folgt: Der Verlustausgleichsanspruch nach § 302 Abs. 1 AktG entsteht mit Ablauf des Bilanzstichtages und wird zu diesem Zeitpunkt auch bereits fällig, und zwar in der Höhe, die sich bei zutreffender Ermittlung bei der Bilanzfeststellung ergeben wird (objektiv richtige Bilanz).

VI. Übertragbarkeit der BGH-Rechtsprechung zur Entstehung und Fälligkeit des Verlustausgleichsanspruchs auf die AG

Die zuvor beschriebene BGH-Rechtsprechung zur Entstehung und Fälligkeit des Verlustausgleichsanspruchs (vgl. F.III.) nach § 302 AktG im GmbH-Vertragskonzern ist nach herrschender Meinung uneingeschränkt auf den AG-Vertragskonzern übertragbar.[384]

VII. Übertragbarkeit der BGH-Rechtsprechung zur Maßgeblichkeit, Entstehung und Fälligkeit des Anspruchs auf Verlustausgleich auf den Gewinnabführungsanspruch

Ungeklärt ist, ob diese Grundsätze des BGH bezüglich des Inhalts und der Fälligkeit des Verlustausgleichsanspruchs ebenfalls für den Gewinnabführungsanspruch gelten, den die abhängige Gesellschaft gem. § 301 AktG an die herrschende Gesellschaft erfüllen muss, wenn die Parteien keine ausdrückliche

381 Simon/Leuering, in: NJW-Spezial 2006, 123 (124).
382 Simon/Leuering, in: NJW-Spezial 2006, 123 (124).
383 Simon/Leuering, in: NJW-Spezial 2006, 123 (124).
384 Henze, in: BB 2000, 2053 (2058).

vertragliche Regelung zur Fälligkeit getroffen haben. Darüber hat der BGH bislang nicht entschieden. Die Beantwortung dieser Frage ist umstritten.

1. Gleichbehandlung mit dem Verlustausgleichsanspruch

Wenn im Gewinnabführungsvertrag kein abweichender Entstehungs- und Fälligkeitszeitpunkt des Gewinnabführungsanspruchs vereinbart wurde, soll dieser nach einer Ansicht in Anlehnung an die BGH-Rechtsprechung zum Verlustausgleich[385] auf den Bilanzstichtag fallen.[386]

Auch soll danach beim Gewinnabführungsanspruch im Rahmen unrichtiger Jahresabschlüsse nach Eintritt der Bestandskraft die Unrichtigkeit geltend gemacht werden können und somit der objektiv richtige Abschluss, genau wie der BGH das auch für den Verlustausgleich entschieden hat, maßgeblich sein.[387]

Zur Begründung führen die Vertreter dieser Ansicht an, der Gewinnabführungs- und der Verlustausgleichsanspruch würden allgemein als einander *„spiegelbildlich"* oder *„korrespondierend"* betrachtet.[388] Es handele es sich um *„zwei Seiten derselben Medaille"*.[389] Denn der Gewinnabführungsvertrag sei durch die Abführungspflicht des § 291 Abs. 1 AktG gekennzeichnet und die Verlustübernahmepflicht sei gem. § 302 Abs. 1 AktG die zwingende Rechtsfolge daraus.[390] Woraus folgt, dass der Gewinnabführungsanspruch – als „Pendant" zum Verlustausgleichsanspruch – wie dieser mit Ablauf des Bilanzstichtags entsteht und fällig sein soll.[391] Auch fußte die Verpflichtung zum Verlustausgleich beim Organschaftsvertrag[392] vor der Einführung des Konzernrechts in

---

385 BGHZ 142, 382 = ZIP 1999, 1965 = BGH NJW 2000, 210; bestätigt durch BGH NZG 2005, 481 = ZIP 2005, 854.

386 Stephan, in: K. Schmidt/Lutter, Komm. z. AktG, 3. Aufl. 2015, § 301 Rn. 20; Deilmann, in: Hölters, Komm. z. AktG, 3. Aufl. 2017, § 301 Rn. 6; Koch, in: Hüffer/Koch, Komm. z. AktG, 13. Aufl. 2018, § 291 Rn. 26; Philippi/Fickert, in: BB 2006, 1809 (1811).

387 Stephan, in: K. Schmidt/Lutter, Komm. z. AktG, 3. Aufl. 2015, § 301 Rn. 22; Gärtner, in: AG 2014, 793 (794 f.).

388 Koppensteiner, in: Kölner Komm. z. AktG, 3. Aufl.2004, § 302 Rn. 53; Philippi/Neveling, in: BB 2003, 1685 (1689, 1691); Philippi/Fickert, in: BB 2006, 1809 (1810).

389 Cahn/Simon, in: Der Konzern 2003, 1 (13); Liebscher, in: ZIP 2006, 1221 (1226); Hennrichs, in: ZHR 174 (2010), 683 (703); Burwitz, in: NZG 2013, 533 (535).

390 Burwitz, in: NZG 2013, 533 (535).

391 Simon/Leuering, in: NJW Spezial 2006, 123; Philippi/Fickert, in: BB 2006, 1809 (1810); Neumann, in: Gosch, Komm. z. Körperschaftssteuergesetz, 3. Aufl. 2015, § 14 Rn. 318 f.; Deilmann, in: Hölters, Komm. z. AktG, 3. Aufl. 2017, § 301 Rn. 6.

392 Vgl. zum Organschaftsvertrag C.

das Aktiengesetz im Jahre 1965 noch auf §§ 670, 683 BGB, den Gedanken zum Aufwendungsersatzanspruch. [393] Die Spiegelbildlichkeit der Verpflichtung zum Verlustausgleich und dem Recht auf Gewinnabführung beruhe auf der gleichen Vorstellung wie die §§ 670 und 683 BGB.[394] Der Gedanke des Aufwendungsersatzanspruchs wird herangezogen, weil ab Bestehen eines Beherrschungs- und Gewinnabführungsvertrages die abhängige Gesellschaft im Dienst der herrschenden Gesellschaft stehe. Es handele sich dabei um eine Art Geschäftsbesorgung im Fremdinteresse.[395]

2. Keine Übertragbarkeit auf den Gewinnabführungsanspruch

Die Gegenmeinung[396] verneint eine Übertragbarkeit der BGH-Rechtsprechung zum Anspruch auf Verlustausgleich auf die Gewinnabführung. Danach habe eine Rechtfertigung dieser Annahme keine dogmatische Grundlage.[397] Weder im Rahmen der Rechtsfortbildung noch mit Hilfe der Auslegung könne ein solcher Gleichlauf hergeleitet werden.[398]

Lediglich die Vertragsparteien des Unternehmensvertrags könnten einen solchen Gleichlauf aufgrund der Vertragsfreiheit vereinbaren,[399] denn dogmatisch ergebe sich der Anspruch auf Gewinnabführung aus dem Gewinnabführungsvertrag.[400]

Des Weiteren sei auf die Feststellung des Jahresabschlusses der herrschenden Gesellschaft abzustellen, weil erst dann der Anspruch bezifferbar ist.[401]

Zudem wird gegen einen Gleichlauf mit der BGH-Rechtsprechung zum Verlustausgleich damit argumentiert, dass Normzweckerfordernisse wie das Schutzinteresse der beherrschten Gesellschaft, ihrer Gesellschafter, Gläubiger und der

---

393 Stephan, in: K. Schmidt/Lutter, Komm. z. AktG, 3. Aufl. 2015, § 302 Rn. 7.

394 Stephan, in: K. Schmidt/Lutter, Komm. z. AktG, 3. Aufl. 2015, § 302 Rn. 7.

395 Altmeppen, in: Münchn. Komm. z. AktG, 4. Aufl. 2015, § 302 Rn. 13.

396 Altmeppen, in: Münchn. Komm. z. AktG, 4. Aufl. 2015, Band 5, § 291 Rn. 148; Veil, in: Spindler/Stilz, Komm. z. AktG, 4. Aufl. 2019, § 291 Rn. 35, ohne Begründung; differenzierend: Koch, in: Hüffer/Koch, Komm. z. AktG, 13. Aufl. 2018, verneint die Entstehung und Fälligkeit des Gewinnabführungsanspruchs zum Bilanzstichtag (§ 291 Rn. 26), bejaht hingegen den objektiven Bilanzierungsmaßstab (§ 291 Rn. 26a; § 301 Rn. 9).

397 Wolf, in: NZG 2007, 641 (642).

398 Wolf, in: NZG 2007, 641 (643 ff.).

399 Hennrichs, in: ZHR 174 (2010), 683 (698); Wolf, in: NZG 2007, 641 (645).

400 Hennrichs, in: ZHR 174 (2010), 683 (698).

401 Wolf, in: NZG 2007, 641 (644 f.).

Schutz der außenstehenden Aktionäre, wie sie beim Verlustausgleichsanspruch zur Maßgeblichkeit der Entscheidung des BGH wurden, bei der Gewinnabführung keine Rolle spielen.[402]

Schließlich stelle selbst der Bundesfinanzhof (BFH) bei der Gewinnabführung auf den festgestellten Jahresabschluss ab.[403]

3. Stellungnahme

Die unter F.VII.1. dargestellte Ansicht, die die Rechtsprechung zur Entstehung und Fälligkeit des Verlustausgleichsanspruchs auch auf den Gewinnabführungsanspruch überträgt, ist aus den nachfolgenden Gründen vorzugswürdig:

Auch bezüglich des Gewinnabführungsanspruchs ist die objektiv ordnungsgemäße Bilanz zum Bilanzstichtag und nicht die festgestellte maßgeblich, denn nur dadurch kann ein umfänglicher Schutz der abhängigen Gesellschaft vor schädlicher Einflussnahme der herrschenden Gesellschaft, auch hinsichtlich der Gewinnabführung, gewährleistet werden.

a) Zur Entstehung und Fälligkeit

Einheitlich wird der Verlustausgleich, den die herrschende Gesellschaft zu leisten verpflichtet ist, als *„Kehrseite“* der Gewinnabführung, nur mit umgekehrten Vorzeichen, gesehen, auch werden die Ansprüche als spiegelbildlich oder korrespondierend bezeichnet).[404] Gewinnabführung und Verlustausgleich auch hinsichtlich der Höhe, Entstehung und Fälligkeit gleich zu behandeln, ist daher nur konsequent. Für eine unterschiedliche Behandlung der korrespondierenden Ansprüche ist kein Anknüpfungspunkt erkennbar.

Auch wenn der BGH in der Entscheidung zur Höhe, Entstehung und Fälligkeit des Verlustausgleichs mit dem Schutzinteresse der beherrschten Gesellschaft, ihrer Gesellschafter und Gläubiger argumentiert hat (was bei der AG noch um den Schutz der außenstehenden Aktionäre zu erweitern ist), besteht – vorbehaltlich anderweitiger vertraglicher Vereinbarungen – für die Annahme eines sowohl von dem Verlustausgleichsanspruch als auch eines von § 271 BGB

---

402 Altmeppen, in: Münchn. Komm. z. AktG, 4. Aufl. 2015, Band 5, § 291 Rn. 148; Hennrichs, in: ZHR 174 (2010), 683 (698); Wolf, in: NZG 2007, 641 (645).

403 BFH DB 1964, 828.

404 Koppensteiner, in: Kölner Komm. z. AktG, 3. Aufl.2004, § 302 Rn. 53; Philippi/Neveling, in: BB 2003, Heft 33, 1685 (1690); Philippi/Fickert, in: BB 2006, Heft 34, 1809; Cahn/Simon, in: Der Konzern 2003, 1 (13); Liebscher, in: ZIP 2006, 1221 (1226); Hennrichs, in: ZHR 174 (2010), 683 (703).

abweichenden Entstehungs- und Fälligkeitszeitpunkts für den korrespondierenden Gewinnabführungsanspruch kein ersichtlicher Grund. Es ist den Vertragsparteien unbenommen, im Gewinnabführungsvertrag von der Vertragsfreiheit Gebrauch zu machen und eigene Regelungen zur Gewinnermittlung zu treffen.[405] Die Vertragsfreiheit geht stets – in den unter C.V.2. aufgezeigten Grenzen und unter Einhaltung der zwingenden Vorschriften des HGB und der IFRS – vor. Der Verlustausgleichs- und Gewinnabführungsanspruch können dann auch abweichend von der Regel des § 271 Abs. 1 BGB an einem anderen Tag als dem Bilanzstichtag fällig werden.

Mit Blick auf die Rechtsprechung des BGH zum Verlustausgleich erscheint es zudem aufgrund des Umstandes, dass am Bilanzstichtag bereits feststeht, ob das abhängige Unternehmen ein positives Jahresergebnis erwirtschaftet oder Verluste erlitten hat, sinnwidrig, den Anspruch auf Gewinnabführung nicht ebenfalls an diesem Stichtag entstehen und fällig werden zu lassen.[406]

Zwar hat der Bundesfinanzhof (BFH) bezüglich des Gewinnabführungsanspruchs auch auf den festgestellten Jahresabschluss abgestellt. Dies beruht allerdings auf einer Entscheidung des BFH von 1964, in der er die Gewinnabführungspflicht mit Feststellung des Jahresabschlusses des herrschenden Unternehmens fällig gestellt hat.[407] Diese Rechtsprechung ist veraltet und berücksichtigt nicht die im Jahr 1999 entstandene Rechtsprechung des BGH zur maßgeblichen Höhe, Entstehung und Fälligkeit des Anspruchs auf Verlustausgleich.[408] Auch die Bilanzierungspraxis hat sich mittlerweile an dem BGH und der wohl herrschenden Meinung orientiert und weist beide, den Verlustausgleichs- und den Gewinnabführungsanspruch, in der gleichen Weise zum Bilanzstichtag aus bzw. stellt diese dann „glatt".[409]

b) Zur Höhe

Insbesondere bezüglich der Höhe des Betrages bei der Gewinnabführung ist von Bedeutung, dass Jahresüberschuss und Jahresfehlbetrag bilanzrechtlich die gleiche Position darstellen – einmal mit positivem und einmal mit negativem Vorzeichen –, aus diesem Grund ist nicht ersichtlich, wie die unter F.VII.2. dargestellte Ansicht für den Verlustausgleich auf die objektiv richtige Bilanz zum

405 Hennrichs, in: ZHR 174 (2010), 683 (698).
406 Philippi/Fickert, in: BB 2006, 1809 (1810 f.).
407 BFH DB 1964, 828.
408 Vgl. zu dieser Rechtsprechung F.III.1.
409 Philippi/Fickert, in: BB 2006, 1809 (1810 f.).

Bilanzstichtag abstellen will und bezüglich der Gewinnabführung auf den festgestellten Jahresabschluss. Die Antwort zur maßgeblichen Höhe kann nur einheitlich ausfallen.[410]

Das Argument, es sei auf die Maßgeblichkeit der Erstellung des Jahresabschlusses der herrschenden Gesellschaft abzustellen, weil erst dann der Anspruch bezifferbar ist, überzeugt ebenfalls nicht. Dies wäre beim Verlustausgleichsanspruch in gleicher Weise der Fall, bei diesem stellt der BGH jedoch auch auf den Bilanzstichtag ab. Es ist kein sachlich gerechtfertigter Grund für eine Ungleichbehandlung an dieser Stelle ersichtlich.

Darüber hinaus ist weder dem Gesetz noch den angeführten Argumenten zu entnehmen, was Anknüpfungspunkt für die Gewinnabführung und den Verlustausgleich zum festgestellten Jahresabschluss sein soll.[411] Sowohl § 301 AktG als auch § 302 AktG treten als Teile eines eigenständigen Kapitalerhaltungssystems an die Stelle des § 57 AktG bzw. § 31 GmbHG und sind aufgrund ihres immanenten Gläubigerschutzes objektiv zu interpretieren.[412]

Auch beim Gewinnabführungsanspruch besteht eine gewisse Gefahr für die Minderheitsaktionäre der abhängigen Gesellschaft. Die herrschende Gesellschaft kann ihre Leitungsmacht ausnutzen, um den im Jahresabschluss ausgewiesenen Gewinn der abhängigen Gesellschaft zu ihren Gunsten fälschlicherweise zu erhöhen. Durch die Maßgeblichkeit nicht der festgestellten, sondern der objektiv richtigen Bilanz zum Bilanzstichtag ist eine nachträgliche Korrektur beim Erkennen fehlerhafter Bilanzen möglich und damit eine Basis für eine Rückzahlung der Differenz geschaffen. Gerade nach Beendigung des Gewinnabführungsvertrages können solche Zahlungen das Überleben der abhängigen Gesellschaft fördern, da die vorherige Einbindung der abhängigen Gesellschaft in den Konzern ein postvertragliches, selbstständiges Überleben auf eigenen Beinen oftmals schwierig macht.

Schließlich hat sich jüngst der Gesetzgeber im Rahmen der Gesetzesbegründung zur kleinen Organschaftsreform zu der in Rede stehenden Rechtsprechung des BGH geäußert und diese derart kommentiert, dass sich nach der Rechtsprechung des BGH Gewinnabführung und Verlustübernahme auf das sich bei objektiv ordnungsgemäßer Bilanzierung ergebende Ergebnis erstrecken.[413]

---

410 Stephan, in: K. Schmidt, K./Lutter, Komm. z. AktG, 3. Aufl. 2015, § 301 Rn. 22.

411 Gärtner, in: AG 2014, 793 (794).

412 Gärtner, in: AG 2014, 793 (794).

413 RegE BT-Drucks. 17/10774, S. 19.

Demzufolge empfiehlt es sich, den Verlustausgleichs- und den Gewinnabführungsvertrag gleich zu behandeln und mit dem BGH sowie dem Gesetzgeber die objektiv richtige Bilanz zum Bilanzstichtag als maßgeblich zu erachten.

VIII. Folge

Die Maßgeblichkeit der objektiv richtigen Bilanz am Bilanzstichtag bedeutet somit für das eingangs dieser Arbeit geschilderte Problem einer Gewinnabführung auf der Grundlage eines zwar fehlerhaften, aber festgestellten Jahresabschlusses, dass diese Gewinnabführung (oder andernfalls eine Verlustübernahme) auf der Grundlage eines fehlerhaften Jahresabschlusses den in §§ 300 Abs. 1 und 301 AktG vorgesehenen Höchstbetrag übersteigen würde und damit ebenfalls fehlerhaft wäre.

Bei den im Folgenden darzustellenden Lösungsversuchen für die Rückforderung übermäßig abgeführter Gewinne ist von der Maßgeblichkeit der objektiv richtigen Bilanz am Bilanzstichtag als Berechnungsgrundlage für den begehrten Zahlungsanspruch auszugehen.

G. Ausgleich zu wenig übernommener Verluste

Aus der im Fokus stehenden Rechtsprechung des BGH zur Entstehung, Fälligkeit und Höhe des Verlustausgleichsanspruchs[414] folgt, dass das herrschende Unternehmen nach Beendigung des Unternehmensvertrages Verlustausgleichsansprüchen ausgesetzt sein kann, wenn sich im Nachhinein herausstellt, dass zurückliegende Bilanzen fehlerhaft waren, die ehemals abhängige Gesellschaft diese korrigiert und sich nun aus der objektiv richtigen Bilanz zum Bilanzstichtag ein höherer Verlustausgleichsanspruch ergibt als der noch während der Vertragslaufzeit ausgewiesene.

Diese einst zu wenig übernommenen Verluste muss die herrschende Gesellschaft dann ausgleichen. Sie ist Ansprüchen aus § 302 Abs. 1 AktG zumindest bis zu zehn Jahre nach Eintragung der Beendigung ausgesetzt, § 302 Abs. 4 AktG. Dies jedoch nur, wenn die Gesellschaft nicht auf den Anspruch auf Ausgleich frühestens drei Jahre nach dem Tag, an dem die Eintragung der Beendigung des Vertrags in das Handelsregister nach § 10 HGB bekannt gemacht worden ist, verzichtet oder sich über ihn verglichen hat, § 302 Abs. 3 S. 1 AktG.

---

414 BGHZ 142, 382 = ZIP 1999, 1965 = NJW 2000, 210; bestätigt durch BGH NZG 2005, 481 = ZIP 2005, 854.

H. Nachforderung zu wenig abgeführten Gewinns

Im Gegensatz zu § 302 AktG, der bei zu wenig übernommenen Verlusten, infolge deren die Tochter einen Anspruch auf Ausgleich des unzulänglich übernommenen Verlustes auch nach Beendigung des Unternehmensvertrages gegen die ehemals herrschende Gesellschaft hat (vgl. G.), bildet § 301 AktG keine Anspruchsgrundlage für eine (nachträgliche) Gewinnabführung. Der Anspruch auf Gewinnabführung ist nicht normiert, er ergibt sich aus dem Gewinnabführungsvertrag selbst.[415]

Ein Anspruch auch auf Nachforderung zu wenig abgeführten Gewinns ergibt sich konsequenterweise ebenso aus dem Gewinnabführungsvertrag, wenn der vertraglich geschuldete Betrag nicht vollständig abgeführt wurde. Es handelte sich dabei lediglich um den Restbetrag der ursprünglichen Forderung, deren Anspruchsgrund demzufolge ebenfalls aus dem Vertrag resultiert, da dieser noch nicht vollständig erfüllt wurde, § 362 BGB.

Die Anspruchshöhe der Nachforderung ergibt sich aus der Differenz zwischen dem tatsächlich abgeführten Betrag und dem Gewinn, der aufgrund der objektiv richtigen Bilanz nun erneut ermittelt und ausgewiesen wurde.[416]

---

415 Hennrichs, in: ZHR 174 (2010), 683 (698); Veil, in: Spindler/Stilz, Komm. z. AktG, 4. Aufl. 2019, § 291 Rn. 34.

416 Zur Klagbarkeit vgl. C. V. 3.

I. Rückforderung überzahlten Verlustausgleichs

Ergibt sich aus der objektiv richtigen Bilanz zum Bilanzstichtag, dass der Verlustausgleichsbetrag niedriger ist, als er einst ausgewiesen wurde, steht dem herrschenden Unternehmen ein Anspruch auf Rückzahlung des überzahlten Betrages zu.[417]

Bei sich als überhöht herausstellenden bereits geleisteten Abschlagszahlungen ist der Rückzahlungsanspruch ein Anspruch auf Abrechnung und Ausgleich aus dem Vertrag.[418] Darauf ist das allgemeine Bereicherungsrecht nicht anwendbar.[419]

Streitig ist, woraus sich der bereits endgültig geleistete, sich nachträglich als überhöht erweisende Verlustausgleichsbetrag ergibt. Eine Auffassung lässt die Rückforderung nur nach Bereicherungsrecht zu.[420] Die Gegenauffassung ist der Ansicht, der Rückforderungsanspruch ergebe sich aus dem Vertrag.[421]

Letzterem ist zuzustimmen. Denn es widerspräche dem Grundsatz der Kapitalerhaltung als oberstem Gebot des Kapitalgesellschaftsrechts, wenn durch die Möglichkeit der Rückforderung überhöht erfolgter Zahlungen, die ursprünglich auf der der Kapitalerhaltung dienenden Vorschrift des § 302 AktG gründeten, nun der Einwand der Entreicherung nach den §§ 818 ff. BGB möglich wäre. Denn wie im weiteren Verlauf dieser Arbeit aufzuzeigen sein wird, werden die Entreicherungstatbestände der §§ 818 ff. BGB durch Ansprüche, die der Kapitalerhaltung dienen (§§ 62, 57, 302 analog AktG), verdrängt.[422] Daher passt das Bereicherungsrecht auch nicht in den Rückzahlungsfluss rund um § 302 AktG. Bei der Herleitung des Rückzahlungsanspruchs aus dem Vertrag ist eine solche Berufung auf den Einwand der Entreicherung nicht möglich. Der (Rück-)Zahlungsfluss „nach oben" zur herrschenden Gesellschaft muss sich konsequenterweise vielmehr auch parallel zum Zahlungsfluss der Gewinnabführung an die herrschende Gesellschaft wie diese aus dem Vertrag ergeben.

---

417 BGHZ 142, 382 = ZIP 1999, 1965 (1966) = NJW 2000, 210.

418 Vgl. BGH NZG 2009, 659 (662).

419 BGH NZG 2009, 659 (662); Stephan, in: K. Schmidt, K./Lutter, Komm. z. AktG, 3. Aufl. 2015, § 302 Rn. 78.

420 Stephan, in: K. Schmidt, K./Lutter, Komm. z. AktG, 3. Aufl. 2015, § 302 Rn. 78.

421 Hennrichs, in: ZHR 174 (2010), 681 (701 f.).

422 Vgl. 0.; so auch Brandes, in: Liber Amicorum für Martin Winter, 43 (51) m. w. N.

J. Rückforderung übermäßig abgeführter Gewinne

Im Folgenden widmet sich die Arbeit der Untersuchung von Anspruchsgrundlagen, nach denen die ehemals abhängige Gesellschaft abgeführte Gewinne, die den Höchstbetrag des § 301 S. 1 AktG übersteigen, von der ehemals herrschenden Gesellschaft oder ihrer Rechtsnachfolgerin zurückfordern kann.

Die Klärung der Frage, ob Organisationsverträge auch schuldvertragliche Elemente enthalten (vgl. dazu unter C.IV.2.), war zur Vorbereitung auf dieses Kapitel erforderlich, um den Umfang der Untersuchung des nachfolgend beleuchteten Problems, eine Anspruchsgrundlage für die Rückforderung übermäßig abgeführter Gewinne nach Beendigung eines Gewinnabführungsvertrages zu finden, abstecken zu können. Daher ist im Folgenden zu berücksichtigen, dass nach der in dieser Arbeit vertretenen Ansicht der Unternehmensvertrag ein Organisationsvertrag mit schuldvertraglichen Elementen ist. Deshalb steht nicht bereits die Rechtsnatur des Unternehmensvertrages einer Prüfung schuldrechtlicher Rückforderungs- und Schadensersatznormen entgegen.

Im Falle eines noch aktiven Gewinnabführungsvertrages ist es nicht problematisch, wenn aufgrund einer fehlerhaften Bilanzfeststellung einmal zu viel Gewinn abgeführt wurde. Solche Fehler werden zeitnah samt angefallener Zinsen im Laufe des Geschäftsjahres korrigiert und dann verrechnet.

Problematisch wird es – wie aufgezeigt –, wenn sich nach Beendigung des Unternehmensvertrages herausstellt, dass Gewinne zu hoch ausgewiesen wurden und die abhängige Gesellschaft infolgedessen zu viel Gewinn an die herrschende Gesellschaft abgeführt hat. Fraglich ist, ob die abhängige Gesellschaft nach Beendigung des Gewinnabführungsvertrages aus diesem noch Rückzahlungsansprüche herleiten kann.

Wird die unter F. eingehend erörterte Rechtsprechung des BGH zum Verlustausgleichsanspruch zugrunde gelegt, womit die objektiv richtige Bilanz zum Bilanzstichtag maßgeblich ist und dies mit der wohl überwiegenden Ansicht ebenso für den korrespondierenden Gewinnabführungsanspruch gilt, können ehemals herrschende Unternehmen nach Beendigung eines Gewinnabführungsvertrages sowohl mit Nachforderungs- als auch mit Rückzahlungsansprüchen konfrontiert werden.

Bei zu wenig übernommenen Verlusten ist die Rechtslage eindeutig. Hier hat die abhängige Gesellschaft einen Anspruch auf Ausgleich des zu wenig übernommenen Verlustes nach § 302 AktG gegen die herrschende Gesellschaft (vgl. dazu unter G.).

Auch die steuerliche Organschaft wird lediglich dann anerkannt, wenn der Organträger einen etwaig zu viel gezahlten Gewinn an die Organgesellschaft zurückerstattet.[423]

Zwar äußert sich das Schrifttum teilweise zu der Problematik der Rückforderung übermäßig abgeführter Gewinne, allerdings werden für den Fall überzahlter Beträge oftmals verschiedene Anspruchsgrundlagen für eine Rückforderung in den Raum gestellt, häufig jedoch, ohne dass die vertretene Ansicht begründet, geschweige denn hergeleitet wird.[424]

Aufgrund des Umstands, dass der Vorstand mit einer Verfolgung der Rückgewähransprüche sein eigenes Fehlverhalten im Vorfeld offenlegen würde, unterbleibt in praxi häufig eine dahingehende Anspruchsverfolgung. Vielmehr werden derartige Ansprüche nach Verkauf der ehemals abhängigen Gesellschaft durch den neuen Vorstand forciert, um so den gezahlten Kaufpreis zu mindern.

Im Folgenden werden nun die verschiedenen Möglichkeiten geprüft, die für eine nachträgliche Rückforderung des zu viel abgeführten Gewinns infrage kommen. Zunächst werden vertragliche, dann deliktische und zuletzt bereicherungsrechtliche Ansprüche geprüft. Danach erfolgt die Prüfung spezialgesetzlicher aktienrechtlicher Vorschriften.

I. Anspruch aus dem Unternehmensvertrag gem. § 291 Abs. 1 S. 1 AktG i. V. m. § 301 S. 1 AktG

Zunächst wird der mögliche Anspruch aus dem Gewinnabführungsvertrag selbst geprüft. Aufgrund von Bilanzierungsfehlern übermäßig abgeführte Gewinne sollen zurückgefordert werden können. Verschuldensunabhängige Anspruchsgrundlage dafür soll nach einer im Schrifttum vertretenen Ansicht[425] der Gewinnabführungsvertrag gem. § 291 Abs. 1 i. V. m. § 301 AktG sein. In der Regel trifft der Gewinnabführungsvertrag keine Regelung bezüglich einer Rückforderungsmöglichkeit. Da bei lückenhaften Verträgen die ergänzende

423 Burwitz, in: NZG 2013, 533 (534 f.).

424 So Koppensteiner, in: Kölner Komm. z. Aktiengesetz, 3. Aufl. 2004, § 301 Rn. 24; Servatius, in: Grigoleit, Komm. z. AktG, 1. Aufl. 2013, § 291 Rn. 66; Krieger, in: MünchHdb GesR, Bd. 4, 4. Aufl. 2015, 12. Kap., § 72 Rn. 35; Paschos, in: Henssler/Strohn, Komm. z. GesR, 4. Aufl. 2019, § 301 Rn. 15.

425 Altmeppen, in: Münchn. Komm. z. AktG, 4.Aufl. 2015, § 301 Rn. 26; Hennrichs, in: ZHR 174 (2010), 683 (699 f.).

Vertragsauslegung in Betracht kommt,[426] schlussfolgern die Vertreter dieser Ansicht, dass der Rückzahlungsanspruch sich aus dem Vertrag ergebe.

1. Anspruchsentstehung

Der Anspruch entsteht, wenn sich nach Beendigung eines Gewinnabführungsvertrages herausstellt, dass eine zurückliegende Bilanz während der Vertragsdauer fehlerhaft war. Denn dann gilt auch für die Höhe der Gewinnabführung nach der hier unter F.VI. vertretenen Ansicht die objektiv richtige Bilanz zum Bilanzstichtag. Sprich, der Gewinnabführungsanspruch richtet sich nach dem bei ordnungsgemäßer Bilanzierung ermittelten Jahresüberschuss. Danach kann sich im Nachhinein herausstellen, dass der Jahresüberschuss zu hoch ausgewiesen wurde, somit die Gewinnabführung den in § 301 AktG vorgesehenen Höchstbetrag überschritten hat und damit mehr als das, was der im Gewinnabführungsvertrag vereinbarte vertragliche Wille vorsieht, abgeführt wurde. Dies stellt zudem einen Schaden i.S.v. §§ 249 ff. BGB für die abhängige Gesellschaft dar (vgl. zu Schadensersatzansprüchen die Abschnitte J.II, J.III, J.IV und J.V).

Bei einem beendeten Gewinnabführungsvertrag stellt sich zunächst die Frage, ob mit der Beendigung des Dauerschuldverhältnisses[427] aus einem der unter E. in dieser Dissertationsschrift beschriebenen Beendigungsgründe der Anspruch auf Rückzahlung des den § 301 AktG übersteigenden Betrages ggf. untergegangen ist.

Dies ist zu verneinen. Aufgrund des Umstands, dass sich nach der Beendigung Bilanzierungsfehler herausstellen, diese im Nachhinein korrigiert werden können und die dann zum damaligen Bilanzstichtag objektiv richtige Bilanz sich als die maßgebliche herausstellt, ist ein aus dem Dauerschuldverhältnis „Gewinnabführungsvertrag“ resultierender etwaiger Rückzahlungsanspruch nicht mit der Beendigung untergegangen.

2. Verjährung

Fraglich ist, wann ein etwaiger Rückzahlungsanspruch aus dem Gewinnabführungsvertrag verjährt. In dieser Konstellation dürfte die Regelverjährung nach

---

426 Medicus/Petersen, Bürgerliches Recht, 26. Aufl. 2017, § 7 Rn. 154.

427 Zur Einordnung als Dauerschuldverhältnis: K. Schmidt, in: ZGR 1983, S. 513 (517), Hirte, in: Großkomm. z. AktG, 4. Aufl. 2005, § 302 Rn. 6; Koch, in: Hüffer/Koch, Komm. z. AktG, 13. Aufl. 2018, § 302 Rn. 4; a. A.: Cahn/Simon, in: Der Konzern 2003, 13.

§ 195, 199 BGB greifen, da der Anspruch aus dem Gewinnabführungsvertrag selbst i. V. m. § 301 AktG hergeleitet werden soll bzw. aus einer ergänzenden Vertragsauslegung. Danach würde der Rückzahlungsanspruch drei Jahre ab dem Schluss des Jahres (Verjährungsbeginn) verjähren, in dem die abhängige Gesellschaft Kenntnis von den anspruchsbegründenden Umständen und der Person des Schuldners erlangt.

a) *Entstehung des Rückzahlungsanspruchs unter Berücksichtigung der BGH-Rechtsprechung zum Verlustausgleich, Kenntnis*

Um den Beginn der Verjährungsfrist bestimmen zu können, ist im ersten Schritt der Frage nachzugehen, wann ein etwaiger Rückzahlungsanspruch auf den übermäßig abgeführten Gewinn entsteht, der aus dem Vertrag resultiert.

Ein solcher Rückzahlungsanspruch kann nur zum selben Zeitpunkt entstehen wie der ursprüngliche Anspruch auf Gewinnabführung.[428] Denn aus der objektiv richtigen Bilanz zum Bilanzstichtag ergibt sich bereits das richtige Ergebnis, dass gegebenenfalls zu viel Gewinn abgeführt wurde und bereits an diesem Tag eine Differenz zwischen dem tatsächlich abgeführten und dem objektiven Gewinn bestanden hat. Damit entsteht der Rückzahlungsanspruch bei überzahlter Gewinnabführung im Zeitpunkt der Überzahlung und wird auch zugleich fällig (§ 271 Abs. 1 BGB).

Wenn sich auch hier die Entstehung des Rückforderungsanspruchs nach der objektiv richtigen Bilanz zum Bilanzstichtag richtet, könnte dieser bereits verjährt sein, wenn sich nach Beendigung des Vertrages herausstellt, dass Bilanzierungsfehler gemacht wurden und zu viel Gewinn abgeführt wurde. Dafür müsste die ehemals abhängige Gesellschaft schon zum Zeitpunkt des Bilanzstichtages zumindest grob fahrlässige Unkenntnis bezüglich der die Übermaßabführung verursachenden Bilanzierungsfehler gehabt haben.

b) *Exkurs: Verjährung des ursprünglichen Gewinnabführungsanspruchs*

Zu überlegen ist in diesem Zusammenhang, wann der sich ebenfalls aus dem Gewinnabführungsvertrag ergebende Anspruch auf Gewinnabführung

428 Zur Entstehung des Anspruchs auf Verlustausgleich: BGHZ 142, 382 = ZIP 1999, 1965 (1966) = BGH NJW 2000, 210; bestätigt durch BGH NZG 2005, 481 = ZIP 2005, 854 (855); zur Übertragung dieser Grundsätze auf den Gewinnabführungsanspruch siehe unter F.VII.

überhaupt verjährt. Eine Norm, die die Verjährung des Anspruchs auf Gewinnabführung ausdrücklich regelt, ist dem Aktiengesetz – im Gegensatz zur Verjährung des Verlustausgleichsanspruchs (§ 302 Abs. 4 AktG) – nicht immanent.

aa) Regelverjährung

Da vorliegend der ursprüngliche Gewinnabführungsanspruch aus dem Gewinnabführungsvertrag resultiert, kommt zunächst auch hier die dreijährige Regelverjährung für vertragliche Ansprüche gem. § 195 BGB (früher 30 Jahre) in Betracht. Die Verjährungsfrist beginnt dabei gem. § 199 Abs. 1 BGB mit der Anspruchsentstehung (Nr. 1) und der subjektiven Kenntnis des Gläubigers (Nr. 2). Danach würde die Verjährung mit dem Schluss des Jahres beginnen, in dem der Anspruch entstanden ist und in dem der Gläubiger (die abhängige Gesellschaft) von den den Anspruch begründenden Umständen (der neu festgestellten, objektiv richtigen Bilanz) Kenntnis erlangt oder ohne grobe Fahrlässigkeit erlangen musste, § 199 Abs. 1 Nr. 1 u. 2 BGB.

bb) Sonderfall: Verjährung des Verlustausgleichsanspruchs

Die Anwendung dieser nach dem Schuldrechtsmodernisierungsgesetz geltenden dreijährigen Regelverjährung war zumindest für den Verlustausgleich zu kurz bemessen, weil das in § 302 Abs. 3 AktG geregelte Verzichts- und Vergleichsverbot drei Jahre nach Beendigung dadurch gegenstandslos wurde.[429] Der Gesetzgeber wollte das subjektive Verjährungssystem zudem außer Acht lassen, weil es den gläubigerschützenden Kapitalerhaltungsvorschriften nicht hinreichend Rechnung trage.[430] Vor diesem Hintergrund wurde eine aktienrechtliche Vorschrift in § 302 Abs. 4 AktG eingeführt.

Für den zu dem Gewinnabführungsanspruch korrespondierenden[431] Verlustausgleichsanspruch gilt daher seit Ende 2004 folgende Verjährung:

Die Ansprüche des § 302 AktG verjähren seit Inkrafttreten des Gesetzes zur Anpassung von Verjährungsvorschriften vom 09.12.2004[432] (Art. 11 Nr. 6) an das Gesetz zur Modernisierung des Schuldrechts gem. § 302 Abs. 4 AktG in zehn Jahren seit dem Tag, an dem die Eintragung der Beendigung des Vertrages in das Handelsregister bekannt gemacht worden ist. Bei Gewinnabführungsverträgen,

---

429 Veil, in: Spindler/Stilz, Komm. z. AktG, 4. Aufl. 2019, § 302 Rn. 24.

430 BT-Drucks 15/3653 S. 11 ff.; Veil, in: Spindler/Stilz, Komm. z. AktG, 4. Aufl. 2019, § 302 Rn. 24; Hirte, in: Großkomm. z. AktG, Bd. 8, 4. Aufl. 2005, § 302 Rn. 86.

431 Vgl. zur Darstellung der Spiegelbildlichkeit der Ansprüche F.VII.

432 BGBl. Teil I 2004, Nr. 66, 32, S. 14.

die vor dem 09.12.2004 geschlossen wurden, unterliegt der Verlustausgleichsanspruch des § 302 AktG gem. § 195 BGB a. F. einer Verjährungsfrist von 30 Jahren ab Fälligkeit. Für Ansprüche, die vor der Schuldrechtsmodernisierung, also vor dem 01.01.2002, und für solche, die vor dem 15.12.2004 (Inkrafttreten der Neuregelung) entstanden sind, sei auf die Überleitungsvorschriften des Art. 229 § 6 bzw. des § 12 EGBGB verwiesen.[433]

Zudem sollen Gewinnabführungsverträge, die nach dem 01.01.2006 geschlossen wurden, die Verjährungsvorschrift des § 302 Abs. 4 AktG aufgrund der Verschärfungen der Anforderungen für die Anerkennung einer steuerlichen Organschaft beinhalten. Dies stellte das BMF mit Schreiben vom 16.12.2005 klar.[434] Gewinnabführungsverträge sollen danach idealerweise eine dynamische Verweisung auf § 302 Abs. 4 AktG enthalten. Diese Verweisung soll allerdings aus dem Grund erfolgen, weil in Gewinnabführungsverträgen generell immer schon auf den § 302 AktG verwiesen werden sollte, damit die Pflicht zum Verlustausgleich auch im Vertrag verankert ist. Seit Einführung des Absatzes 4 wird klargestellt, dass ab diesem Zeitpunkt auch auf die neue Verjährungsvorschrift des Verlustausgleichsanspruchs verwiesen werden muss. Dass auch der im Gewinnabführungsvertrag selbst verankerte Gewinnabführungsanspruch ebenfalls dieser Verjährungsvorschrift unterliegen soll, folgt daraus jedoch nicht.

cc) Übertragbarkeit auf den Gewinnabführungsanspruch

Fraglich ist, ob der Gewinnabführungsanspruch tatsächlich der Regelverjährung unterliegt oder ob die zehnjährige Verjährung aus § 302 Abs. 4 AktG auch auf diesen Anwendung findet.

Im Gegensatz zum Verlustausgleichsanspruch ergibt sich der Anspruch auf Gewinnabführung nicht aus einer aktienrechtlichen Vorschrift, sondern aus dem Gewinnabführungsvertrag selbst. Der Gewinnabführungsvertrag ist lediglich in § 291 Abs. 1 2. Alt. AktG legal definiert und wird darin als Unternehmensvertrag im Sinne des Aktiengesetzes bezeichnet. Zur Entstehung des Gewinnabführungsanspruchs wird auf F.VII. dieser Dissertationsschrift verwiesen, diese fällt korrespondierend mit den Ausführungen des BGH zum Verlustausgleich[435] auf den Bilanzstichtag.

---

433 Ausführlich dazu siehe Altmeppen, in: Münchn. Komm. z. AktG, 4. Aufl. 2015, § 302 Rn. 101 ff.

434 Abrufbar unter: https://datenbank.nwb.de/Dokument/Anzeigen/185841/ [abgerufen am 05.12.2019].

435 BGHZ 142, 382 = ZIP 1999, 1965 (1966) = BGH NJW 2000, 210; bestätigt durch BGH NZG 2005, 481 = ZIP 2005, 854 (855).

Ob mit der Formulierung des § 302 Abs. 4 AktG *„Die Ansprüche aus diesen Vorschriften“* auch ein Zahlungs- bzw. Abführungsanspruch der herrschenden Gesellschaft gegen die abhängige Gesellschaft auf Gewinnabführung aus dem Gewinnabführungsvertrag gemeint ist, wird in Rechtsprechung und Literatur nicht erläutert.

Dafür sprechen könnte zum einen der Gleichlauf der Entstehung des Gewinnabführungsanspruchs und des Anspruchs auf Verlustausgleich und zum anderen der Umstand, dass § 302 Abs. 4 AktG von den *„Ansprüchen aus diesen Vorschriften“* spricht und in § 302 Abs. 1 AktG vom Bestehen eines Beherrschungs- oder Gewinnabführungsvertrages die Rede ist und sich der Anspruch auf Gewinnabführung aus Letzterem ergibt.

Dagegen spricht jedoch, dass der Gesetzgeber mit der Einführung des § 302 Abs. 4 AktG gleichzeitig auch ausdrücklich darauf hätte hinweisen können, dass die Verjährung für den Gewinnabführungsanspruch ebenfalls unter § 302 Abs. 4 AktG fallen soll. Dies ist nicht geschehen, weshalb es nach dem gesetzgeberischen Willen für den Gewinnabführungsanspruch offenbar bei der Regelverjährung bleiben sollte. Unter der amtlichen Überschrift *„Verlustübernahme“* wird zudem nicht unbedingt eine versteckte Verjährungsregelung zur Gewinnabführung vermutet. Außerdem trifft das bis drei Jahre nach Beendigung des Vertrages geltende Verzichts- und Vergleichsverbot des § 302 Abs. 3 S. 1 AktG nur den Verlustausgleich, weshalb nur dieser eines längeren Schutzes durch die Ausweitung der Verjährung bedarf. Des Weiteren besteht nur beim Verlustausgleich ein Schutzbedürfnis für die Gläubiger und die außenstehenden Aktionäre der abhängigen Gesellschaft und damit eine längere Verjährungsfrist. Für den Anspruch auf Gewinnabführung besteht ein solches Schutzbedürfnis nicht, weshalb dieser auch nicht gesondert in den §§ 300 bis 303 AktG aufgeführt ist, die nach dem Willen des Gesetzgebers ausdrücklich gläubigerschützende Kapitalerhaltungsvorschriften zur Erhaltung der Anfangssubstanz der abhängigen Gesellschaft sind.

c) Verjährung des Rückzahlungsanspruchs

Damit ändert sich auch an der Verjährung des Rückzahlungsanspruchs aus dem Gewinnabführungsvertrag i. V. m. § 301 AktG bzw. ergänzender Vertragsauslegung nichts. Es bleibt dabei, dass dieser der Regelverjährung für vertragliche Ansprüche aus §§ 195, 199 BGB unterliegt.

Damit könnte der Rückzahlungsanspruch bereits verjährt sein, wenn sich nach Vertragsbeendigung herausstellt, dass während der Vertragslaufzeit falsch bilanziert und zu viel Gewinn abgeführt wurde und wenn die ehemals abhängige Gesellschaft schon zum Zeitpunkt des Bilanzstichtages zumindest grob fahrlässige Unkenntnis bezüglich der zur Übermaßabführung geführten Bilanzierungsfehler hatte.

Aus diesem Grund erachten einige Stimmen eine Analogie zu der Verjährungsvorschrift des § 302 Abs. 4 AktG aus Gläubigerschutzgesichtspunkten und dem Schutz der außenstehenden Aktionäre der abhängigen Gesellschaft für sinnvoll.[436] Dann liegt es allerdings näher, direkt auf § 302 AktG analog als Anspruchsgrundlage zurückzugreifen. § 302 AktG und dessen Verjährung sind zudem vielmehr mit dem Schutzgedanken der §§ 300 bis 303 AktG, der Erhaltung der Anfangssubstanz der abhängigen Gesellschaft, vereinbar.

3. Stellungnahme zum Unternehmensvertrag gem. § 291 Abs. 1 S. 1 i. V. m. § 301 AktG als Anspruchsgrundlage

§ 301 AktG regelt den Rückzahlungsanspruch nicht ausdrücklich. Dass allerdings nur ein gewisser Betrag abgeführt werden kann, spricht dafür, dass alles, was aufgrund fehlerhafter Bilanzierung zu viel abgeführt wurde, doch irgendwie zurückgefordert werden können muss. Allerdings bestehen bezüglich einer Heranziehung des Gewinnabführungsvertrages als Anspruchsgrundlage die im Folgenden aufgeführten Bedenken:

a) Zivilrechtliche Bedenken

Eine solche Rückabwicklung aus dem Vertrag selbst ist dem Zivilrecht größtenteils fremd. Eine Rückabwicklung aus dem Vertrag existiert generell lediglich für Fälle der Leistungsstörung, der Anfechtung, des Rücktritts, des Widerrufs, der Störung der Geschäftsgrundlage etc. Selbst in diesen Fällen gibt es jedoch jeweils eine gesonderte gesetzliche Regelung. Nach Anfechtung entsteht ein Rückzahlungsanspruch aus §§ 812 ff. BGB, in den anderen Fällen erfolgt eine Rückabwicklung nach §§ 346 ff. BGB oder über § 313 Abs. 3 S. 2 BGB. Wenn sich im Rahmen von Vertragsverhältnissen im Nachhinein herausstellt, dass die erbrachten Leistungen nicht vom Vertrag erfasst waren und somit eine Vertragspartei zu viel geleistet hat, greift ebenfalls das Bereicherungsrecht. Jedenfalls existiert grundsätzlich je nach Fallgestaltung eine eigenständige Rückforderungsnorm, sodass ein Rückforderungsanspruch nicht durch Auslegung des ursprünglichen Vertrages hergeleitet werden muss.

---

436 Im Ergebnis so auch Koch, in: Hüffer/Koch, Komm. z. AktG, 13. Aufl. 2018, § 301 Rn. 9.

Zudem spricht gegen die Auslegung des Unternehmensvertrages zur Herleitung von Rückzahlungsansprüchen, dass eine Auslegung des Vertrages im Zivilrecht grundsätzlich erfolgt, wenn die Vertragsparteien sich uneinig sind oder Gerichte einen Vertrag bei der Entscheidungsfindung überprüfen. Dispositives Gesetzesrecht geht der ergänzenden Vertragsauslegung in der Regel vor, wenn eine Vertragslücke durch dessen Heranziehung geschlossen werden kann, sodass eine ergänzende Vertragsauslegung in solchen Fällen ausscheidet.[437] Vorliegend kommen daher vielmehr zunächst die nachfolgend zu erörternden Anspruchsgrundlagen in Betracht, bis auf eine ergänzende Vertragsauslegung zurückgegriffen werden kann.

b) Gesellschaftsrechtliche Bedenken

Die weitere Kritik[438] an der Heranziehung des Unternehmensvertrages i. V. m. § 301 AktG lautet, dass § 301 AktG gerade die Gewinnabführung regele. Die Heranziehung der Vorschrift des § 302 AktG läge näher.

Dem ist zuzustimmen. Es geht bei der Rückzahlung im Ergebnis – wie bei § 302 AktG – um einen begehrten Zahlungsfluss „von oben (herrschende Gesellschaft) nach unten (abhängige Gesellschaft)" zurück. Diesen Zahlungsfluss bildet § 302 AktG besser ab als § 301 AktG, der für die Gewinnabführung eine Zahlung „von unten" (abhängige Gesellschaft) „nach oben" (herrschende Gesellschaft) vorsieht.

Schließlich widerspricht aus gesellschaftsrechtlicher Sicht die dreijährige Verjährungsfrist des sich aus dem Vertrag ergebenden Gewinnabführungsanspruchs nach §§ 195, 199 BGB – wie gezeigt – dem in den §§ 300 bis 303 AktG statuierten Schutz des Anfangskapitals, das gerade durch die zehn Jahre betragende Verjährung des § 302 Abs. 4 AktG besonders geschützt werden soll. Die Regelverjährung eines Rückzahlungsanspruchs aus dem Gewinnabführungsvertrag tritt aus gesellschaftsrechtlicher Sicht im Vergleich zu der Möglichkeit, zehn Jahre nach Beendigung des Beherrschungs- und Gewinnabführungsvertrages zu gering kompensierte Verluste geltend machen zu können, bedeutend zu früh ein.

---

437 BGH NJW 2004, 1590 (1591); Ellenberger, in: Palandt, Komm. z. BGB, 78. Aufl. 2019, § 157 Rn. 4.

438 Mylich, in AG 2011, 765 (773).

4. Fazit

Die soeben aufgezeigten zivilrechtlichen und gesellschaftsrechtlichen Bedenken gegen einen Rückzahlungsanspruch, der mit Hilfe der Auslegung des Unternehmensvertrages gewonnen werden soll, hindern nach dem Erachten der Verfasserin die Heranziehung dieser Anspruchsgrundlage für einen Rückzahlungsanspruch. Dieser ist danach mehr als unwägbar und wirft zu viele Folgefragen auf. Einzig für den Fall, dass der Jahresabschluss im Nachhinein ausweislich nichtig ist und dieser ohnehin neu aufgestellt werden muss (wodurch sich ein anderer Betrag für die Gewinnabführung ergeben könnte), ist eine Herleitung des Rückzahlungsanspruchs durch Auslegung des Unternehmensvertrages denkbar.[439] Allerdings ist auch in diesem Fall nicht erforderlich, auf das Instrument der ergänzenden Vertragsauslegung nach §§ 133, 157 BGB zurückzugreifen, wenn der Vertrag Lücken aufweist, die bereits durch dispositives Gesetzesrecht geschlossen werden können. Die weitere Untersuchung wird ergeben, dass bereits materiell-rechtliche Anspruchsgrundlagen in Betracht kommen, die eine Regelungslücke im Unternehmensvertrag bezüglich der Rückzahlung übermäßig abgeführter Gewinne schließen können und damit vorrangig vor einer ergänzenden Vertragsauslegung heranzuziehen sind.

II. Anspruch aus § 280 Abs. 1 i. V. m. § 278 BGB bzw. § 309 Abs. 2, Abs. 1 AktG i. V. m. § 31 BGB analog

Die abhängige Gesellschaft könnte im Falle der Abführung übermäßiger Gewinne nach Beendigung des Beherrschungs- und Gewinnabführungsvertrages einen Anspruch auf Schadensersatz gegen die herrschende Gesellschaft wegen unzulässiger Weisungserteilung haben. Dies wäre der Fall, wenn beispielsweise die herrschende Gesellschaft die abhängige Gesellschaft zu einer nicht ordnungsgemäßen Ergebnisermittlung veranlasst hat.

1. Anspruchsgrundlage

Die Haftung des herrschenden Unternehmens ist nicht normiert. Die Vertreter haften gem. § 309 Abs. 1 AktG und gem. § 31 BGB bzw. § 278 BGB kann das Verhalten der Vertreter dem herrschenden Unternehmen zugerechnet werden.

---

439 So auch Hennrichs, in: ZHR 174 (2010), 683 (701); Brandes, in: Liber Amicorum für Martin Winter, 43 (46 f.).

Es ist umstritten, welche Anspruchsgrundlage im Fall unzulässiger Weisungserteilung heranzuziehen ist.

a) Anspruch aus § 280 Abs. 1 BGB des Beherrschungsvertrages i. V. m. § 31 oder § 278 BGB

Nach einer Ansicht kommt zum einen § 280 Abs. 1 BGB des Beherrschungsvertrages i. V. m. § 31 oder § 278 BGB als Anspruchsgrundlage in Betracht:[440] Aus dem Beherrschungsvertrag ergebe sich, dass das herrschende Unternehmen sich an die Weisungsgrenzen halten müsse. Werden diese Grenzen überschritten, folge daraus eine Pflicht zur Leistung von Schadensersatz. Die Haftung des herrschenden Unternehmens folge entweder aus § 31 oder § 278 BGB als möglichen Zurechnungsnormen für das Fehlverhalten der handelnden Organe.[441]

b) § 309 Abs. 2, Abs. 1 AktG i. V. m. § 31 BGB analog

Zum anderen wird vertreten, der Anspruch ergebe sich aus § 309 Abs. 2, Abs. 1 AktG i. V. m. § 31 BGB analog:[442] Der Gesetzgeber habe mit § 309 AktG ausdrücklich eine spezialgesetzliche Norm installiert, die die Organhaftung der gesetzlichen Vertreter des herrschenden Unternehmens regele. In Verbindung mit der allgemeinen Zurechnungsnorm des § 31 BGB kann dieses schadensersatzpflichtige Organhandeln dem herrschenden Unternehmen zugerechnet werden. § 280 Abs. 1 BGB stelle lediglich eine konkretisierungsbedürftige haftungsrechtliche Generalklausel dar. Eine solche Konkretisierung würde sich in §§ 309 Abs. 1 und Abs. 2 AktG hinsichtlich der Ausgestaltung einer Haftung ja gerade wiederfinden.

---

440 Hirte, in: Großkomm. z. AktG, 4. Aufl. 2005, § 309 Rn. 36; Altmeppen, in: Münchn. Komm. z. AktG, 4. Aufl. 2015, § 309 Rn. 89; 139 ff.; Für die Haftung des herrschenden Unternehmens nach §§ 31, 278 BGB generell: Koppensteiner, in: Kölner Komm. z. AktG, 3. Aufl. 2004, § 309 Rn. 37; Emmerich, in: Emmerich/Habersack, Komm. z. Aktien-/GmbH-KonzernR, 9 Aufl. 2019, § 309 Rn. 21; Altmeppen, in: Münchn. Komm. z. AktG, 4. Aufl. 2015, § 309 Rn. 110 ff. (für eine Haftung auch nach Beendigung des Organschaftsverhältnisses); a. A., und zwar für § 31 BGB i. V. m. § 309 Abs. 2 AktG analog, Beuthien, in: DB 1969, 1781 (1783).

441 Statt aller Koppensteiner, in: Kölner Komm. z. AktG, 3. Aufl.2004, § 309 Rn. 37.

442 Ulmer, in: FS Stimpel 1985, 705 (712).

c) *Stellungnahme*

Eine Streitentscheidung ist aufgrund des Umstandes, dass die §§ 309 Abs. 3-5 AktG nach ganz überwiegender Ansicht auf den Schadensersatzanspruch der abhängigen gegen die herrschende Gesellschaft entsprechend anzuwenden sind und eine Haftung des herrschenden Unternehmens in den §§ 309 Abs. 1 und Abs. 2 wegen sorgfaltswidriger Ausübung der Leitungsmacht grundsätzlich anerkannt ist,[443] entbehrlich.

Gerade deshalb ist es jedoch überzeugender, für Pflichtverletzungen im Rahmen der Weisungserteilung beim Beherrschungsvertrag die Haftung der herrschenden Gesellschaft in § 309 AktG i. V. m. § 31 BGB spezialgesetzlich zu verankern, wenn die Möglichkeit dazu vom Gesetzgeber geschaffen wurde, um dann weitergehende Pflichtverletzungen der herrschenden Gesellschaft der haftungsrechtlichen Generalklausel des § 280 Abs. 1 BGB zu unterwerfen.

2. Beherrschungsvertrag gem. § 309 Abs. 1 AktG

Voraussetzung für die Anspruchsentstehung ist das Bestehen eines Beherrschungsvertrages i. S. v. § 309 Abs. 1 AktG zum Zeitpunkt der Weisungserteilung.

3. Sorgfaltspflichtverletzung gem. § 309 Abs. 2, Abs. 1 AktG

Das herrschende Unternehmen haftet, wenn es eine Pflichtverletzung im Sinne von § 309 Abs. 2, Abs. 1 AktG begangen hat. Eine Pflichtverletzung ist ein Verstoß gegen Sorgfaltspflichten eines ordentlichen und gewissenhaften Geschäftsleiters, § 309 Abs. 1, 2 AktG.[444] Weisungen, die einen Gesetzesverstoß beinhalten, sind rechtswidrig.[445] Eine Weisung entgegen § 301 AktG, mehr Gewinn abzuführen, ist sogar nichtig und braucht grundsätzlich von der anhängigen Gesellschaft nicht befolgt zu werden.[446]

---

443 Langenbucher, in: K. Schmidt/Lutter Komm. z. AktG, 3. Aufl. 2015, § 309 Rn. 42; Emmerich, in: Emmerich/Habersack, Komm. z. Aktien-/GmbH-KonzernR, 9. Aufl. 2019, § 309 Rn. 21; Hüffer, Komm. z. AktG, 13. Aufl. 2018, § 309 Rn. 27.

444 Fleischer, in: Fleischer, Handbuch des Vorstandsrechts, 1. Aufl. 2006, § 18 Rn. 56; Koch, in: Hüffer/Koch, Komm. z. AktG, 13. Aufl. 2018, § 309 Rn. 15.

445 Koch, in: Hüffer/Koch, Komm. z. AktG, 13. Aufl. 2018, § 308 Rn. 20,12.

446 Veil, in: Spindler/Stilz, Komm. z. AktG, 4. Aufl. 2019, § 301 Rn. 19.

Eine rechtswidrige bis nichtige Weisung und damit eine Pflichtverletzung kann somit vorliegen, wenn die herrschende Gesellschaft die abhängige Gesellschaft anweist (§ 308 AktG), mehr Gewinn abzuführen, als nach § 301 AktG zulässig ist.

Dem herrschenden Unternehmen wird über § 31 BGB analog das Verhalten seiner Vertreter bei rechtswidriger Weisungserteilung zugerechnet.[447]

4. Schaden gem. § 309 Abs. 2 AktG

Der Gesellschaft muss durch die Veranlassung der nicht ordnungsgemäßen Ergebnisermittlung ein kausaler Schaden entstanden sein, § 309 Abs. 2 AktG. Dieser ist anhand der §§ 249 ff. BGB zu ermitteln.[448] Ein solcher liegt für die in Rede stehende Fallkonstellation darin, dass die abhängige Gesellschaft aufgrund der fehlerhaften Ergebnisermittlung Gewinne in einer Höhe abgeführt hat, die nicht der tatsächlichen Ertragslage entsprachen und die sie ansonsten beispielsweise gem. § 272 Abs. 2 HGB in Gewinnrücklagen eingestellt hätte, falls der Wortlaut des Gewinnabführungsvertrags die Bildung freier Rücklagen nicht ausschließt. Der Schaden liegt mithin in Höhe der nach Maßgabe der objektiv richtigen Bilanz[449] zu viel abgeführten Gewinne.

Zeitlich gesehen ist es unschädlich, wenn der Schaden erst nach Beendigung eines Beherrschungs- und Gewinnabführungsvertrages eintritt. Voraussetzung für eine Haftung nach § 309 AktG ist lediglich das Bestehen eines Beherrschungsvertrages bei Vornahme der pflichtwidrigen Handlung, aus der der Schaden (auch erst nach der Beendigung des Beherrschungs- und Gewinnabführungsvertrages) resultiert.[450]

5. Verzicht, Vergleich gem. § 309 Abs. 3 AktG

§ 309 Abs. 3 S. 1 AktG bestimmt, dass die abhängige Gesellschaft erst drei Jahre nach Entstehung des Anspruchs und nur dann auf Ersatzansprüche verzichten oder sich über sie vergleichen kann, wenn die außenstehenden Aktionäre durch Sonderbeschluss zustimmen und nicht eine Minderheit von 10 % des

---

447 Vgl. bereits unter J.II.1.

448 Koch, in: Hüffer/Koch, Komm. z. AktG, 13. Aufl. 2018, § 309 Rn. 17.

449 BGHZ 142, 382 = ZIP 1999, 1965 = NJW 2000, 210; bestätigt durch BGH NZG 2005, 481 = ZIP 2005, 854; vgl. F.III. sowie F.VII.

450 Altmeppen, in: Münchn. Komm. z. AktG, 4. Aufl. 2015, § 309 Rn. 110; Emmerich, in: Emmerich/Habersack, Komm. z. Aktien-/GmbH-KonzernR, 9. Aufl. 2019, § 309 Rn. 40; Veil, in: Spindler/Stilz, Komm. z. AktG, 4. Aufl. 2019, § 309 Rn. 28.

vertretenen Grundkapitals Widerspruch zur Niederschrift erhebt.[451] Abweichendes gilt lediglich im Fall der Zahlungsunfähigkeit, § 309 Abs. 3 S. 2 AktG.

6. Verjährung gem. § 309 Abs. 5 AktG

Der Schadensersatzanspruch der abhängigen Gesellschaft verjährt gem. § 309 Abs. 5 AktG nach fünf Jahren. Der Verjährungsbeginn richtet sich nach § 200 BGB und die Verjährung beginnt somit objektiv mit Entstehung des Anspruchs, sprich ab der überhöhten Gewinnabführung.[452]

7. Rechtsfolge

Das herrschende Unternehmen haftet der abhängigen Gesellschaft somit, wenn die Voraussetzungen der §§ 309 Abs. 2, Abs. 1 AktG vorliegen. Der gesetzliche Vertreter und das herrschende Unternehmen selbst haften dem abhängigen Unternehmen als Gesamtschuldner.[453]

8. Anspruchsverfolgung durch die GmbH

Wie unter D.I. erläutert, ist das GmbH-Konzernrecht nicht normiert. Soweit die Situation vergleichbar ist und kein zwingendes GmbH-Recht entgegensteht, ist eine analoge Anwendung des Aktienkonzernrechts auf die abhängige GmbH möglich. § 309 AktG steht dem – wie gezeigt – nicht entgegen und dient daher auch der abhängigen GmbH analog als Anspruchsgrundlage für Schadensersatzansprüche gegen die herrschende Gesellschaft wegen Pflichtverletzung aus dem Beherrschungsvertrag.

9. Fazit

Die vorstehende Prüfung des Anspruchs aus § 309 Abs. 1, Abs. 2 AktG i. V. m. § 31 BGB analog zeigt, dass sich für den Fall rechtswidriger Weisungen § 309 Abs. 1, Abs. 2 AktG i. V. m. § 31 BGB analog als Anspruchsgrundlage für eine Rückerstattung übermäßig abgeführter Gewinne anbietet und eine Subsumtion darunter gelingt.

---

451 § 309 Abs. 3 S. 1 AktG.

452 Vgl. Koch, in: Hüffer/Koch, Komm. z. AktG, 13 Aufl. 2018, § 309 Rn. 25; § 93 Rn. 85 ff.

453 Langenbucher, in: K. Schmidt/Lutter, Komm. z. AktG, 3. Aufl. 2015, § 309 Rn. 27; Altmeppen, in: Münchn. Komm. z. AktG, 4. Aufl. 2015, § 309 Rn. 105.

Allerdings betrifft diese Lösung auch nur diesen einen speziellen Fall der verschuldensabhängigen pflichtwidrigen Weisung der herrschenden gegenüber der abhängigen Gesellschaft. Eine Lösung für das in Rede stehende Problem der Rückforderung übermäßig abgeführter Gewinne nach Beendigung des Beherrschungs- und Gewinnabführungsvertrages für die restlichen denkbaren Fallkonstellationen außerhalb einer pflichtwidrigen Weisung, die Gewinne zu hoch auszuweisen, bietet diese nicht. Zudem handelt es sich um einen Schadensersatzanspruch und nicht um einen direkten Rückforderungsanspruch. Erst recht handelt es sich nicht um einen *„speziellen Kapital- und Vermögensschutzanspruch"*.[454] Außerdem trägt die abhängige Gesellschaft die Verantwortung für die Feststellung ihres Jahresabschlusses.[455] Aufgrund des Umstandes, dass rechtswidrige oder nichtige Weisungen nicht befolgt werden müssen, hätte die abhängige Gesellschaft den fehlerhaften Abschluss dadurch selbst mitzuverantworten, woraus zumindest ein Mitverschulden erwachsen könnte, § 254 BGB.

Darüber hinaus werden solche Fälle nicht erfasst, in denen zwischen zwei Gesellschaften lediglich ein isolierter Gewinnabführungsvertrag[456] besteht und somit die Vertragsparteien gerade keinen zusätzlichen Beherrschungsvertrag geschlossen haben, der eine Haftung nach § 309 AktG begründet.

Eine umfassende Lösung des eingangs geschilderten Problems, eine Anspruchsgrundlage für die Rückforderung übermäßig abgeführter Gewinne nach Beendigung eines Gewinnabführungsvertrages zu finden, bietet diese Variante mithin nicht.

III. Anspruch aus §§ 280 Abs. 1, 276 Abs. 1, 249 Abs. 1 BGB

Eine weitere denkbare Möglichkeit für die abhängige Gesellschaft, die überzahlten Gewinne nach Beendigung des Gewinnabführungsvertrages zurückzuerlangen, könnte ein verschuldensabhängiger Schadensersatzanspruch aus §§ 280 Abs. 1, 276 Abs. 1, 249 Abs. 1 BGB wegen Verletzung des Unternehmensvertrages sein.[457] Dieser käme infrage, wenn die übermäßige Gewinnabführung auf

454 Mylich, in: AG 2011, 765 (772).

455 Krieger, in: MünchHdb GesR, Bd. 4, 4. Aufl. 2015, 12. Kap., § 72 Rn. 31; Altmeppen, in: Münchn. Komm. z. AktG, Bd. 5, 4. Aufl. 2015, § 291 Rn. 146; Emmerich, in: Emmerich/Habersack, Komm. z. Aktien-/GmbH-KonzernR, 9. Aufl. 2019, § 291 Rn. 65.

456 Siehe dazu B.III.

457 Veil, in: Spindler/Stilz, Komm. z. AktG, 4. Aufl. 2019, § 301 Rn. 20.

ein Verschulden der herrschenden Gesellschaft zurückzuführen wäre, das keine Weisung im Sinne von § 308 AktG darstellt.

1. Anspruchsentstehung

Ein Anspruch aus § 280 Abs. 1 BGB setzt ein Schuldverhältnis im Sinne von § 311 Abs. 1 BGB voraus. Unter der Prämisse, dass Beherrschungs- und Gewinnabführungsverträge als Organisationsverträge mit schuldvertraglichen Elementen eingeordnet werden, ist ein solches Schuldverhältnis mit Abschluss eines Beherrschungs- und Gewinnabführungsvertrages gem. § 291 Abs. 1 S. 1 AktG gegeben. Um noch einmal die Kernaussage dieser Arbeit zur Rechtsnatur der Unternehmensverträge zu wiederholen: Aufgrund des Umstandes, dass zwei Rechtsträger ihre Rechtsbeziehungen untereinander gestalten, sind diese Anspruchsbeziehungen auch schuldrechtlicher Natur. Gerade aus dem Beherrschungsvertrag ergeben sich diese beiderseitigen Leistungspflichten in Form der §§ 302 Abs. 1 und 308 Abs. 2 S. 1 AktG.[458]

Die gegenseitigen Vertragspflichten beim Beherrschungs- und Gewinnabführungsvertrag bestehen darin, die vertraglich zulässigen und gesetzlich vorgeschriebenen Bestimmungen einzuhalten. Ein Verstoß gegen diese stellt eine Pflichtverletzung dar. Zu den essentiellen Vorschriften zählt die Beachtung der Vorschrift des § 301 AktG über den Höchstbetrag der Gewinnabführung.[459]

Auch ist eine Verletzung unternehmensvertraglicher Leistungstreuepflichten denkbar. Die herrschende Gesellschaft könnte gegen die Pflicht zum *„konzernfreundlichen Verhalten“* verstoßen. Diese wird aus dem Beherrschungsvertrag begründet.[460] Danach sind konzernfeindliche Maßnahmen unzulässig und lösen die hier zu prüfende Schadensersatzpflicht aus § 280 Abs. 1 BGB aus.[461]

---

458 Vgl. C.IV.2.

459 Veil, in: Spindler/Stilz, Komm. z. AktG, 4. Aufl. 2019, § 301 Rn. 20.

460 Koppensteiner, in: Kölner Komm. z. AktG, 3. Aufl. 2004, § 308 Rn. 71; Langenbucher, in: K. Schmidt/Lutter, Komm. z. AktG, 3. Aufl. 2015, § 308 Rn. 42; Altmeppen, in: Münchn. Komm. z. AktG, 4. Aufl. 2015, § 308 Rn 159; Emmerich, in: Emmerich/Habersack, Komm. z. Aktien-/GmbH-KonzernR, 9. Aufl. 2019, § 308 Rn. 54; Koch, in: Hüffer/Koch, Komm. z. AktG, 13. Aufl. 2018, § 308 Rn. 20; Schneider/Schneider, in: AG 2005, 57, 58 ff.

461 Koppensteiner, in: Kölner Komm. z. AktG, 3. Aufl. 2004, § 308 Rn. 71; Langenbucher, in: K. Schmidt/Lutter, Komm. z. AktG, 3. Aufl. 2015, § 308 Rn. 42; Altmeppen, in: Münch. Komm. z. AktG, 4. Aufl. 2015, § 308 Rn. 159; Emmerich, in: Emmerich/Habersack, Komm. z. Aktien-/GmbH-KonzernR, 9. Aufl. 2019, § 308 Rn. 54; Koch, in: Hüffer/Koch, Komm. z. AktG, 13. Aufl. 2018, § 308 Rn. 20.

Ein Verstoß gegen § 301 AktG, der nicht auf einer Weisungserteilung beruht, könnte demnach eine Pflichtverletzung darstellen und eine Schadensersatzpflicht auslösen.

Nach § 276 BGB hat der Schuldner (in diesem Fall die herrschende Gesellschaft), sofern nicht etwas anderes bestimmt ist, Vorsatz und Fahrlässigkeit zu vertreten. Bei einer Anspruchsherleitung aus §§ 280 Abs. 1, 276 Abs. 1, 249 Abs. 1 BGB würde es an dieser Stelle einer gesonderten Prüfung im Einzelfall bedürfen, ob die herrschende Gesellschaft die übermäßige Gewinnabführung zu vertreten hat, da der Erhalt der Überzahlung allein nicht schon eine zu vertretende Pflichtverletzung sein kann.

Ein Verschulden der herrschenden Gesellschaft dürfte in den meisten Fällen, bei denen der überhöhte Gewinnvortrag nicht aufgrund einer Einflussnahme der herrschenden Gesellschaft erfolgt ist, schwieriger nachzuweisen sein, denn die Ergebnisermittlung liegt in der Verantwortung der abhängigen Gesellschaft. Die herrschende Gesellschaft könnte somit vorbringen, dass sie sich auf die Richtigkeit der Bilanzierung verlassen habe und Fehler im Verantwortungsbereich der abhängigen Gesellschaft entstanden seien, womit sie auch nur von dieser zu vertreten seien. Eine Berufung darauf dürfte bei erkennbaren Fehlern jedoch treuwidrig sein. Zum einen kommt ein Mitverschulden (§ 254 BGB) der herrschenden Gesellschaft in Betracht, da diese den Konzernabschluss geprüft und gebilligt hat, §§ 317 Abs. 3 S. 1, 316 Abs. 2 S. 2 HGB. Zum anderen liegt bei Bestehen eines Beherrschungs- und Gewinnabführungsvertrages in der Regel eine Gesellschafterstellung mit Stimmenmehrheit vor, weshalb die herrschende Gesellschaft als Gesellschafterin bei der Erstellung des Jahresabschlusses gar selbst mitgewirkt hat (§ 171 Abs. 2 S. 5, 173 Abs. 1 S. 2 AktG, §§ 42a Abs. 4, 46 Nr. 1b GmbHG).

Ein Schaden liegt auch hier[462] für die in Rede stehende Fallkonstellation darin, dass die abhängige Gesellschaft aufgrund der fehlerhaften Ergebnisermittlung Gewinne in einer Höhe abgeführt hat, die nicht der tatsächlichen Ertragslage entsprachen und die sie ansonsten beispielsweise gem. § 272 Abs. 2 HGB in Gewinnrücklagen eingestellt hätte, falls der Wortlaut des Gewinnabführungsvertrags die Bildung freier Rücklagen nicht ausschließt. Der Schaden liegt mithin in Höhe der nach Maßgabe der objektiv richtigen Bilanz[463] zu viel abgeführten Gewinne.

---

462 Vgl. bereits J.II.4.

463 BGHZ 142, 382 = ZIP 1999, 1965 = NJW 2000, 210; bestätigt durch BGH NZG 2005, 481 = ZIP 2005, 854; vgl. F.III. sowie F.VII.

2. Verjährung

Die Verjährung richtet sich bei dem vorliegenden Schadensersatzanspruch nach der relativen Frist des § 195 BGB: Sie beträgt drei Jahre ab Ende des Jahres der Anspruchsentstehung (§ 199 Abs. 1 Nr. 1 BGB), mithin ab Ende des Jahres, in dem fehlerhaft bilanziert wurde, und der Kenntnis oder grob fahrlässigen Unkenntnis des Gläubigers von den anspruchsbegründeten Umständen (§ 199 Abs. 1 Nr. 2 BGB), sprich der fehlerhaften Bilanz.

3. Fazit

Die abhängige Gesellschaft stellt den Jahresabschluss fest und hat etwaige Bilanzierungsfehler daher grundsätzlich selbst zu vertreten. Ein ausschließliches oder überwiegendes Verschulden der herrschenden Gesellschaft bezüglich der den Höchstbetrag des § 301 S. 1 AktG übersteigenden Gewinnabführung wird demnach kaum nachzuweisen sein, wenn dies nicht aufgrund ausdrücklicher Vorgaben oder einer Weisungserteilung der herrschenden Gesellschaft geschehen ist. Bei rechtswidriger Weisungserteilung ist der Anspruch aus § 309 Abs. 2, Abs. 1 AktG i. V. m. § 31 BGB analog als speziellere Norm vorrangig.[464]

IV. Schadensersatzanspruch der abhängigen Gesellschaft gegen die herrschende Gesellschaft gem. § 317 Abs. 1 S. 1 AktG

Möglich erscheint weiter ein Schadensersatzanspruch der abhängigen gegen die herrschende Gesellschaft aus § 317 Abs. 1 S. 1 AktG.

Dieser ist zentraler Schadensersatzanspruch der §§ 311 ff. AktG. Er soll die Veranlassung zu nachteiligen Rechtsgeschäften oder – was hier vielmehr in Frage kommt – nachteiligen Maßnahmen sanktionieren und verhindern, dass das herrschende Unternehmen *„die mit einem Beherrschungsvertrag verbundene Leitungsmacht in Anspruch nimmt, ohne einen solchen Vertrag abgeschlossen zu haben“*.[465] D. h., der Schadensersatzanspruch kommt für eine Lösung des zu untersuchenden Problems nur bei der konzernrechtlichen Konstellation in Frage, wenn lediglich ein isolierter Gewinnabführungsvertrag[466] ohne Beherrschungsabrede zwischen den Vertragsparteien bestand, auf dessen Grundlage

---

464 Vgl. dazu J.II.
465 Kropff, Begründung des Regierungsentwurfs zu § 317 AktG von 1965, S. 418.
466 Vgl. dazu B.III.

die überhöhte Gewinnabführung erfolgte. Weiterhin darf die abhängige Gesellschaft auch nicht in die herrschende Gesellschaft eingegliedert sein.[467]

Damit muss zunächst eine Abhängigkeit nach § 17 AktG, sprich die Möglichkeit der Ausübung von Einfluss, vorliegen.[468] Bei Mehrheitsbesitz (vgl. § 17 Abs. 2 AktG) wird die beherrschende Stellung vermutet. Besitzt die herrschende Gesellschaft im zu untersuchenden Fall keine oder nicht die Mehrheit der Anteile an der abhängigen Gesellschaft, ist dies unschädlich, da ein isolierter Gewinnabführungsvertrag die Geltung der §§ 311, 317 AktG unberührt lässt.[469]

1. Anspruchsentstehung

Voraussetzungen für eine Schadensersatzplicht nach § 317 Abs. 1 S. 1 AktG – für den die abhängige Gesellschaft die Darlegungs- und Beweislast[470] trifft –, sind dann die Erfüllung des Tatbestandes des § 311 Abs. 1 AktG, ohne den gem. § 311 Abs. 2 AktG erforderlichen Nachteilsausgleich rechtzeitig zu erbringen, und ein Schaden der abhängigen Gesellschaft.

Weitere Voraussetzung ist eine nachteilige Veranlassung bei der abhängigen Gesellschaft durch die herrschende, vgl. § 311 Abs. 1 AktG. Eine solche kann grundsätzlich durch jede Art der Einflussnahme erfolgen.[471] Das Verhalten der herrschenden Gesellschaft muss dabei mindestens mitursächlich für das Verhalten der abhängigen Gesellschaft gewesen sein.[472]

Eine nachteilige Veranlassung kann nach allgemeiner Ansicht durchaus in einer Einflussnahme auf die Ausweisung eines überhöhten, mit den Grundsätzen ordnungsgemäßer Buchführung nicht mehr zu vereinbarenden Gewinns in der Bilanz zu sehen sein.[473]

---

467 Habersack, in: Emmerich/Habersack, Komm. z. Aktien-/GmbH-KonzernR, 9. Aufl. 2019, § 317 Rn. 4.

468 Koppensteiner, in: Kölner Komm. z. AktG, Bd. 1, 3. Aufl. 2011, § 17 Rn. 17.

469 Habersack, in: Emmerich/Habersack, Komm. z. Aktien-/GmbH-KonzernR, 9. Aufl. 2019, § 317 Rn. 4.

470 Habersack, in: Emmerich/Habersack, Komm. z. Aktien-/GmbH-KonzernR, 9. Aufl. 2019, § 317 Rn. 21.

471 Koch, in: Hüffer/Koch, Komm. z. AktG, 13. Aufl. 2018, § 311 Rn. 13.

472 Koppensteiner, in: Kölner Komm. z. AktG, Bd. 6, 3. Aufl. 2004, § 311 Rn. 6: Koch, in: Hüffer/Koch, Komm. z. AktG, 13. Aufl. 2018, § 311 Rn. 13, 23.

473 Altmeppen, in: Münchn. Komm. z. AktG, Bd. 5, 4. Aufl. 2015, § 291 Rn. 150; Schenk, in: Bürgers/Körber, Komm. z. AktG, 4. Aufl. 2017, § 291 Rn. 18; Koch, in: Hüffer/Koch, Komm. z. AktG, 13. Aufl. 2018, § 291 Rn. 24.

Ein veranlasster Nachteil darf bis zum Jahresende nicht ausgeglichen worden sein. Dies ist bei einer Rückforderung des übermäßig abgeführten Gewinns nach Beendigung des (isolierten) Gewinnabführungsvertrages nicht der Fall.

Zwar haftet die herrschende Gesellschaft verschuldensunabhängig, allerdings statuiert § 317 Abs. 2 AktG einen Tatbestandsausschluss im Falle pflichtgemäßen Verhaltens. Die Darlegungs- und Beweislast dafür trägt die herrschende Gesellschaft.[474]

Zuletzt muss der abhängigen Gesellschaft ein nach §§ 249 ff. BGB zu kompensierender Schaden entstanden sein. Dieser liegt – wie unter J.II.4. und J.III.1. bereits gezeigt – in Höhe der nach Maßgabe der objektiv richtigen Bilanz[475] zu viel abgeführten Gewinne.

Gem. § 317 Abs. 4 i. V. m. § 309 Abs. 3 AktG kann die abhängige Gesellschaft den Schadensersatzanspruch naturgemäß nicht geltend machen, wenn sie sich nicht frühestens drei Jahre nach Entstehung des Anspruchs über diesen verglichen oder auf die Geltendmachung verzichtet hat.

2. Verjährung

Verjährung tritt bereits nach fünf Jahren gem. § 317 Abs. 4 AktG i. V. m. § 309 Abs. 5 AktG ab der überhöhten Gewinnabführung ein, denn für den Fristbeginn und die Fristberechnung sind die §§ 199, 187 Abs. 1, 188 Abs. 2 BGB maßgeblich.[476]

3. Anspruchsverfolgung durch die GmbH

Umstritten ist, ob die §§ 311 ff. AktG analog auf die GmbH als abhängige Gesellschaft im faktischen Konzern anwendbar sind.

Eine solche Analogie wird von der herrschenden Meinung abgelehnt. Die zwar naheliegende Anwendung auch der §§ 311 bis 318 AktG auf die GmbH konnte sich nicht durchsetzen.[477] Das GmbH-Recht sehe im Gegensatz zum AktG gerade keine Erlaubnis zur Schädigung der GmbH unter dem Privileg des Nachteilsausgleichs vor.[478] Im Fall einer GmbH als abhängiger Gesellschaft

474 Altmeppen, in: Münchn. Komm. z. AktG, Bd. 5, 4. Aufl. 2015, § 317 Rn. 76.

475 BGHZ 142, 382 = ZIP 1999, 1965 = NJW 2000, 210; bestätigt durch BGH NZG 2005, 481 = ZIP 2005, 854; vgl. F.III. sowie F.VII.

476 Leuering/Goertz, in: Hölters, Komm. z. AktG, 3. Aufl. 2017, § 317 Rn. 40.

477 Sven H. Schneider, in: Krieger/Schneider, Handbuch Managerhaftung, 3. Aufl. 2017, Vorstands- und Geschäftsführerhaftung im Konzern, Rn. 8.6.7.

478 Beurskens, in: Baumbach/Hueck, Komm. z. GmbHG, 22. Aufl. 2019, Anhang: Die GmbH im Unternehmensverbund (GmbH-Konzernrecht), Rn. 46.

bestehe zudem keine Berichtspflicht (Abhängigkeitsbericht, § 312 AktG) und es gebe dort nicht unbedingt auch einen Aufsichtsrat oder Wirtschaftsprüfer, der einen solchen prüfen könne.[479] Vielmehr gelte für die abhängige GmbH, dass alle nachteiligen Maßnahmen (wie § 317 Abs. 2 AktG sie erfasst) treuwidrig gegenüber der Gesellschafter-Minderheit seien, nicht gegenüber der GmbH selbst. Ein methodischer Ansatz müsse bei Fehlen eines Unternehmensvertrages stets die Treuepflicht des Mehrheitsgesellschafters sein.[480] Abgesehen von einigen Schwächen bei der Ein-Personen-GmbH wirke sich die Treuepflicht,[481] die Haftung des gesetzlichen Vertreters der herrschenden Gesellschaft bei Erteilung nachteiliger Weisungen an die beherrschte GmbH, aus.[482]

Allerdings sprechen durchaus gute Gründe für eine analoge Anwendung der §§ 311 bis 317 AktG: Ein Verzicht auf einen Abhängigkeitsbericht begründe nicht schon die Erlaubnis, die abhängige GmbH zu schädigen.[483] Die Anwendung der §§ 311, 317 AktG analog gewährleiste einen Schutz der abhängigen Gesellschaft vor durch die herrschende Gesellschaft veranlassten Nachteilen im Konzerninteresse. Die Notwendigkeit eines Abhängigkeitsberichts spreche nicht gegen eine Analogie zu §§ 311, 317 AktG, da der Bericht lediglich dazu diene, die Einhaltung des Schädigungsverbots der §§ 311 AktG zu überprüfen. Auch bei einem isolierten Gewinnabführungsvertrag mit einer abhängigen AG befreit § 316 AktG von einem Abhängigkeitsbericht, weshalb dieser nicht maßgeblich für eine Analogie bei der GmbH sein könne.[484] Jedenfalls bei grober Fahrlässigkeit (parallel zu § 93 Abs. 5 S. 2 AktG) sei eine Haftung des beherrschenden Gesellschafters einer GmbH gerechtfertigt.[485] Eine Haftung nur nach § 826 BGB (wegen existenzvernichtenden Eingriffs) böte nicht den gleichen Schutz.[486]

Diese Ansicht überzeugt, da kein zwingendes (geschriebenes) GmbH-Recht einer Analogie entgegensteht und der abhängigen Gesellschaft ein weiteres und

479 Vgl. auch Beurskens, in: Baumbach/Hueck, Komm. z. GmbHG, 22. Aufl. 2019, Anhang: Die GmbH im Unternehmensverbund (GmbH-Konzernrecht), Rn. 46.

480 Beurskens, in: Baumbach/Hueck, Komm. z. GmbHG, 22. Aufl. 2019, Anhang: Die GmbH im Unternehmensverbund (GmbH-Konzernrecht), Rn. 16, 42, 46.

481 Vgl. ausführlich zur Treuepflicht: J.XII.1.

482 Lutter/Hommelhoff, in: Lutter/Hommelhoff, Komm. z. GmbHG, 19. Aufl. 2016, Anhang zu § 13 Rn. 39 ff.

483 Altmeppen, in: Münchn. Komm. z. AktG, Bd. 5, 4. Aufl. 2015, Vor § 311 Rn. 78 ff.; Altmeppen, in: Roth/Altmeppen, Komm. z. GmbHG, 9. Aufl. 2019, Anh. § 13 Rn. 167.

484 Altmeppen, in: Roth/Altmeppen, Komm. z. GmbHG, 9. Aufl. 2019, Anh. § 13 Rn. 168.

485 Altmeppen, in: Roth/Altmeppen, Komm. z. GmbHG, 9. Aufl. 2019, Anh. § 13 Rn. 171.

486 Altmeppen, in: Roth/Altmeppen, Komm. z. GmbHG, 9. Aufl. 2019, Anh. § 13 Rn. 170.

damit ein verglichen mit der gesellschaftsrechtlichen Treuepflicht stärkeres Instrumentarium zur Durchsetzung ihrer Ansprüche bei (zumindest grob fahrlässiger) Schädigung durch die herrschende Gesellschaft an die Hand gegeben wird. § 826 BGB erfasst lediglich den Worst Case, den existenzvernichtenden Eingriff. Weniger gravierende Eingriffe, die dennoch geeignet sind, die abhängige GmbH in eine Schieflage zu bringen, werden dann von den §§ 311 ff. AktG analog erfasst.

Im Ergebnis ist jedoch aufgrund des Meinungsstreits fraglich, ob die GmbH in der Praxis einen Anspruch gestützt auf § 317 AktG erfolgreich durchsetzen könnte.

4. § 317 Abs. 3 AktG

In Ergänzung zu § 317 Abs. 1 AktG begründet § 317 Abs. 3 AktG einen direkten Schadensersatzanspruch der abhängigen Gesellschaft gegen diejenigen gesetzlichen Vertreter der herrschenden Gesellschaft, von denen die Veranlassung zu der nachteiligen Maßnahme ausgegangen ist (Gesamtschuld).

5. Rechtsfolge

Rechtsfolge ist der Ausgleich des bei der abhängigen Gesellschaft durch die Veranlassung der nachteiligen Maßnahme entstandenen Schadens durch die herrschende Gesellschaft im Wege der Naturalrestitution, §§ 249 ff. BGB.[487]

6. Fazit

Der vorstehende Schadensersatzanspruch aus § 317 Abs. 1 S. 1 AktG ist geeignet übermäßig abgeführte Gewinne nach Beendigung des Gewinnabführungsvertrages im Wege des Schadensersatzes zurückzuerlangen, wenn lediglich ein isolierter Gewinnabführungsvertrag bestand, die herrschende Gesellschaft aber dennoch Einfluss auf die abhängige Gesellschaft genommen hat, einen überhöhten Gewinn auszuweisen.

Nach der hier vertretenen Ansicht kann auch die GmbH als abhängige Gesellschaft Schadensersatz aus § 317 Abs. 1 S. 1 AktG analog geltend machen.

---

487 Knoll, in: Schüppen/Schaub, Münchener AnwHDb. AktR, 3. Aufl. 2018, § 52 Rn. 127; Müller, in: Spindler/Stilz, Komm. z. AktG, 4. Aufl. 2019, § 317 Rn. 8.

V. Deliktischer Schadensersatzanspruch aus § 117 Abs. 1 S. 1 AktG i. V. m. § 31 BGB analog – missbräuchliche Ausnutzung der Einflussnahme auf die abhängige Gesellschaft

Mögliche Anspruchsgrundlage für eine Rückforderung übermäßig abgeführter Gewinne wäre auch der im Vertragskonzern selten vorkommende Schadensersatzanspruch aus § 117 Abs. 1 S. 1 AktG i. V. m. § 31 BGB analog wegen missbräuchlicher Ausnutzung der Einflussnahme auf die abhängige Gesellschaft. Dabei handelt es sich um einen deliktsrechtlichen Schadensersatzanspruch.[488]

§ 117 Abs. 1 S. 1 AktG ist eine Ersatznorm, die der abhängigen Gesellschaft gegenüber der herrschenden Gesellschaft wegen missbräuchlicher Einflussnahme auf bestimmte Organmitglieder oder Personen der abhängigen Gesellschaft zusteht. Zu diesen bestimmten Personen zählen Mitglieder des Vorstandes, des Aufsichtsrates, Prokuristen und Handlungsbevollmächtigte.

Allerdings gibt es einen Ausnahmetatbestand. Die Norm ist nicht einschlägig, wenn die handelnde Person aufgrund einer (rechtmäßigen, zulässigen)[489] Weisung im Rahmen eines bestehenden Beherrschungsvertrages gehandelt hat, § 117 Abs. 7 Nr. 1 AktG. Demnach fallen über den Rahmen des § 308 AktG hinausgehende Weisungen sowie Einflussnahme, Ausübung von Leitungsmacht bei Bestehen eines Beherrschungsvertrages und erst recht bei Fehlen eines Beherrschungsvertrages unter § 117 Abs. 1 S. 1 AktG.

1. Anspruchsentstehung

Ein Anspruch aus § 117 Abs. 1 S. 1 AktG würde für den konkreten Fall beispielsweise infrage kommen, wenn seitens der herrschenden Gesellschaft eine unzulässige bzw. rechtswidrige, nicht vom Umfang des § 308 AktG erfasste Einflussnahme auf die abhängige Gesellschaft oder gegenüber den von der Anspruchsgrundlage erfassten Personen bezüglich der Feststellung der Höhe der Gewinnabführung im Jahresabschluss ausgeübt worden wäre.

Der Gesellschaft müsste dadurch ein Schaden entstanden sein. Das wäre in der vorliegenden Fallkonstellation, wie bereits unter J.II.4. und J.III.1 dargestellt

---

488 Koch, in: Hüffer/Koch, Komm. z. AktG, 13. Aufl. 2018, § 117 Rn. 2.

489 Grigoleit/Tomasic, in: Grigoleit, Komm. z. AktG, 1. Aufl. 2013, § 117 Rn. 24; Spindler, in: Münch. Komm. z. AktG, Bd. 2, 5. Aufl. 2019, § 117 Rn. 69.

wurde, ein Schaden in Höhe der – nach Maßgabe der objektiv richtigen Bilanz –[490] übermäßig abgeführten Gewinne.

a) Vorsatz, Rechtswidrigkeit

Auf der subjektiven Tatbestandsseite ist erforderlich, dass die Einflussnahme vorsätzlich (bezüglich der Einflussnahme und der Schädigung) erfolgt. Bedingter Vorsatz ist ausreichend, grobe oder leichte Fahrlässigkeit nicht.[491] Das Verschulden desjenigen, der rechtswidrig Einfluss auf Organe der abhängigen Gesellschaft nimmt, muss der herrschenden Gesellschaft auch hier gem. § 31 BGB analog zugerechnet werden.

Die Rechtswidrigkeit ist bei Maßnahmen im Vertragskonzern, die sich außerhalb des Weisungsbegriffs bewegen, indiziert.[492]

2. Verzicht, Vergleich

§ 117 Abs. 4 AktG verweist auf § 93 Abs. 4 S. 3 und 4 AktG. Danach ist ein Verzicht oder Vergleich über einen solchen Anspruch erst drei Jahre nach Entstehung des Schadensersatzanspruchs oder früher im Fall der Zahlungsunfähigkeit oder während eines Insolvenzplanverfahrens möglich.

3. Verjährung

Die Verjährung eines deliktischen Schadensersatzanspruches nach § 117 Abs. 1 AktG würde gemäß § 117 Abs. 4 AktG nach fünf Jahren ab Entstehung des Anspruchs eintreten. Für die fälschlicherweise zu viel abgeführten Gewinne müsste einmal mehr gesehen werden, dass der Schaden bereits mit der Gewinnabführung aufgrund der falschen Bilanz entstanden ist. Der für die Gewinnabführung maßgebliche Zeitpunkt ist die objektiv richtige Bilanz zum Bilanzstichtag.[493]

4. Rechtsfolge

Ein etwaig entstandener Schaden der abhängigen Gesellschaft aufgrund einer übermäßigen Gewinnabführung, die durch eine in § 117 Abs. 1 S. 1 AktG

---

490 BGHZ 142, 382 = ZIP 1999, 1965 = NJW 2000, 210; bestätigt durch BGH NZG 2005, 481 = ZIP 2005, 854; siehe F.III. und F.VII.

491 Kropff, Begründung des Regierungsentwurfs zum AktG von 1965, S. 162.

492 Str., zum Streitstand: Prütting, in: ZGR 2015, 849 (872 f.).

493 Vgl. F.VII.

erfasste Person erfolgt ist, weil das herrschende Unternehmen Einfluss auf sie genommen hat, ist nach den §§ 249 ff. BGB zu ersetzen.[494]

5. Beweislast

Der abhängigen Gesellschaft obliegt die Beweislast für die anspruchsbegründenden Voraussetzungen. Jedoch können im Einzelfall Beweiserleichterungen aufgrund des typischen Geschehensablaufs oder der Tatsachennähe möglich sein bzw. bei entsprechendem Vorteil der herrschenden Gesellschaft kann eine Vermutung (durch Anscheinsbeweis) der Einflussnahme greifen.[495] Eine vollständige Beweislastumkehr, wie sie z. B. § 93 Abs. 2 S. 2 AktG vorsieht, ist wegen eines fehlenden gesetzlichen Anknüpfungspunktes dafür nicht einschlägig.[496]

6. Anspruchsverfolgung durch die GmbH

§ 117 AktG ist auf die GmbH nach herrschender Meinung nicht anwendbar. Es bleibt für die GmbH bei der Rechtsfigur des existenzvernichtenden Eingriffs.[497]

7. Konkurrenzen

§ 117 Abs. 1 AktG steht in Idealkonkurrenz zu § 309 AktG.[498] Beide Anspruchsgrundlagen sind einschlägig, wenn sonstige Leitungsmacht im Rahmen eines Beherrschungsvertrages ausgeübt wird.

8. Fazit

Auch der deliktische Ersatzanspruch aus § 117 Abs. 1 S. 1 AktG, § 31 BGB analog hilft für das im Fokus stehende Problem ebenfalls[499] nur in den Fällen, in denen ein Beherrschungsvertrag überhaupt besteht und Leitungsmacht ausgeübt

---

494 Schall, in: Spindler/Stilz, Komm. z. AktG, 4. Aufl. 2019, § 117 Rn. 26.

495 Leuering/Goertz, in: Hölters, Komm. z. AktG, 3. Aufl. 2017, § 117 Rn. 10; Koch, in: Hüffer/Koch, Komm. z. AktG, 13. Aufl. 2018, § 117 Rn. 7; Spindler, in: Münch. Komm. z. AktG, Bd. 2, 5. Aufl. 2019, § 117 Rn. 44. Dagegen: Schall, in: Spindler/Stilz, Komm. z. AktG, 4. Aufl. 2019, § 117 Rn. 26.

496 Leuering/Goertz, in: Hölters, Komm. z. AktG, 3. Aufl. 2017, § 117 Rn. 10.

497 Sven H. Schneider, in: Krieger/Schneider, Handbuch Managerhaftung, 3. Aufl. 2017, Vorstands- und Geschäftsführerhaftung im Konzern, § 8 Rn. 8.70.

498 Koppensteiner, in: Kölner Komm. z. AktG, 3. Aufl. 2004, § 309 Rn. 61.

499 Wie es auch bei der Heranziehung von § 309 Abs. 2, Abs. 1 AktG i. V. m. § 31 BGB der Fall ist.

wurde, die zu dem Schaden geführt hat. Eine abhängige GmbH kann sich nicht auf § 117 AktG stützen. Eine generelle Lösung der Frage, wonach übermäßig abgeführte Gewinne nach Beendigung des Gewinnabführungsvertrages zurückzufordern sind, bietet daher auch § 117 Abs. 1 S. 1 AktG i. V. m. § 31 BGB analog nicht.

VI. Ansprüche aus ungerechtfertigter Bereicherung, §§ 812 ff. BGB

Zivilrechtlich richtet sich die Rückabwicklung rechtsgrundloser Vermögensverschiebungen grundsätzlich nach dem Bereicherungsrecht.

Als Anspruchsgrundlage für eine Rückabwicklung übermäßig abgeführter Gewinne nach Beendigung eines Gewinnabführungsvertrages kann daher auch die bereicherungsrechtliche Vorschrift des § 812 Abs. 1 BGB herangezogen werden. Zum einen kommt eine rechtsgrundlose Bereicherung (dazu unter J.VI.1.c)) und zum anderen eine Bereicherung wegen Wegfalls des rechtlichen Grundes (dazu unter J.VI.1.d)) in Betracht.

1. Anspruch aus § 812 Abs. 1 BGB

Einige Autoren[500] weisen darauf hin, dass die zu viel abgeführten Gewinne aufgrund eines Bilanzierungsfehlers über § 812 BGB zurückerstattet werden könnten.

Die in der Literatur vorgeschlagenen Möglichkeiten einer Rückforderung nach § 812 Abs. 1 BGB (S. 1, 1. Alt, condictio indebiti, unter J.VI.1.c)) sollen nachstehend im Rahmen der Anspruchsprüfung nachvollzogen werden.

a) Etwas erlangt

Die herrschende Gesellschaft müsste etwas erlangt haben. Dazu genügt jeder vermögenswerte Vorteil, d. h. jede Verbesserung der Vermögenslage.

---

500 Goldschmidt/Laeger, in: NZG 2012, 1201 (1202); Servatius, in: Grigoleit, Komm. z. AktG, 1. Aufl. 2013, § 291 Rn. 66; Schubert, in: Heidel, Komm. z. Aktienrecht und Kapitalmarktrecht, 4. Aufl. 2014, § 301 Rn. 11 (ohne sich auf den Wegfall der Bereicherung berufen zu können); Neumann, in: Gosch, Komm. z. KStG, 3. Aufl. 2015, § 14 Rn. 540; Servatius, in: Michalski u. a., Komm. z. GmbHG, Bd. 1, 3. Aufl. 2017, System. Darst. 4, KonzernR Rn. 279.

Der Gewinn ist grundsätzlich durch tatsächliche Zahlung der abhängigen Gesellschaft an die herrschende Gesellschaft abzuführen.[501] Damit erlangt die herrschende Gesellschaft beispielsweise durch die Kontogutschrift einen werthaltigen Auszahlungsanspruch gegen die kontoführende Bank.

b) Durch Leistung

Dieses Erlangte muss durch Leistung erfolgt sein. Leistung definiert die ganz herrschende Meinung als bewusste und zweckgerichtete Mehrung fremden Vermögens.[502]

Der Leistungszweck besteht in der Erfüllung einer Verbindlichkeit bzw. der Befreiung davon.[503]

Die abhängige Gesellschaft erfüllt mit Abführung ihrer Gewinne genau die aus dem Gewinnabführungsvertrag, § 291 Abs. 1 S. 1, 2. Alt. AktG, resultierende Verpflichtung zur Gewinnabführung und somit eine ihr obliegende Verbindlichkeit. Sie mehrt dadurch zweckgerichtet das Vermögen der herrschenden Gesellschaft (solvendi causa).

c) Ohne rechtlichen Grund (§ 812 Abs. 1 S. 1, 1. Alt. BGB, condictio indebiti)

Die Leistung muss dann ohne Rechtsgrund erfolgt sein, § 812 Abs. 1 S. 1, 1. Alt. BGB. Bei der Leistungskondiktion kommt es – wie gezeigt – auf das Erreichen des Leistungszwecks an, die Erfüllung vertraglicher Pflichten ist Rechtsgrund.[504] Die condictio indebiti meint eine Leistung, die auf eine nicht bestehende Schuld erbracht wurde (Nichtschuld).[505]

Der Anspruch auf Gewinnabführung folgt aus dem Gewinnabführungsvertrag.[506] Die Vermögensmehrung des herrschenden Unternehmens erfolgt

---

501 Neumann, in: Gosch, Komm. z. KStG, 3. Aufl. 2015, § 14 Rn. 318b, der auch auf weitere in der Praxis gängige Erfüllungssurrogate hinweist, die die steuerliche Durchführung des Gewinnabführungsvertrages für die Anerkennung der steuerlichen Organschaft nicht gefährden.

502 BGHZ 40 272 (277); 58, 184 (188); Lorenz, in: Staudinger, Komm. z. BGB, Neubearbeitung 2007, § 812 Rn. 4.

503 Vgl. Lorenz, in: Staudinger, Komm. z. BGB, Neubearbeitung 2007, § 812 Rn. 5.

504 Buck-Heeb, in: Erman, Komm. z. BGB, 15. Aufl. 2017, § 812 Rn. 44; Lorenz, in: Staudinger, Komm. z. BGB, Neubearbeitung 2007, § 812 Rn. 5.

505 Buck-Heeb, in: Erman, Komm. z. BGB, 15. Aufl. 2017, § 812 Rn. 45.

506 Hennrichs, in ZHR 174 (2010), 683 (698).

aufgrund der vertraglich vereinbarten Gewinnabführungspflicht, allerdings grundsätzlich unter der Prämisse des § 301 S. 1 AktG für den Höchstbetrag. Rechtsgrund für die eigentliche Leistung ist somit der Gewinnabführungsvertrag mit dem Inhalt des § 301 S. 1 AktG.

Die abhängige Gesellschaft leistet, um Befreiung von der (bei falscher Bilanz zum Teil nur vermeintlichen) Verbindlichkeit aus dem Gewinnabführungsvertrag zu erlangen. Ohne Rechtsgrund erfolgt bei einer fehlerhaften Bilanz jedoch die Zahlung in Höhe der Differenz zwischen dem ursprünglich festgestellten und der objektiv richtigen Bilanz am Bilanzstichtag nachträglich zugunsten des der ehemals abhängigen Gesellschaft ausgewiesenen Jahresgewinns. Denn diese Differenz überschreitet den Höchstbetrag aus § 301 S. 1 AktG (höchstens der ohne die Gewinnabführung entstehende Jahresüberschuss, vermindert um einen Verlustvortrag aus dem Vorjahr, um den Betrag, der nach § 300 AktG in die gesetzlichen Rücklagen einzustellen ist, und den nach § 268 Abs. 8 HGB ausschüttungsgesperrten Betrag), der Grenze für den abzuführenden Gewinn, bis zu der die Gewinnabführung mit Rechtsgrund erfolgen kann.

Da die gesetzliche Grenze des § 301 S. 1 AktG nach der Ansicht, die übermäßig abgeführte Gewinne nach § 812 BGB zurückfordern möchte, ein Verbotsgesetz i. S. v. §134 BGB ist,[507] leistet die abhängige Gesellschaft in der Höhe dieser Differenz damit auf eine sog. Nichtschuld.

Damit erfüllt eine über die Grenzen des § 301 AktG hinausgehende Gewinnabführung die Tatbestandsmerkmale des § 812 Abs. 1 S. 1, 1. Alt. BGB, der condictio indebiti.

d) Wegfall des rechtlichen Grundes (§ 812 Abs. 1 S. 2, 1. Alt., condictio ob causam finitam)

Fraglich ist, ob aufgrund einer zwischenzeitlichen Beendigung eines Gewinnabführungsvertrages § 812 Abs. 1 S. 2, 1. Alt. BGB, die condictio ob causam finitam, für eine Rückforderung übermäßig abgeführter Gewinne greift. Danach ist eine Leistung rechtsgrundlos, wenn die Causa zwar zur Zeit der Vermögensverschiebung bestand, aber zu einem späteren Zeitpunkt weggefallen ist.[508]

Der Rechtsgrund der Gewinnabführungspflicht war in solchen Fällen, in denen eine überhöhte Gewinnabführung aufgrund von Bilanzierungsfehlern erfolgt, ursprünglich der Gewinnabführungsvertrag mit dem Inhalt des § 301

507 Servatius, in: Grigoleit, Komm. z. AktG, 1. Aufl. 2013, § 291 Rn. 66.
508 Stadler, in: Jauernig, Komm. z. BGB, 17. Aufl. 2018, § 812 Rn. 14.

S. 1 AktG bezüglich des Höchstbetrages. Wenn sich nach Beendigung eines Gewinnabführungsvertrages herausstellt, dass während der Vertragsdauer zu viel Gewinn abgeführt wurde, mithin die Grenze des § 301 S. 1 AktG überschritten wurde, ist dies bereits zum damaligen Zeitpunkt ohne Rechtsgrund erfolgt, da die objektive Bilanz bereits zum Bilanzstichtag nach der hier vertretenen Ansicht für die Höhe der Gewinnabführung maßgeblich ist.[509] Mithin ist der Rechtsgrund nicht erst mit Beendigung des Gewinnabführungsvertrages weggefallen, vielmehr bestand ein solcher in Höhe der Differenz zwischen tatsächlich über der Grenze des § 301 AktG hinaus abgeführten und dem sich in den Grenzen des § 301 AktG bewegenden Gewinns nie.

Die condictio ob causam finitam passt daher nicht für die in Rede stehende Fallgestaltung.

2. Herausgabe der Bereicherung

Rechtsfolge ist die Herausgabe der Bereicherung nach den §§ 812 ff. BGB. Eine Herausgabe in Natur, wie es § 812 verlangt, ist im Fall übermäßig abgeführter Gewinne nicht mehr möglich. Zu ersetzen ist daher gem. § 818 Abs. 2 BGB der objektive Wert des Erlangten zuzüglich Zinsen.[510]

3. Entreicherung, § 818 Abs. 3 BGB

Fraglich ist, ob die herrschende Gesellschaft sich bei einer Inanspruchnahme nach § 812 Abs. 1 S. 1, 1. Alt BGB durch die abhängige Gesellschaft auf Entreicherung berufen könnte, soweit die Voraussetzungen dafür vorlägen, § 818 Abs. 3 BGB.

Grundsätzlich kann sich derjenige, der mit einem Anspruch aus § 812 Abs. 1 BGB konfrontiert wird und Wertersatz zu leisten hat (vgl. § 818 Abs. 2 BGB), auf Entreicherung nach § 818 Abs. 3 BGB berufen. Danach ist die Verpflichtung zur Herausgabe oder zum Ersatz des Wertes ausgeschlossen, soweit der Empfänger nicht mehr bereichert ist.

Im Kapitalgesellschaftsrecht ist dies jedoch problematisch. Überwiegend Einigkeit besteht darüber, dass §§ 818 ff BGB auf kapitalgesellschaftsrechtliche Vorschriften (wie z. B. § 62 AktG), die der Kapitalerhaltung dienen, nicht

---

509 Vgl. F.VII.

510 Zur Verzinsung des Rückzahlungsanspruchs vgl. Abschnitt L.I.

anwendbar ist.[511] Oberstes Gebot ist die Kapitalerhaltung bzw. die Erhaltung des Stammkapitals.

Würde nun in kapitalgesellschaftsrechtlichen Zusammenhängen im Rahmen unternehmensvertraglicher Verbindungen nach § 291 AktG eine Rückforderung nach §§ 812 ff. BGB zugelassen, mit der Folge, dass der Schuldner sich auf Entreicherung berufen kann – was er bei einer Inanspruchnahme nach § 62 AktG unstreitig nicht könnte (vgl. dazu näher unter J.VII.) –, wäre dies eine Umgehung zulasten der Kapitalerhaltung, die nicht hingenommen werden kann. Daher dürfte es nach Ansicht der Verfasserin in kapitalgesellschaftsrechtlichen Fallkonstellationen nicht möglich sein, die Einrede der Entreicherung erheben zu können.

4. Kenntnis der Nichtschuld (§ 814 BGB)

Um eine Rückforderung übermäßig abgeführter Gewinne nach § 812 Abs. 1 BGB zu erreichen, muss die abhängige Gesellschaft sich unter Umständen den – theoretisch möglichen – Ausschlussgrund der Leistung in Kenntnis der Nichtschuld aus § 814 BGB gefallen lassen. § 814 BGB gilt nur für Bereicherungsansprüche aufgrund von Leistungen zum Zwecke der Erfüllung einer Verbindlichkeit, die im Zeitpunkt der Leistung in Wirklichkeit nicht bestand.[512] Dies wäre der Fall, wenn die abhängige Gesellschaft Gewinne in einer Höhe abführt, die den Höchstbetrag des § 301 S. 1 AktG übersteigen.

In subjektiver Hinsicht erfordert § 814 BGB positive Kenntnis der Rechtslage im Zeitpunkt der Leistung.[513] Eine Unkenntnis, die auf grober Fahrlässigkeit beruht, und ein bloßes Kennenmüssen genügen nicht.[514]

Die abhängige Gesellschaft trägt als Gläubiger des Kondiktionsanspruches die Beweislast für die nicht bestehende Verbindlichkeit, das Leisten gerade auf diese vermeintliche Verbindlichkeit sowie für eine Leistung unter Vorbehalt.[515] Die herrschende Gesellschaft trägt als Empfängerin des Geleisteten die Beweislast für die der Kondiktion entgegenstehende Kenntnis der abhängigen Gesellschaft.[516]

511 Henze, in: Großkomm. z. AktG, 4. Aufl. 2005., § 62 Rn. 59; Fleischer, in: K. Schmidt/Lutter, 3. Aufl. 2015, § 62 Rn. 20 m. w. N.; Koch, in: Hüffer/Koch, Komm. z. AktG, 13. Aufl. 2018, § 62 Rn. 9; Brandes, in: Liber Amicorum f. Martin Winter, 43 (51).

512 Stadler, in: Jauernig, Komm. z. BGB, 17. Aufl. 2018, § 814 Rn. 2.

513 BGH NJW 1997, 2381 (2382).

514 BGH WM 1972, 283.

515 Schwab, in: Münchn. Komm. z. BGB, 7. Aufl. 2017, § 814 Rn. 23.

516 Schwab, in: Münchn. Komm. z. BGB, 7. Aufl. 2017, § 814 Rn. 23.

Die Kenntnis etwaiger Bilanzierungsfehler eines Stellvertreters oder Organs der Gesellschaft wird der abhängigen Gesellschaft analog § 166 BGB zugerechnet.[517]

5. Verjährung

Die Ansprüche aus § 812 Abs. 1 BGB unterliegen der regelmäßigen Verjährungsfrist des § 195 BGB. Der Verjährungsbeginn ist in § 199 Abs. 1 BGB geregelt. Neben der Fälligkeit des Anspruchs ist es erforderlich, dass der Gläubiger die anspruchsbegründenden Umstände kannte oder infolge grober Fahrlässigkeit nicht kannte. Ansprüche nach § 812 BGB verjähren demnach innerhalb von drei Jahren mit dem Schluss des Jahres, in dem die abhängige Gesellschaft Kenntnis von den anspruchsbegründenden Umständen und der Person des Schuldners erlangt.

Ohne Rücksicht auf die Kenntnis oder die grob fahrlässige Unkenntnis verjährt der Anspruch aus § 812 Abs. 1 BGB in zehn Jahren von seiner Entstehung an, § 199 Abs. 4 BGB.

6. Fazit

Grundsätzlich bleibt festzuhalten, dass der Anspruch aus § 812 Abs.1 BGB zwar eine mögliche Rückforderungsnorm ist, da die Tatbestandsvoraussetzung einer rechtsgrundlosen Bereicherung aus § 812 Abs. 1 S. 1, 1. Alt. BGB erfüllt sind.

Allerdings liegen die im Folgenden zu prüfenden spezifisch aktienrechtlichen Ansprüche aus § 62 AktG sowie § 302 AktG analog aufgrund ihrer Verankerung im Aktienrecht selbst und der Berücksichtigung der Kapitalerhaltung als oberstes Gebot des Kapitalgesellschaftsrechts näher.

Diese Ansprüche sind spezieller, weil sie zum einen Unternehmensverbindungen (§ 302 AktG) erfassen und zum anderen eine solche Konstellation, bei der der eine Vertragsteil eine Aktionärsstellung des anderen Vertragsteils innehat (§ 62 AktG), wie dies bei Gewinnabführungsverträgen üblicherweise der Fall ist. Auch schützen diese gerade das sowohl im Aktienrecht (§§ 300, 301, 57 AktG) als auch im GmbH-Recht (§§ 30, 31 GmbHG) im Vordergrund stehende Gebot der Kapitalerhaltung und suspendieren Verstöße dagegen. Genau das berücksichtigt das Bereicherungsrecht nicht im gleichen Ausmaß. Zum einen ist das Bereicherungsrecht im höchsten Maße Billigkeitsrecht und zum anderen ist das Telos des Bereicherungsrechts – neben dem Ausgleich rechtsunwirksamer

---

517 Schwab, in: Münchn. Komm. z. BGB, 7. Aufl. 2017, § 814 Rn. 23.

Vermögensverschiebungen –, dass lediglich eine Abschöpfung tatsächlich noch vorhandener Bereicherung und kein Eingriff in das Stammvermögen des Rückgewährschuldners stattfindet. Auf den Grundsatz der Kapitalerhaltung nimmt das Bereicherungsrecht daher keine Rücksicht. Damit verdrängen die die Kapitalerhaltung berücksichtigenden aktienrechtlichen Ansprüche diejenigen aus §§ 812 ff. BGB im Wege der Spezialität.

Ein Rückgriff auf das allgemeine Zivilrecht und damit auf § 812 BGB ist lediglich denkbar und auch nur gegenüber § 62 AktG und nicht gegenüber § 302 AktG analog vorzugswürdig, wenn die herrschende Gesellschaft einmal nicht Aktionärin der abhängigen Gesellschaft ist.[518] Dies kommt praktisch allerdings kaum vor.[519]

Auch kann sich die herrschende Gesellschaft bei Inanspruchnahme auf Entreicherung berufen, wenn sie die abgeführten Scheingewinne bereits verwendet hat. Dies kann das Anfangsvermögen der ehemals abhängigen Gesellschaft erheblich schmälern, was nicht mit dem Grundgedanken der §§ 300 bis 303 AktG vereinbar ist.

Schließlich bietet die Regelverjährung, der der Anspruch nach § 812 Abs. 1 BGB unterliegt, in Höhe von drei Jahren verglichen mit den aktienrechtlichen Ansprüchen aus § 62 AktG und § 302 AktG analog wenig Schutz für die abhängige Gesellschaft, weil danach Ansprüche erheblich – bis zu sieben Jahre – früher verjähren können.

VII. Anspruch aus § 62 AktG

Als Rechtsfolge einer gegen § 301 AktG verstoßenden Gewinnabführung wird des Weiteren vertreten, dass die abhängige gegen die herrschende Gesellschaft einen verschuldensunabhängigen Rückforderungsanspruch aus § 62 Abs. 1 S. 1 AktG hat.[520]

§ 62 AktG regelt den selbständigen Rückgewähranspruch der Gesellschaft gegen ihre Aktionäre beim Empfang verbotener Leistungen. Er dient, wie auch die §§ 57 und 71 ff. AktG, dem Grundsatz der Kapitalerhaltung.[521]

518 Koppensteiner, in: Kölner Komm. z. AktG, 3. Aufl. 2004, § 301 Rn. 24.

519 Koppensteiner, in: Kölner Komm. z. AktG, 3. Aufl. 2004, § 301 Rn. 24.

520 LG Bonn, AG 2006, 465; Koppensteiner, in: Kölner Komm. z. AktG, 3. Aufl. 2004, § 301 Rn. 24; Hirte, in Großkomm. z. AktG, 4, Aufl. 2013, § 301 Rn. 25; Hennrichs, in: ZHR 174 (2010), 683 (700); Mylich, in: AG 2011, 765 (772 ff.); Brandes, in: Liber Amicorum für Martin Winter, 43 (51 ff.); Gärtner, in: AG 2014, 793 (798 ff.).

521 Fleischer, in: K. Schmidt/Lutter, Komm. z. AktG, 3. Aufl. 2015, § 62 Rn. 1; Koch, in: Hüffer/Koch, Komm. z. AktG, 13. Aufl. 2018, § 62 Rn. 1.

Der Rückgewähranspruch des § 62 Abs. 1 S.1 AktG ist nach dem Vorbild des § 346 BGB gestaltet.[522] Da der Anspruch ein spezifisch *„aktienrechtlicher Rückgewähranspruch“*[523] ist, setzt er kein Verschulden voraus und ist zudem auch nicht den Schwächen des Bereicherungsrechts ausgesetzt (§§ 814, 817 S. 2, 818 Abs. 3 BGB).[524]

1. Anwendbarkeit der Norm – Verdrängung durch das Konzernrecht?

Theoretisch denkbar wäre, dass sich die Vorschrift des § 62 AktG, die im ersten Buch des Aktiengesetzes verortet ist, auch nur auf die Rechtsverhältnisse der Gesellschaft und der Gesellschafter, die im ersten Buch des Aktiengesetzes niedergeschrieben sind, bezieht und nicht auf solche der verbundenen Unternehmen im dritten Buch des Aktiengesetzes. Jedoch ist für eine Einschränkung des Wortlautes dahingehend, dass nicht jegliche aktienrechtliche Vorschrift mit *„Vorschriften dieses Gesetzes“* erfasst sein soll, sondern nur die Vorschriften des ersten Buches des Aktiengesetzes und nicht diejenigen über die verbundenen Unternehmen, kein Anhaltspunkt erkennbar.

Bezzenberger[525] setzt sich in seiner Habilitationsschrift ebenfalls mit einem ähnlichen Gedankenansatz auseinander. Er untersucht, ob die allgemeinen Regeln über die Vermögensbindung neben den konzernrechtlichen Ausgleichs- und Haftungsregeln (§ 311 ff. AktG) gelten.[526] Er spricht sich für einen grundsätzlichen Vorrang des Konzernrechts vor der allgemeinen Vermögensbindung aus:

Während der Dauer des (hier) faktischen Konzernverhältnisses seien die konzernrechtlichen Sonderbestimmungen zum Nachteilsausgleich vorrangig (§ 311 Abs. 2 AktG, § 317 AktG, die nur bei einem isolierten Gewinnabführungsvertrag zum Tragen kommen). Mit Ablauf des Geschäftsjahres entstehe gegen die herrschende Gesellschaft ein Schadensersatzanspruch nach § 317 AktG, mit dem

---

522 Kropff, Begründung des Regierungsentwurfs zum AktG von 1965, S. 83.

523 Fleischer, in: K. Schmidt/Lutter, Komm. z. AktG, 3. Aufl. 2015, § 62 Rn. 5 m. w. N.

524 BGH NJW 1999, 2524 (2526); NJW 2013 1743; NZG 2016, 1182; Drygala, in: Kölner Komm. z. AktG, Bd. 1, 3. Aufl. 2011, § 62 Rn. 16; Bayer, in: Münchn. Komm. z. AktG, Bd. 1, 4. Aufl. 2016, § 62 Rn. 8; Koch, in: Hüffer/Koch, Komm. z. AktG, 13. Aufl. 2018, § 62 Rn. 1.

525 Bezzenberger, Tilman, deutscher Rechtswissenschaftler und Professor für Bürgerliches Recht, Gesellschaftsrecht und Europäisches Zivilrecht.

526 Bezzenberger, Das Kapital der Aktiengesellschaft. Kapitalerhaltung, Vermögensbindung, Konzernrecht, S. 326 ff.

(finanzielle) Nachteile, die die abhängige Gesellschaft während des Geschäftsjahres aufgrund Veranlassung der herrschenden Gesellschaft erlitten hat, ausgeglichen werden.[527] Ein Rückgriff auf den aktienrechtlichen Vermögensanspruch aus § 62 AktG sei verfehlt. Allerdings greife der *„verdrängende Vorrang der Konzernregeln vor der allgemeinen Vermögensbindung"* nur bei einer Nachteilsveranlassung, nicht bei der Zuwendung von Vorteilen aus eigenem Antrieb, dann sollen die §§ 57, 62 AktG greifen. Dies käme allerdings praktisch kaum vor, da der Begriff der Veranlassung weit auszulegen sei und der Schuldnerin des Anspruchs erhebliche Beweiserleichterungen gewährt würden.

Zur Rechtslage nach Ablauf des Ausgleichszeitraums des § 311 Abs. 2 S. 1 AktG genüge ebenfalls die Schadensersatzpflicht des herrschenden Unternehmens, ein Rückgriff auf § 62 AktG sei nicht erforderlich. Durch die erheblichen Beweiserleichterungen sei eine Nachteilsveranlassung durch die herrschende Gesellschaft von Vorteil, weil nach seiner Ansicht auch der allgemeine Rückgewähranspruch aus § 62 AktG eine durch die Mitgliedschaft bedingte Vermögenszuwendung voraussetze.[528]

Dem ist nicht zuzustimmen. Für den Fall, dass die herrschende Gesellschaft keine Veranlassung zu einer nachteiligen Vermögenszuwendung an sich selbst gegeben hat, können die §§ 311 bis 317 AktG nicht greifen. Dazu findet sich im Gesetz kein Anhaltspunkt. Daher wird § 62 AktG nicht durch die konzernrechtlichen Ausgleichs- und Haftungsbestimmungen verdrängt, wenn keine Veranlassung einer Vermögenszuwendung durch die herrschende Gesellschaft an sich stattgefunden hat.

Schließlich ist § 62 AktG eine Anspruchsgrundlage, die sich auf die nicht beherrschte AG bezieht. Einer Anwendung dieser Norm im Vertragskonzern steht auch § 291 Abs. 3 AktG nicht entgegen.[529]

Im Folgenden wird geprüft, ob § 62 AktG als mögliche Anspruchsgrundlage der abhängigen Gesellschaft gegenüber der herrschenden für die Rückforderung übermäßig abgeführter Gewinne nach Beendigung eines Gewinnabführungsvertrages dienen kann.

527 Bezzenberger, Das Kapital der Aktiengesellschaft. Kapitalerhaltung, Vermögensbindung, Konzernrecht, S. 329.

528 Bezzenberger, Das Kapital der Aktiengesellschaft. Kapitalerhaltung, Vermögensbindung, Konzernrecht, S. 332.

529 Mylich, in: AG 2011, 765 (772).

2. Empfang von Leistungen

Der nach § 62 Abs. 1 S. 1 AktG geforderte Empfang von Leistungen beinhaltet einen weit gefassten Leistungsbegriff.[530] Jede vermögenswerte Zuwendung ist eine Leistung, die auch unter § 57 AktG fallen würde und mithin Gegenstand einer Einlagenrückgewähr sein kann.[531] Somit sind Geldleistungen erfasst und sowohl die grundsätzliche Abführung als auch die übermäßige Abführung von Gewinnen (Scheingewinnen) stellen vermögenswerte Zuwendungen, mithin eine Leistung, dar.

3. Entgegen den Vorschriften des Aktiengesetzes

Der Gesellschaft sind solche Leistungen zurückzugewähren, die entgegen den Vorschriften des Aktiengesetzes empfangen wurden, § 62 Abs. 1 S. 1 AktG. Erfasst werden vornehmlich das Verbot der Einlagenrückgewähr aus § 57 AktG, Dividendenabschläge (§ 59 AktG) sowie Dividendenzahlungen ohne wirksamen Gewinnverwendungsbeschluss, § 174 AktG.[532] Bei Bestehen eines Gewinnabführungsvertrages entspricht die Gewinnabführung an die herrschende Gesellschaft funktional der ansonsten auszuzahlenden Dividende zugunsten der Aktionäre.[533]

Für den hier diskutierten Fall, dass eine Gewinnabführung den Höchstbetrag des § 301 S. 1 AktG überschritten hat und dies sich erst im Nachhinein herausstellt, liegt mithin ein Verstoß gegen die zwingende aktienrechtliche Vorschrift des § 301 S.1 AktG in Höhe des zu viel bezahlten Betrages vor.

4. Gläubiger des Anspruchs

Gläubiger des Anspruchs ist die (Aktien-)Gesellschaft. Der § 62 Abs. 2 S. 1 AktG widerspricht dem nicht. Er ist lediglich eine prozessuale Vorschrift, die die Klagebefugnis der Gesellschaftsgläubiger im Rahmen der Prozessstandschaft regelt.[534]

---

530 Cahn, in: Spindler/Stilz, Komm. z. AktG, 4. Aufl. 2019, § 62 Rn. 5.

531 Laubert, in: Hölters, Komm. z. AktG, 3. Aufl. 2017, § 62 Rn. 9; Cahn, in: Spindler/Stilz, Komm. z. AktG, 4. Aufl. 2019, § 62 Rn. 5.

532 Drygala, in: Kölner Komm. z. AktG, Bd. 1, 3. Aufl. 2011, § 62 Rn. 45; Fleischer, in: K. Schmidt/Lutter, Komm. z. AktG, 3. Aufl. 2015, § 62 Rn. 7; Bayer, in: Münchn. Komm. z. AktG, Bd. 1, 4. Aufl. 2016, § 62 Rn. 36, 66.

533 Hennrichs, in: ZHR 174 (2010), 683 (700).

534 Fleischer, in: K. Schmidt/Lutter, Komm. z. AktG, 3. Aufl. 2015, § 62 Rn. 8; Koch, in: Hüffer/Koch, Komm. z. AktG, 13. Aufl. 2018, § 62 Rn. 3.

An dieser Stelle muss jedoch beachtet werden, dass eine GmbH als abhängige Gesellschaft nicht Gläubigerin des Anspruchs sein kann.[535] Auch eine analoge Anwendung scheidet mangels planwidriger Regelungslücke aus.[536] Das GmbH-Recht enthält mit § 31 GmbHG zum einen bereits originär eine ähnliche Regelung, zum anderen weicht dieser aber auch von ihr ab und ist vor allem erschöpfend, weshalb in diesem Fall für eine Übertragung der aktienrechtlichen Vorschrift auf die GmbH im Konzern zwingendes GmbH-Recht entgegensteht.[537]

5. Schuldner des Anspruchs

a) Aktionärseigenschaft

Schuldner des Anspruchs sind Aktionäre, die Leistungen empfangen haben, die gegen das Aktiengesetz verstoßen, § 62 Abs. 1 S. 1 AktG. Die Aktionärseigenschaft muss im Zeitpunkt des Leistungsempfangs bestanden haben.[538] Bei Geltendmachung des Anspruchs hingegen ist die Aktionärseigenschaft keine Voraussetzung mehr,[539] auch nach Beendigung der Aktionärseigenschaft bleibt § 62 AktG die Anspruchsgrundlage für den Rückgewähranspruch verbotswidrig empfangener Leistungen.[540]

---

535 Vgl. bereits die Ausführungen unter D.II.2.; BGH NJW 1977, 1449 (1451); Henze, in: Großkomm. z. AktG, 4. Aufl. 2005, § 62 Rn. 10; Drygala, in: Kölner Komm. z. AktG, Bd. 1, 3. Aufl. 2011, § 62 Rn. 10, 15; Fleischer, in: K. Schmidt/Lutter, Komm. z. AktG, 3. Aufl. 2015, § 62 Rn. 3; Bayer, in: Münch. Komm. z. AktG, 4. Aufl. 2016, § 62 Rn. 7.

536 BGH NJW 1977, 1449 (1451); Drygala, in: Kölner Komm. z. AktG, Bd. 1, 3. Aufl. 2011, Bd. 1, § 62 Rn. 15; Fleischer, in: K. Schmidt/Lutter, Komm. z. AktG, 3. Aufl. 2015, § 62 Rn. 3; Bayer, in: Münchn. Komm. z. AktG, 4. Aufl. 2016, § 62 Rn. 7.

537 BGH NJW 1977, 1449 (1451); Henze, in: Großkomm. z. AktG, 4. Aufl. 2005, § 62 Rn. 10; Drygala, in: Kölner Komm. z. AktG, Bd. 1, 3. Aufl. 2011, § 62 Rn. 15; Fleischer, in: K. Schmidt/Lutter, Komm. z. AktG, 3. Aufl. 2015, § 62 Rn. 3; Bayer, in: Münchn. Komm. z AktG, 4. Aufl. 2016, § 62 Rn. 7.

538 Henze, in: Großkomm. z. AktG, 4. Aufl. 2005, § 62 Rn. 21; Drygala, in: Kölner Komm. z. AktG, Bd. 1, 3. Aufl. 2011, § 62 Rn. 21; Drinhausen, in: Heidel, Komm. z. Aktienrecht und Kapitalmarktrecht, 4. Aufl. 2014, § 62 Rn. 8; Koch, in: Hüffer/Koch, Komm. z. AktG, 13. Aufl. 2018, § 62 Rn. 4; Cahn, in: Spindler/Stilz, Komm. z. AktG, 4. Aufl. 2019, § 62 AktG Rn. 8.

539 Laubert, in: Hölters, Komm. z. AktG, 3. Aufl. 2017, § 62 Rn. 5; Bayer, in: Münchn. Komm. z. AktG, 4. Aufl. 2016, § 62 Rn. 13.

540 Bayer, in: Münchn. Komm. z. AktG, 4. Aufl. 2016, § 62 Rn. 13; Cahn, in: Spindler/Stilz, Komm. z. AktG, 4. Aufl. 2019, § 62 AktG Rn. 8.

b) *Zur Aktionärseigenschaft der herrschenden Gesellschaft im Vertragskonzern*

Das ehemals herrschende Unternehmen musste damit im Zeitpunkt der die Grenze des § 301 S. 1 AktG übersteigenden Übermaßabführung Aktionär der abhängigen Gesellschaft (diese wiederum darf keine GmbH sein)[541] gewesen sein, damit für diese eine Anspruchsverfolgung gem. § 62 AktG möglich ist.

Die Aktionärseigenschaft des § 62 Abs. 1 S. 1AktG ist sehr weit gefasst.

Die herrschende Gesellschaft ist im Unternehmensvertragskonzern meistens Aktionärin/Gesellschafterin ihrer beherrschten Gesellschaft. Bei verbundenen Unternehmen werden darüber hinaus jedoch im Rahmen des § 57 Abs. 1 S. 1 AktG sogar Leistungen an Dritte, die dem Aktionär zuzurechnen sind, und Zuwendungen an mit dem Aktionär verbundene Unternehmen erfasst,[542] obwohl der Wortlaut lediglich von *„den Aktionären"* spricht. Dies gilt auch im Rahmen des § 62 Abs. 1 S. 1 AktG und stellt einen dem unmittelbaren Aktionär zurechenbaren Drittempfang dar.[543] Und zwar dann, wenn ein mit ihm verbundenes Unternehmen (auch Schwester- oder Tochterunternehmen) die Leistung empfangen hat.[544]

Diese Umstände müssen andererseits jedoch mindestens gegeben sein, damit eine Leistung von § 62 Abs. 1 S. 1 AktG erfasst wird.

Die zwingende Aktionärseigenschaft führt dazu, dass § 62 Abs. 1 S. 1 AktG solche Fälle nicht erfasst, bei denen ein Gewinnabführungsvertrag mit einer Gesellschaft geschlossen wurde, die keine Aktionärin der beherrschten Gesellschaft ist. Die Verträge des § 291 Abs. 1 AktG werden in aller Regel, aber nicht notwendigerweise mit einem (Mehrheits-)Aktionär abgeschlossen.[545]

Für den zwar nicht üblichen,[546] aber theoretisch möglichen Fall, dass die herrschende Gesellschaft eines Unternehmensvertrages doch konzernfremde Vertragspartnerin wäre, wäre § 62 Abs. 1 S. 1 AktG wegen fehlender Aktionärseigenschaft nicht die passende Anspruchsgrundlage für die Rückforderung übermäßig abgeführter Gewinne.

---

541 Vgl. J.VII.4.

542 Fleischer, in: K. Schmidt/Lutter, Komm. z. AktG, 3. Aufl. 2015, § 57 Rn. 31.

543 Fleischer, in: K. Schmidt/Lutter, Komm. z. AktG, 3. Aufl. 2015, § 62 Rn. 10.

544 Bayer, in: Münchn. Komm. z. AktG, 4. Aufl. 2016, § 62 Rn. 22 f; Cahn, in: Spindler/Stilz, Komm. z. AktG, 4. Aufl. 2019, § 62 Rn. 18 f.

545 Kropff, Begründung des Regierungsentwurfs zu § 291 AktG von 1965, S. 377 f.

546 So Brandes, in: Liber Amicorum für Martin Winter, 2011, 43 (56), der keinen Fall aus der Praxis kennt.

6. Ausschluss: Gutgläubiger Bezug von Gewinnanteilen

Fraglich ist, ob sich die herrschende Gesellschaft auf einen gutgläubigen Bezug von Gewinnanteilen nach § 62 Abs. 1 S. 2 AktG berufen kann. Dieser schließt einen Rückgewähranspruch von Gewinnanteilen aus, wenn der Aktionär gutgläubig war.

a) Für die Möglichkeit einer Berufung auf die Gutgläubigkeit nach § 62 Abs. 1 S. 2 AktG

Einerseits wird vertreten, dass im Vertragskonzern – trotz der einhelligen Auffassung, dass nur Dividendenzahlungen aufgrund von Gewinnverwendungsbeschlüssen von § 62 Abs. 1 S. 2 AktG privilegiert sind[547] – die Gewinnabführung der abhängigen Gesellschaft an das herrschende Unternehmen an die Stelle der Dividendenzahlung tritt.[548] Daher würde die Gutgläubigkeit auch im Fall des Vertragskonzerns eine Rückforderungsmöglichkeit gegenüber dem herrschenden Unternehmen analog ausschließen.[549] Analog deshalb, weil sich der Gesetzeswortlaut nur auf Dividenden beziehe („*Gewinnanteile*").[550]

Der Gesetzeswortlaut spricht zusätzlich sowohl von Kenntnis als auch fahrlässiger Unkenntnis, auf die sich die herrschende Gesellschaft – zumindest bei gleichzeitigem Bestehen eines Beherrschungsvertrages wegen der beherrschenden Stellung – meist nicht berufen kann. Daher wäre die Gutglaubensvorschrift kein großes Hindernis für die abhängige Gesellschaft. Die Beweislast dahingehend trägt in dem Fall jedoch die abhängige Gesellschaft. Kenntnis oder fahrlässige Unkenntnis der herrschenden Gesellschaft müsste sie beweisen, denn diese wäre für sie, die abhängige Gesellschaft, eine günstige Tatsache.[551]

---

547 Drygala, in: Kölner Komm. z. AktG, Bd. 1, 3. Aufl. 2011, § 62 Rn. 36; Fleischer, in: K. Schmidt/Lutter, Komm. z. AktG, 3. Aufl. 2015, § 62 Rn. 7; Bayer, in: Münchn. Komm. z. AktG, Bd. 1, 4. Aufl. 2016, § 62 Rn. 36, 66.

548 Hennrichs, in: ZHR 174 (2010), 683 (700).

549 Hennrichs, in: ZHR 174 (2010), 683 (700); Mylich, in: AG 2011, 765 (774); Brandes, in: Liber Amicorum für Martin Winter, 43 (55).

550 Brandes, in: Liber Amicorum für Martin Winter, 43 (55).

551 Vgl. Koch, in: Hüffer/Koch, Komm. z. AktG, 13. Aufl. 2018, § 62 Rn. 14.

b) *Gegen die Möglichkeit einer Berufung auf Gutgläubigkeit nach § 62 Abs. 1 S. 2 AktG*

Andererseits wird vertreten, § 62 Abs. 1 S. 2 AktG sei ausschließlich auf Dividendenzahlungen (§174 AktG) und Abschläge (§ 59 AktG) anwendbar und gerade nicht auf Leistungen aufgrund einer schuldrechtlichen Sonderverbindung, wie es der Abschluss eines Gewinnabführungsvertrages ist.[552]

Die Norm soll grundsätzlich dem einzelnen Aktionär dienen, der keinen so tiefen Einblick in die einzelnen Bilanzierungsvorgänge hat.[553] Im Rahmen von Unternehmensverbindungen hat die herrschende Gesellschaft hingegen einen tieferen Einblick in die Bücher der abhängigen Gesellschaft und womöglich hat es auch entsprechende Bilanzierungsanweisungen gegeben, weshalb eine Gutgläubigkeit bereits tatbestandlich ausscheiden wird.[554]

c) *Stellungnahme*

Letzterer Ansicht ist im Ergebnis zuzustimmen. Es ist nicht ersichtlich, woran der gute Glauben bei der Gewinnverwendung anknüpfen kann. Die Gewinnabführung ist kein wie von § 62 Abs. 1 S. 2 AktG vorausgesetzter Gewinnanteil. Anknüpfungspunkt für die Gutgläubigkeit des einzelnen Aktionärs ist die Berechtigung, den Gewinnanteil beziehen zu dürfen (mitgliedschaftliches Dividendenstammrecht, § 58 Abs. 4 AktG, wirksamer Gewinnverwendungsbeschluss, § 174 AktG, wirksamer Jahresabschluss, §§ 173, 174 AktG).[555] Bei einem Gewinnabführungsvertrag fehlt es jedoch bereits an einem Gewinnverwendungsbeschluss, der dem Aktionär Auskunft über die Höhe des Ausschüttungsbetrages und damit über seinen Gewinnanteil (Dividende) gibt.[556] Ein solcher ist beim Gewinnabführungsvertrag nicht erforderlich, weshalb es an einem Anknüpfungspunkt für den guten Glauben nach § 62 Abs. 1 S. 2 AktG fehlt.

Schließlich käme es bei einem Rückforderungsanspruch aufgrund überhöhter Gewinnabführung nach der hier vertretenen Ansicht zur Maßgeblichkeit

552 Vgl. Fleischer, in: K. Schmidt/Lutter, Komm. z. AktG, 3. Aufl. 2015, § 62 Rn. 23; Westermann, in: Bürgers/Körber, Komm. z. AktG, 4. Aufl. 2017, § 62 Rn. 8.

553 Bayer, in: Münchn. Komm. z. AktG, Bd. 1, 4. Aufl. 2016, § 62 Rn. 63; Hennrichs, in: ZHR 174 (2010), 683 (700); Brandes, in: Liber Amicorum für Martin Winter, 43 (51).

554 Hennrichs, in: ZHR 174 (2010), 683 (700).

555 Bayer, in: Münchn. Komm. z. AktG, Bd. 1, 4. Aufl. 2016, § 62 Rn. 60.

556 Hennrichs, in: ZHR 174 (2010), 683 (700); Mylich, in: AG 2011, 765 (774); Brandes, in: Liber Amicorum für Martin Winter, 43 (55).

der objektiv richtigen Bilanz zum Bilanzstichtag auch auf eine Gutgläubigkeit bezüglich der Richtigkeit des im festgestellten Jahresabschluss ausgewiesenen Gewinns nicht an. Aufgrund des Umstandes, dass die herrschende Gesellschaft sich nur auf die objektiv richtige Bilanz verlassen darf, dürfte sie sich in der Konsequenz auf Gutgläubigkeit hinsichtlich der tatsächlich festgestellten nicht berufen können.[557]

7. Anspruchsdurchsetzung, Einschränkungen der Erfüllbarkeit

Der Vorstand ist zuständiges Organ für eine Anspruchsdurchsetzung im Rahmen des § 62 Abs. 1 S.1 AktG.[558] Der einzelne Aktionär besitzt kein Klagerecht; ein solches ist de lege lata nicht vorgesehen.[559]

Aufgrund des Umstandes, dass der Vorstand mit der Verfolgung eines Anspruchs aus § 62 Abs. 1 S. 1 AktG sein eigenes Fehlverhalten, nämlich die fehlerhafte Bilanzfeststellung unter seiner Leitung, im Vorfeld offenlegen würde, unterbleibt in praxi häufig eine dahingehende Anspruchsverfolgung.[560]

Die herrschende Gesellschaft muss zudem realiter erstatten, Aufrechnung und Leistung an Erfüllungs statt sind nicht möglich.[561] Dies ist ein bedeutender Unterschied zu § 302 AktG analog.[562]

§ 66 Abs. 2 AktG schränkt die Erfüllbarkeit des Rückgewähranspruchs im gleichen Maße wie § 66 Abs. 1 AktG im Hinblick auf die Einlagenforderung ein.[563] Der Schuldner kann weder von seiner Verpflichtung befreit werden, noch darf er – wie gezeigt – aufrechnen.[564]

So kommt ohnehin eine Aufrechnung, wie sie beispielsweise während eines noch bestehenden Gewinnabführungsvertrages denkbar wäre (Verrechnung in

---

557 So im Ergebnis auch Gärtner, AG 2014, 793 (798).

558 Drygala, in: Kölner Komm. z. AktG, Bd. 1, 3. Aufl. 2011, § 62 Rn. 94; Bayer, in: Münchn. Komm. z. AktG, 4. Aufl. 2016, § 62 Rn. 118; Koch, in: Hüffer/Koch, Komm. z. AktG, 13. Aufl. 2018, § 62 Rn. 15.

559 Henze, in: Großkomm. z. AktG, 4. Aufl. 2005, § 62 Rn. 54; Drygala, in: Kölner Komm. z. AktG, 3. Aufl. 2011, Bd. 1, § 62 Rn. 53 ff.; Bayer, in: Münchn. Komm. z. AktG, 4. Aufl. 2016, § 62 Rn. 118; Koch, in: Hüffer/Koch, Komm. z. AktG, 13. Aufl. 2018, § 62 Rn. 15

560 Drygala, in: Kölner Komm. z. AktG, 3. Aufl. 2011, Bd. 1, § 62 Rn. 94; Bayer, in: Münchn. Komm. z. AktG, 4. Aufl. 2016, § 62 Rn. 118; Koch, in: Hüffer/Koch, Komm. z. AktG, 13. Aufl. 2018, § 62 Rn. 15

561 Drygala, in: Kölner Komm. z. AktG, Bd. 1, 3. Aufl. 2011, § 62 Rn. 46 f.

562 Vgl. J.VIII.2.

563 Deilmann, in: Hölters, Komm. z. AktG, 3. Aufl. 2015, § 66 Rn. 12.

564 Deilmann, in: Hölters, Komm. z. AktG, 3. Aufl. 2015, § 66 Rn. 12.

laufender Rechnung), nach Beendigung des Vertrages nicht mehr in Betracht. Eine Aufrechnung mit Erstattungsansprüchen und eine Verrechnung mit (während der Vertragsdauer gebildeten) Rücklagen wäre wegen § 66 Abs. 2 AktG auch nicht möglich, um seitens der herrschenden Gesellschaft einen Anspruch aus § 62 AktG zu vermeiden.[565]

Das Aufrechnungsverbot des § 66 Abs. 2 AktG ist zum anderen gerade beim konzerninternen Cash-Pool gefährlich. Wenn die abhängige Gesellschaft bereits während einer finanziellen Krise der herrschenden Gesellschaft, die schlussendlich zur Insolvenz geführt hat, noch in den Cashpool des Konzerns eingezahlt hat, könnte sie, wenn man § 62 AktG nicht für einschlägig hält, als Gläubigern des Rückzahlungsanspruchs gegen etwaige Ansprüche der ehemals herrschenden Gesellschaft als Insolvenzschuldnerin aufrechnen, wenn die Aufrechnungslage bereits zum Zeitpunkt der Insolvenzeröffnung bestand. Aufrechnungsverbote wie § 66 Abs. 2 AktG sind dem Konzernrecht schlicht fremd.

8. Verjährung

Die Rückgewähransprüche aus § 62 Abs. 1 und 2 AktG verjähren gem. § 62 Abs. 3 Satz 1 AktG in zehn Jahren seit dem Empfang der Leistung, hier der überhöhten Gewinnabführung. Die Leistung gilt nach einer anderen Ansicht bereits als empfangen, wenn die Verbindlichkeit im Jahresabschluss der beherrschten Gesellschaft eingebucht ist.[566] Das Fristende bestimmt sich nach § 188 Abs. 2 BGB.[567] Diese Verjährungsregelung wurde als Sonderverjährung im Jahre 2004 neu eingeführt, weil auch hier die im Rahmen der Schuldrechtsmodernisierung veränderte Regelverjährung des § 195 BGB von drei Jahren und deren subjektive Kriterien (§ 199 Abs. 1 BGB) nicht dem objektiv orientierten aktienrechtlichen System entsprachen.[568]

Zudem erfolgte die Erhöhung der Verjährungsfrist zur Anpassung an die ebenfalls zehnjährige Verjährungsfrist des Einlageanspruchs nach § 54 Abs. 4 Satz 1 AktG.[569] Für noch nicht verjährte Ansprüche gelten die Übergangsregelungen des Art. 229 §§ 6 und 12 EGBGB.[570]

565 Mylich, in: AG 2011, 765 (773).

566 Brandes, in: Liber Amicorum für Martin Winter, 2011, 43 (57).

567 Fleischer, in: K. Schmidt/Lutter, Komm. z. AktG, 3. Aufl. 2015, § 62 Rn. 35; Koch, in: Hüffer/Koch, Komm. z. AktG, 13. Aufl. 2018, § 62 Rn. 19.

568 Begr. RegE, BT-Drucks. 15/3653, S. 22; BGBl I 2004 Nr. 66, S. 3214 vom 14.12.2004.

569 Fleischer, in: K. Schmidt/Lutter, Komm. z. AktG, 3. Aufl. 2015, § 62 Rn. 35; Koch, in: Hüffer/Koch, Komm. z. AktG, 13. Aufl. 2018, § 62 Rn. 19.

570 Fleischer, in: K. Schmidt/Lutter, Komm. z. AktG, 3. Aufl. 2015, § 62 Rn. 35; Koch, in: Hüffer/Koch, Komm. z. AktG, 13. Aufl. 2018, § 62 Rn. 19.

Im Schrifttum wird in Erwägung gezogen, die Verjährungsfrist des § 302 Abs. 4 AktG auf den Anspruch aus § 62 Abs. 1 AktG zu übertragen.[571] Dann erscheint es jedoch sinnvoller, direkt § 302 AktG analog auch als Anspruchsgrundlage heranzuziehen, da dieser ohnehin nach der hier vertretenen Ansicht aufgrund seiner Kapitalschutzfunktion den begehrten Anspruch auf Rückzahlung von Übermaßabführungen besser abbildet.[572]

9. Auswirkung der Heilung des Jahresabschlusses gem. § 256 Abs. 6 AktG

Der Erstattungsanspruch aus § 62 AktG scheidet jedoch aus, wenn ein nichtiger Jahresabschluss gem. § 256 Abs. 6 AktG im Nachhinein geheilt wird.[573] Dieser Ausschlussgrund wird an späterer Stelle noch einmal im Rahmen der Stellungnahme zu den geprüften Anspruchsgrundlagen relevant.[574]

10. Fazit

Die Heranziehung des § 62 Abs. 1 AktG als Anspruchsgrundlage für eine Rückforderung übermäßig abgeführter Gewinne nach Beendigung eines Gewinnabführungsvertrages ist im Einzelfall eine verschuldensunabhängige Lösung für eine Rückforderung übermäßig abgeführter Gewinne der abhängigen Gesellschaft und nicht mit den Schwächen des Bereicherungsrechts belastet.[575]

VIII. Anspruch aus § 302 Abs. 1 AktG analog

Schließlich kommt als Anspruchsgrundlage für eine Rückforderung übermäßig abgeführter Gewinne § 302 AktG analog in Betracht.

Die §§ 300 bis 303 AktG dienen dem Kapitalschutz,[576] der Sicherung der Gesellschaft und der Gläubiger. Ein Rückforderungsanspruch der abhängigen Gesellschaft könnte sich daher auch aus einer analogen Anwendung des

---

571 Koch, in: Hüffer/Koch, Komm. z. AktG, 13. Aufl. 2018, § 301 Rn. 9.

572 Vgl. dazu ausführlich J.XI.2.

573 Mylich, in: AG 2011, 765 (773).

574 Vgl. J.VI.6.

575 BGH NJW 1999, 2524 (2526); NJW 2013, 1743; NZG 2016, 1182; Bayer, in: Münch. Komm. z. AktG, Bd. 1, 4. Aufl. 2016, § 62 Rn. 8; Koch, in: Hüffer/Koch, Komm. z. AktG, 13. Aufl. 2018, § 62 Rn. 1. Drygala, in: Kölner Komm. z. AktG, Bd. 1, 3. Aufl. 2011, § 62 Rn. 16. Hennrichs, in: ZHR 174 (2010), 683 (700).

576 Kropff, Begründung des Regierungsentwurfs zu § 300 AktG von 1965, S. 388.

Verlustausgleichsanspruchs aus § 302 Abs. 1 AktG ergeben. Eine direkte Anwendung scheidet aus, da durch § 302 Abs. 1 AktG lediglich der tatsächliche Jahresfehlbetrag, so, wie er in der Bilanz ausgewiesen wurde bzw. objektiv auszuweisen war (vgl. F.III.1.), ausgeglichen wird. Eine überhöhte Gewinnabführung stellt in gewisser Weise jedoch auch eine Art „Verlust" für die abhängige Gesellschaft dar, da der zu viel bezahlte Betrag andernfalls ihrem Vermögen zuzuordnen wäre, sich aber im Vermögen der herrschenden Gesellschaft befindet und damit der Substanz der abhängigen Gesellschaft fehlt. Führt die Gewinnabführung zu einer Überschreitung des Höchstbetrages des § 301 AktG, wird dabei die bei Vertragsschluss vorhandene Substanz des Anfangsvermögens der abhängigen Gesellschaft angetastet, was durch die Kapitalerhaltungsvorschriften der §§ 300 bis 303 AktG gerade verhindert werden soll.[577]

Die Möglichkeit, im Fall übermäßiger Gewinnabführung auf § 302 AktG analog zurückzugreifen, wurde bislang im Schrifttum kaum in Erwägung gezogen. Immerhin eine Ansicht hält es für möglich, den § 302 AktG analog neben § 62 AktG anwenden zu können,[578] während eine andere Ansicht § 302 AktG zumindest andiskutiert, aber lediglich § 62 AktG für einschlägig hält, weshalb es für § 302 AktG analog an einer Regelungslücke fehle.[579] Zwei neuere Stimmen sprechen sich dagegen für die Heranziehung des § 302 AktG analog aus.[580] Dieser wird im Folgenden geprüft.

1. Voraussetzungen einer Analogie

Fraglich ist, ob die Voraussetzungen für eine analoge Heranziehung des § 302 AktG vorliegen.

Eine Analogie darf zur Lösung eines rechtlichen Problems herangezogen werden, wenn das Gesetz einen bestimmten Sachverhalt ungeregelt lässt.[581]

577 Kropff, Begründung des Regierungsentwurfs zu § 300 AktG von 1965, S. 388.

578 Mylich, in: AG 2011, 765 (774).

579 Brandes, in: Liber Amicorum für Martin Winter, 2011, 43 (55 ff.).

580 Gärtner, in: AG 2014, 793; Emmerich, in: Emmerich/Habersack, Komm. z. Aktien-/GmbH-KonzernR, 9. Aufl. 2019, § 301 Rn. 24.

581 BGHZ 110, 183 (192), 155, 380 (389); BGH NJW 2003, 1932 (1933); BVerfGE 82,6, 7 (12 f.); Larenz, Methodenlehre der Rechtswissenschaft, 6. Aufl. 1991, S. 381; Larenz/Canaris, Methodenlehre der Rechtswissenschaft, 3. Aufl. 1995, S. 194 ff.; Koller, Theorie des Rechts, 2. Aufl. 1997, S. 231 ff.; K. Schmidt, in: JuS 2003, 649 (651); Würdinger, in: AcP 206 (2006), 946 (949 f.); Zippelius, Juristische Methodenlehre, 11. Aufl. 2012, Kap. III, § 11, S. 55 ff.; Rüthers/Fischer/Birk, Rechtstheorie mit juristischer Methodenlehre, 10. Aufl. 2018, Rn. 889 ff.

Allerdings ist sie lediglich zulässig, wenn eine Norm existiert, die eine vergleichbare Fallkonstellation erfasst und sich die Ideen und Rechtsfolgen dieser – grundsätzlich nicht auf den Fall anwendbaren – Norm auf die ungeregelte Fallkonstellation übertragen lassen.[582] Voraussetzungen einer Analogie sind eine Regelungslücke (vgl. dazu unter J.VIII.1.a)), die Planwidrigkeit der Regelungslücke (vgl. dazu unter J.VIII.1.b) sowie eine vergleichbare Interessenlage (vgl. dazu unter J.VIII.1.c)), was nachstehend zu prüfen ist.

a) Regelungslücke

Eine Regelungslücke liegt vor, wenn der Sachverhalt nicht unter den Wortlaut des Gesetzes subsumierbar ist. Grundsätzlich ist festzuhalten, dass das Gesetz keine ausdrückliche Norm statuiert, die die Rückforderung übermäßig abgeführter Gewinne nach Beendigung eines Gewinnabführungsvertrages ermöglicht. § 62 AktG spricht *von „Aktionären"*. Die herrschende Gesellschaft ist meistens, aber eben nicht zwingend, Aktionärin der abhängigen Gesellschaft. Die Vorschrift ist im dritten Teil des ersten Buches des Aktiengesetzes (§§ 53 a bis 75 AktG), den Rechtsverhältnissen der Gesellschaft und der Gesellschafter, verortet. Die gewünschte Regelung wäre intuitiv eher im fünften Teil des ersten Buches des Aktiengesetzes, der Rechnungslegung und Gewinnverwendung (§§ 150-176 AktG), oder im dritten Buch, den verbundenen Unternehmen (§§ 291 bis 337 AktG), zu vermuten.

Dem Argument, dass § 62 einschlägige Anspruchsgrundlage ist und es deshalb an einer Regelungslücke fehle, kann entgegengetreten werden: Wie unter J.VII.4. erläutert beachten die Fürsprecher des § 62 AktG als einschlägige Anspruchsgrundlage nicht, dass dieser weder direkt noch analog auf alle Konzernkonstellationen passt. Für den Fall, dass eine abhängige GmbH einen Rückzahlungsanspruch geltend machen möchte, kann sich diese aus den dargestellten Gründen nicht auf § 62 Abs. 1 S. 1 AktG (auch nicht analog) berufen.[583]

---

582 BGHZ 110, 183 (192), 155, 380 (389); BGH NJW 2003, 1932 (1933); BVerfGE 82,6, 7 (12 f.); Larenz, Methodenlehre der Rechtswissenschaft, 6. Aufl. 1991, S. 381; Larenz/Canaris, Methodenlehre der Rechtswissenschaft, 3. Aufl. 1995, S. 194 ff.; Koller, Theorie des Rechts, 2. Aufl. 1997, S. 231 ff.; K. Schmidt, in: JuS 2003, 649 (651); Würdinger, in: AcP 206 (2006), 946 (949 f.); Zippelius, + Juristische Methodenlehre, 11. Aufl. 2012, Kap. III, § 11, S. 55 ff.; Rüthers/Fischer/Birk, Rechtstheorie mit juristischer Methodenlehre, 10. Aufl. 2018, Rn. 889 ff.

583 Vgl. D.II.2 und J.VII.4.

Zudem erfasst § 62 AktG nicht den theoretisch möglichen Fall eines Unternehmensvertrages mit einem konzernfremden Unternehmen, dieses fällt nicht unter den Wortlaut der Norm („*Aktionär*", vgl. J.VII.4). Demzufolge liegt sehr wohl eine Regelungslücke vor, die es – umfangreicher, als § 62 Abs. 1 S. 1 AktG es gewährleistet – zu schließen gilt.

b) Planwidrigkeit

Eine Regelungslücke ist planwidrig, wenn anzunehmen ist, dass der Gesetzgeber die Regelung eines Themenkomplexes übersehen hat, die Nichtregelung also nicht beabsichtigt war. Häufig ist zudem aus Verfassungsgrundsätzen, Generalklauseln oder anderen Normen erkennbar, dass eine Gesetzeslücke planwidrig ist, da sich der Gesetzgeber ansonsten in Widerspruch zu grundsätzlichen Wertungen gesetzt hätte.

Vorliegend erscheint es mehr als naheliegend, dass das in Rede stehende Problem vom Gesetzgeber schlichtweg nicht erkannt wurde. Gerade die in der heutigen Zeit zunehmenden Unternehmensverkäufe verursachen derartige Probleme wie das in Rede stehende. Die nach Vertragsschluss aufkommenden „Post-M&A"-Streitigkeiten dürfte der Gesetzgeber von 1965 nicht geahnt haben. Zudem obliegt es dem Vorstand bzw. der Geschäftsführung, derartige Ansprüche für die Gesellschaft geltend zu machen.

Seitdem Vorstände generell vermehrt in Anspruch genommen werden, nehmen die vom damaligen Gesetzgeber in diesem Ausmaß nicht voraussehbaren Post-M&A-Streitigkeiten deutlich zu.

Darüber hinaus konnte der Gesetzgeber 1965 noch nicht erkennen, dass der BGH die vom Gesetzgeber ebenfalls offengelassene Lücke hinsichtlich des Zeitpunktes der Entstehung und der Fälligkeit des Verlustausgleichsanspruchs einmal in dieser Weise schließt, wie er es schlussendlich getan hat. Da der BGH im Hinblick auf den Verlustausgleichsanspruch die objektiv richtige Bilanz zum Bilanzstichtag[584] als die maßgebliche bestimmt hat und diese Maßgabe nach der hier vertretenen Ansicht auch für den Anspruch auf Gewinnabführung gilt,[585] passiert es nach Beendigung eines Beherrschungs- und Gewinnabführungsvertrages (vor allem nach Beendigung durch Veräußerung der abhängigen Gesellschaft) häufig, dass die ehemals abhängige Gesellschaft (bzw. deren neuer Eigentümer) die vergangenen Bilanzen noch einmal öffnet. Dies auch gerade,

584 Vgl. F.III.
585 Vgl. F.VII.

um Bilanzierungsfehler aufzudecken, die einen zu hohen Gewinnvortrag zur Folge hatten. Es ist auch möglich, dass die APA[586] sowie die DPR[587] und BaFin[588] dann im sog. Enforcement-Verfahren Bilanzierungsfehler feststellen, die bei dem betroffenen Unternehmen zu einer Fehlerkorrektur führen.

Des Weiteren untermauern die aktienrechtlichen Normen wie die §§ 300 bis 303 AktG, die den Kapitalschutz der abhängigen Gesellschaft erhalten sollen und ihr bilanzielles Anfangsvermögen sichern wollen, dass die Rechtsfolge, nämlich die Rückzahlung überzahlter Gewinne, um das bilanzielle Vermögen der ehemals abhängigen Gesellschaft nachträglich richtigzustellen, grundsätzlich im Sinne des Gesetzgebers ist. Der Gesetzgeber hat es jedoch versäumt, sich mit der Rückabwicklung überhöhter Gewinnabführungen auseinanderzusetzen.

Von einer Planwidrigkeit darf demzufolge ausgegangen werden.

c) Vergleichbare Interessenlage

Für eine Analogie muss zudem eine vergleichbare Interessenlage gegeben sein. Wie für den Verlustausgleich ist Grundlage für die Rückforderung übermäßig abgeführter Gewinne der (gleiche) Jahresabschluss. Beide Ansprüche werden von der abhängigen Gesellschaft gegenüber der herrschenden Gesellschaft geltend gemacht und sind auf Geldzahlung (bzw. Verrechnung) gerichtet. An dieser Stelle wird zudem argumentiert, dass, wenn mit § 302 AktG sogar entstandene Verluste ausgeglichen werden, erst recht auch Scheingewinne rückgewährt werden müssten.[589]

Auf die Verbotsnorm des § 301 AktG folgte mit § 302 AktG keine Rechtsfolgenlösung für die gegen § 301 AktG verstoßende übermäßige Gewinnabführung seitens des Gesetzgebers.[590] Der sich sonst ergebende Wertungswiderspruch wird dann deutlich, wenn Gewinn abgeführt wurde, obwohl sich nachträglich aus der objektiv ordnungsgemäßen Bilanzierung ein Verlust ergibt: Der Fall der unrichtigen Gewinnabführung und der des fehlenden/zu geringen Verlustausgleichs würden in der Ergebniskorrektur dann nicht einheitlich, sondern nach unterschiedlichen Ansätzen behandelt.[591] Eine solch unterschiedliche Behandlung kann nach der in dieser Arbeit vertretenen Ansicht, die den Verlustausgleich

586 Abschlussprüferaufsichtsstelle, fungiert als externer Hinweisgeber der DPR
587 Deutsche Prüfstelle für Rechnungslegung
588 Bundesanstalt für Finanzdienstleistungsaufsicht
589 Mylich, in: AG 2011, 765 (773).
590 Gärtner, in: AG 20014, 793 (801).
591 Gärtner, in: AG 20014, 793 (801).

und die Gewinnabführung als spiegelbildlich erachtet, weil Jahresüberschuss und Jahresfehlbetrag bilanzrechtlich die gleiche Position darstellen – einmal mit positivem und einmal mit negativem Vorzeichen –,[592] nicht erfolgen.

Somit sind die Voraussetzungen für eine Analogie zu § 302 AktG, inklusive der teilweise in Abrede gestellten Regelungslücke, gegeben.

2. Besonderheiten des § 302 AktG

Der Anspruch aus § 302 AktG kann – im Gegensatz zu dem Anspruch aus § 62 AktG[593] – auch durch eine Leistung an Erfüllungs statt ausgeglichen werden, § 364 BGB.[594] Auch kann der Anspruch mit Gewinnrücklagen verrechnet werden.[595] Mit einem vollwertigen Gegenanspruch ist auch die Aufrechnung zulässig.[596] Dabei trifft die herrschende Gesellschaft die Beweislast für die Vollwertigkeit der Gegenforderung und für die Erfüllung.[597] Der Anspruch geht gem. § 302 Abs. 3 AktG unter, wenn drei Jahre nach seiner Entstehung auf ihn verzichtet oder sich über ihn verglichen wurde, eine vorherige Abrede darüber ist nichtig (§ 134 BGB).[598]

3. Verjährung des Rückzahlungsanspruchs gem. § 302 Abs. 4 AktG analog

Der direkte Verlustausgleichsanspruch verjährt gem. § 302 Abs. 4 AktG in zehn Jahren nach Bekanntmachung der Eintragung der Beendigung des Unternehmensvertrages.

Im Rahmen der Verjährung wird von den Befürwortern eines Anspruchs aus § 62 Abs. 1 S. 1 AktG angeführt, die Organträgerin sei durch den Verjährungsbeginn mit der Leistung und der dann beginnenden Verjährung von zehn Jahren besser geschützt als im Rahmen des § 302 AktG analog, wo sie sich zehn Jahre nach Beendigung noch Ansprüchen ausgesetzt sehen könne.[599] Eine Anwendung des § 302 Abs. 4 AktG solle versagt werden, weil diese der herrschenden

592 Vgl. F.VII.1.

593 Vgl. J.VII.7.

594 BGH AG 2006, 629 (630); ausführlich Altmeppen, in: Münchn. Komm. z. AktG, 4. Aufl. 2015, § 302 Rn. 69, 87 ff.

595 Veil, in: Spindler/Stilz, Komm. z. AktG, 4. Aufl.2019, § 302 Rn. 28.

596 BGH NJW 2006, 3279 (3280 f.).

597 BGH NJW 2006, 3279 (3281).

598 Koch, in: Hüffer/Koch, Komm. z. AktG, 13. Aufl. 2018, § 302 Rn. 25.

599 Brandes, in: Liber Amicorum für Martin Winter, 2011, 43 (53 f.).

Gesellschaft keinerlei rückwirkenden Schutz böte.[600] Diese Argumentation, die die herrschende Gesellschaft in der schützenswerten Position sieht, ist nicht nachvollziehbar. Die herrschende Gesellschaft ist diejenige, die profitiert, wenn die abhängige Gesellschaft während der Vertragsdauer Gewinne erwirtschaftet. Warum die Interessen der herrschenden Gesellschaft schützenswerter sein sollen als die der abhängigen Gesellschaft, ist nicht ersichtlich, daher und aus den nachfolgenden Gründen kann dieser Ansicht nicht gefolgt werden.

Wenn sich nach Vertragsbeendigung durch Öffnen der Bilanzen herausstellt, dass zu wenig Verluste während der Vertragsdauer übernommen wurden, würde der entsprechende Anspruch auf nachträglichen Verlustausgleich der abhängigen Gesellschaft gem. § 302 Abs. 4 AktG zehn Jahre nach Beendigung des Vertrages verjähren. Wenn sich nach Vertragsbeendigung durch Öffnen der Bilanzen herausstellt, dass zu viel Gewinn abgeführt wurde, würde ein Anspruch nach der Ansicht, die § 62 AktG befürwortet, gem. § 62 Abs. 3 Satz 1 AktG in zehn Jahren seit dem Empfang der Leistung verjähren. Wie viele Jahre die herrschende Gesellschaft mit einer Inanspruchnahme der abhängigen Gesellschaft nach Vertragsbeendigung rechnen muss, würde demnach davon abhängen, welcher Bilanzierungsfehler entdeckt wird bzw. gemacht wurde (und wie gut Fehler verschleiert sind), mithin vom Zufall. Dies erscheint nicht sachgerecht. Die in dieser Arbeit vertretene Ansicht, dass Gewinnabführung und Verlustausgleich zwei Seiten derselben Medaille, nur mit umgekehrten Vorzeichen, sind, lassen einen Ungleichlauf der Verjährungsfristen für die Rückforderung nicht zu.

Vielmehr treten die Interessen der herrschenden Gesellschaft auf Rechtssicherheit, nicht mehr mit Rückforderungen der ehemals abhängigen Gesellschaft konfrontiert zu werden, hinter denen der abhängigen Gesellschaft zurück. Diese ist schützenswerter. Die abhängige Gesellschaft verfügt aufgrund einer geleisteten Übermaßabführung während der Vertragsdauer nach Beendigung des Gewinnabführungsvertrages nicht mehr über ihre Anfangssubstanz. Die herrschende Gesellschaft hingegen hat während der Vertragsdauer immer von den abgeführten Gewinnen profitiert und konnte mit diesen wirtschaften, soweit Gewinne erwirtschaftet wurden. Zumindest die Differenz zwischen dem tatsächlich abgeführten und dem objektiven Gewinn bei der Übermaßabführung kam der herrschenden Gesellschaft zugute. Gerade nach Beendigung des Gewinnabführungsvertrages kann die begehrte Rückzahlung einer oder mehrerer Übermaßabführungen das Überleben der abhängigen Gesellschaft sichern, da die vorherige Einbindung der abhängigen Gesellschaft in den Konzern

600 Brandes, in: Liber Amicorum für Martin Winter, 2011, 43 (54).

ein postvertragliches eigenständiges Überleben auf eigenen Beinen oftmals erschwert.

Nach alledem kann der Ansicht, die aufgrund eines Schutzbedürfnisses der herrschenden Gesellschaft § 62 AktG wegen der kürzeren Verjährungsfrist als Anspruchsgrundlage bevorzugt, nicht gefolgt werden.

4. Besonderheit: § 302 AktG analog analog für die GmbH

Fraglich ist, wie zu verfahren ist, wenn eine abhängige GmbH Anspruchstellerin ist.

Auf die GmbH ist § 302 AktG, der originäre Verlustausgleichsanspruch, bereits nur analog anwendbar, weil dieser aktienrechtliche Anspruch die GmbH nicht ausdrücklich in die Norm einbezieht und für die GmbH kein gesondertes Konzernrecht existiert (siehe dazu die ausführlichen Ausführungen unter D.II.2.).[601] Um die Rückforderung übermäßig abgeführter Gewinne nach Beendigung eines Gewinnabführungsvertrages auf § 302 AktG analog stützen zu können, bedarf es im Fall der abhängigen GmbH konsequenterweise einer weiteren Analogiebildung. Mehrere Analogieschlüsse bei der Anwendung einer Rechtsnorm sind in der Rechtswissenschaft durchaus möglich.[602] Dies führt im Fall einer Anspruchsgeltendmachung übermäßig abgeführter Gewinne, und zwar, wie sie hier dargestellt wurde, über § 302 Abs. 1 AktG analog, aus Anspruchstellersicht einer GmbH zu einer doppelt analogen Anwendung des § 302 AktG.

Im Rahmen einer Anspruchsgeltendmachung über § 62 AktG scheitert es, wie ausführlich erläutert, an der Möglichkeit einer analogen Anwendung der Norm im Fall der Konstellation, dass eine GmbH abhängige Gesellschaft ist und ihre übermäßig abgeführten Gewinne zurückfordern möchte.

5. Fazit

§ 302 AktG analog ist für eine Rückforderung übermäßig abgeführter Gewinne taugliche Anspruchsgrundlage. Auch die Voraussetzungen für eine (doppelte) Analogie liegen vor.

IX. Kein Anspruch auf Rückforderung

Darüber hinaus gibt es Stimmen, die die Möglichkeit einer Rückforderung gänzlich ausschließen. Es bestehe schon keine Notwendigkeit, die Rechtsprechung

601 BGH AG 2006, 629.

602 Regenfus, in: JA 2009, 579.

des BGH[603] zur Höhe, Entstehung und Fälligkeit des Verlustausgleichsanspruchs auf den Gewinnabführungsanspruch zu übertragen. Darüber hinaus beschränke sich der Schutz der Substanz der abhängigen Gesellschaft vor einer übermäßigen Gewinnabführung auf die §§ 300, 301 AktG, weshalb es ausreichend sei, wenn die herrschende Gesellschaft die bei ordnungsgemäßer Bilanzierung entstandenen Verluste ausgleiche, um den Schutz der abhängigen Gesellschaft ausreichend zu wahren.[604] Dieser Auffassung wird nicht gefolgt.[605] Nach der hier vertretenen Ansicht bemisst sich auch der Anspruch auf Gewinnabführung nicht nach dem festgestellten Jahresabschluss, sondern nach der objektiv richtigen Bilanz zum Bilanzstichtag.[606] Außerdem führt die übermäßige Gewinnabführung zu einer Substanzschmälerung des Anfangsvermögens der abhängigen Gesellschaft, das diese nach der Beendigung eines Gewinnabführungsvertrages benötigt, um wieder auf eigenen Beinen stehen zu können.

Gegen eine Rückforderung könnte zudem sprechen, dass die abhängige Gesellschaft ihren nun fehlerhaften Jahresabschluss zum damaligen Zeitpunkt selbst aufgestellt und festgestellt hat. Die handelsrechtliche Gewinn- und Verlustermittlung liegt im Kompetenzbereich des Vorstandes der abhängigen Gesellschaft, was sich auch nach Abschluss eines Gewinnabführungsvertrages aus der Leitungsaufgabe des Vorstandes gem. § 76 Abs. 1 AktG ergibt.[607] Nun ersichtliche Fehler in der Bilanz hat diese selbst zu vertreten, es sei denn, sie wurde im Rahmen des Beherrschungsvertrages von der herrschenden Gesellschaft angewiesen, die Rechnungslegung so zu praktizieren, wie es für diese günstig ist (oder in der GmbH der Einfluss des Mehrheitsgesellschafters, § 42a GmbHG).[608] Daher könnte eine Berufung auf die eigens aufgestellte fehlerhafte Bilanz widersprüchliches Verhalten darstellen und gegen den aus § 242 BGB abgeleiteten Grundsatz „Venire contra factum propium" verstoßen. Zudem könnte auch eine Vertragsauslegung zu dem Ergebnis führen, dass eine Rückforderung von Gewinnen, die die abhängige Gesellschaft auszuweisen versäumt hat, nicht möglich sein soll.

---

603 Vgl. F.III.

604 Wolf, in: 2007, 641 (643 f.); Goldschmidt/Laeger, in: NZG 2012, 1201 (1202).

605 Vgl. bereits ausführlich F.VII.3.

606 Vgl. F.VII.

607 Altmeppen, in: Münchn. Komm. z. AktG, 4. Aufl. 2015, § 291 Rn. 146; Emmerich, in: Emmerich/Habersack, Komm. z. Aktien-/GmbH-KonzernR, 9. Aufl. 2019, § 291 Rn. 65.

608 Vgl. auch Hennrichs, in: ZHR 174 (2010), 683 (700 f.).

Dagegen spricht, dass noch während der Dauer des Beherrschungs- und Gewinnabführungsvertrages zwar der Vorstand der abhängigen Gesellschaft für die Bilanzaufstellung und die Ermittlung von Gewinn und Verlust verantwortlich ist, jedoch die herrschende Gesellschaft stets erhebliche Einflussmöglichkeiten, vor allem im Rahmen der Bilanzwahlrechte, hat. Wenn die herrschende Gesellschaft von ihrer Einflussmöglichkeit, beispielsweise in Form von Weisungen aufgrund des Beherrschungsvertrages (§ 308 AktG), keinen Gebrauch macht, ist daher dennoch die Wahl des Wirtschaftsprüfers und Ausübung der Bilanzierungswahlrechte mit dem herrschenden Unternehmen abzustimmen, andernfalls kann eine fehlende Abstimmung mit der herrschenden Gesellschaft eine pVV[609] des Gewinnabführungsvertrages sein.[610] Auch aufgrund des Umstandes, dass die Feststellung des Jahresabschlusses im Vertragskonzern zumindest faktisch von der herrschenden Gesellschaft abgesegnet wird, liegt eine beidseitige Übereinstimmung mit dem tatsächlich aufgestellten Jahresabschluss vor, die die darin enthaltenen Zahlen als verbindlich ansieht.[611] Demzufolge wird in der Regel zumindest eine faktische Abstimmung mit der herrschenden Gesellschaft erfolgt sein,[612] sodass die abhängige Gesellschaft die den Höchstbetrag des § 301 S. 1 AktG überschreitenden abgeführten Gewinne ohne eine Einschränkung nach § 242 BGB, aber unter Umständen unter Berücksichtigung eines Mitverschuldens i. S. v. § 254 BGB, zurückfordern können wird.

X. Konkurrenzen

Schließlich stellt sich die Frage nach dem Konkurrenzverhältnis zwischen den erörterten Anspruchsgrundlagen.

1. Vertraglicher Anspruch

Soweit der Gewinnabführungsvertrag keine ausdrückliche Regelung zu einer Rückforderung übermäßig abgeführter Gewinne enthält, geht – wie gezeigt – dispositives Gesetzesrecht einer ergänzenden Vertragsauslegung in der Regel vor, wenn eine Vertragslücke durch die Heranziehung einer entsprechenden Norm geschlossen werden kann.[613] Vorliegend tritt eine Anspruchsverfolgung

609 Positive Vertragsverletzung.

610 OLG Frankfurt a. M. NZG 2000, 603 (604).

611 Brandes, in: Liber Amicorum für Martin Winter, 43 (46 f.).

612 Vgl. zum Einwand des Mitverschuldens auch 0.

613 BGH NJW 2004, 1590 (1591); Ellenberger, in: Palandt, Komm. z. BGB, 78. Aufl. 2019, § 157 Rn. 4.

auf Grundlage ergänzender Vertragsauslegung somit hinter den aktienrechtlichen Vorschriften der §§ 62 Abs. 1 und § 302 Abs. 1 AktG analog zurück.

2. Bereicherungsrecht

Wie bereits aufgezeigt, werden die Entreicherungstatbestände der §§ 818 ff. BGB durch spezialgesetzliche Anspruchsgrundlagen, die der Kapitalerhaltung dienen (§§ 62 und 302 analog AktG), verdrängt.[614]

3. § 62 AktG

Bei § 62 AktG handelt es sich um einen spezialgesetzlichen Rückgewähranspruch, der Ansprüche aus ungerechtfertigter Bereicherung verdrängt.[615]

Der Gesellschaft stehen auch keine dinglichen Herausgabeansprüche (z. B. aus §§ 985, 1007 BGB) gegen den begünstigten Aktionär zu, weil das Erfüllungsgeschäft im Rahmen des § 62 AktG nicht nach § 134 BGB nichtig ist (h. M., allerdings str.).[616] Deliktische Ansprüche nach den §§ 823 ff. BGB bleiben hingegen unberührt, da sie nicht auf Rückgewähr, sondern auf Schadensersatz gerichtet sind.[617] Gleiches gilt für §§ 117 AktG,[618] 309 AktG,[619] 317 AktG[620] sowie § 280 BGB[621], die zum Teil sogar verschuldensabhängig sind. Das Verschuldenserfordernis ist jedoch nicht mit dem Grundsatz der Kapitalerhaltung, genauer mit der Verhinderung von Zahlungen aus dem gebundenen Vermögen, zu vereinbaren.[622] Dennoch bestehen gegen eine Heranziehung dieser Vorschriften zur Realisierung eines Schadensersatzanspruches neben § 62 AktG keine Einwände.

---

614 Brandes, in: Liber Amicorum für Martin Winter, 43 (51) m. w. N.

615 Grigoleit/Rachlitz, in: Grigoleit, Komm. z. AktG, 1. Aufl. 2013, § 62 Rn. 1.

616 BGH WM 2013, 748 (750); Grigoleit/Rachlitz, in: Grigoleit, Komm. z. AktG, 1. Aufl. 2013, § 62 Rn. 1; Koch, in: Hüffer/Koch, Komm. z. AktG, 13. Aufl. 2018, § 62 Rn. 12; a.A.: Henze, in: Großkomm. z. AktG, 4. Aufl. 2005., § 62 Rn. 62.

617 Henze, in: Großkomm. z. AktG, 4. neubearbeitete Aufl. 2005., § 62 Rn. 63; Drygala, in: Kölner Komm. z. AktG, Bd. 1, 3. Aufl. 2011, § 62 Rn. 11.

618 Fleischer, in: K. Schmidt/Lutter, Komm. z. AktG, 3. Aufl. 2015, § 62 Rn. 20; Koch, in: Hüffer/Koch, Komm. z. AktG, 13. Aufl. 2018, § 62 Rn. 12.

619 Vgl. J.V.

620 Vgl. J.IV.

621 Vgl. J.III.

622 Brandes, in: Liber Amicorum für Martin Winter, 43 (50).

Nach einer Ansicht, die die Rückgewähr der Übermaßabführung auf den Gewinnabführungsvertrag stützt, ist § 62 AktG auch neben dem vertraglichen Rückgewähranspruch anwendbar.[623]

4. § 302 AktG analog

Aufgrund der Besonderheit der Kapitalerhaltung im Gesellschaftsrecht verdrängt auch der Rückgewähranspruch aus § 302 AktG analog die Entreicherungstatbestände der §§ 818 ff. BGB sowie solche Tatbestände, die durch ihr Verschuldenserfordernis nicht mit dem Grundsatz der Kapitalerhaltung vereinbar sind.[624]

Ansprüche, die auf Schadensersatz gerichtet sind, bleiben wegen des unterschiedlichen Anspruchsziels auch neben § 302 AktG analog anwendbar.[625] In Betracht kommen daher auch die §§ 280, 823 ff. BGB sowie die §§ 117, 309, 317 AktG.

Eine Geltendmachung des Rückgewähranspruchs aus § 302 AktG analog ist neben dem des § 62 AktG möglich,[626] allerdings ist § 302 AktG analog aufgrund seines weiten Anwendungsbereichs auch auf Sachverhalte mit GmbH-Beteiligung, bei fehlender Gutgläubigkeit sowie in Fallkonstellationen, in denen mit einer konzernfremden Gesellschaft ein Unternehmensvertrag bestand (vgl. J.VII.5.) vorzugswürdig, da dann § 62 AktG als Anspruchsgrundlage ausscheidet.[627]

Nach einer Ansicht können § 302 AktG analog und § 62 AktG nebeneinander zur Anwendung kommen.[628] Die Tatbestandsvoraussetzungen beider Normen müssten vollständig vorliegen.[629] Sollte der Anspruch aus § 62 AktG allerdings verjährt sein oder der gute Glaube fehlen, würde § 302 AktG analog zur Anwendung kommen.[630] Stünden der Anspruchsdurchsetzung des § 62 AktG keine Durchsetzungshindernisse entgegen, müsse das herrschende Unternehmen die Divergenz ausgleichen, und zwar realiter; eine Leistung an Erfüllungs statt, wie es

---

623 Hennrichs, in: ZHR 174 (2010), 681 (700); Mylich, in: AG 2011, 765 (773).
624 Vgl. bereits J.X.3.
625 Vgl. bereits J.X.3.
626 So Mylich, in: AG 2011, 765 (774).
627 Zur hier vertretenen Unanwendbarkeit der Gutglaubensvorschrift des § 62 Abs. 1 S. 2 AktG vgl. J.VII.6.c).
628 Mylich, in: AG 2011, 765 (774); vgl. auch Gärtner, in: AG 2014, 793 (801).
629 Mylich, in: AG 2011, 765 (774).
630 Mylich, in: AG 2011, 765 (774).

nach § 302 AktG analog statthaft ist, wäre nicht möglich.[631] Allerdings übersieht diese Ansicht, dass § 62 AktG wegen der Unanwendbarkeit auf die GmbH und im Fall eines Unternehmensvertrages mit einem konzernfremden Unternehmen nicht ohne Weiteres den gleichen Anwendungsbereich hat wie § 302 AktG.

XI. Abschließende Stellungnahme zu den möglichen Anspruchsgrundlagen

Die Prüfung der im Einzelnen von der Literatur angeführten möglichen Anspruchsgrundlagen hat ergeben, dass diese – je nach Fallkonstellation – grundsätzlich für sich gesehen geeignet sind, einen Rückzahlungsanspruch geltend zu machen. Jede der geprüften Normen hat allerdings auch Schwächen. So kann auf eine ergänzende Vertragsauslegung eigentlich erst als Ultima Ratio zurückgegriffen werden, ein Verschulden sowie eine Berufung auf den Wegfall der Bereicherung sind nicht mit dem gesellschaftsrechtlichen Gebot der Kapitalerhaltung vereinbar, ebenso wenig wie der Einwand der Gutgläubigkeit des § 62 Abs. 2 S. 1 AktG. Auch der Rückgriff auf § 302 AktG erfordert mindestens einen Analogieschluss.

Verschuldensabhängige Ansprüche sind nicht mit der aktienrechtlichen Kapitalerhaltung vereinbar, können aber im Zweifel bei Vorliegen von Verschulden neben den spezielleren Anspruchsgrundlagen herangezogen werden, indem eine Pflichtverletzung aus dem Unternehmensvertrag geprüft wird. Auch das Bereicherungsrecht steht im Widerspruch zum Kapitalschutz und kommt daher im Kapitalgesellschaftsrecht nicht für Rückforderungen in Betracht.

Folglich wird sich die Auseinandersetzung im Folgenden auf die Ansicht, die den Rückforderungsanspruch aus § 62 und diejenige, die § 302 AktG analog für maßgeblich hält, beschränken.

1. § 62 Abs. 1 AktG als Rückforderungsnorm für übermäßig abgeführte Gewinne

Gegen die Heranziehung des § 62 AktG als Rückforderungsnorm für übermäßig abgeführte Gewinne nach Beendigung eines Gewinnabführungsvertrages spricht das Argument der fehlenden Anwendbarkeit der Norm auf Konstellationen mit konzernfremden Vertragsparteien. Im zwar seltenen, aber möglichen und vom Gesetzgeber auch vorgesehenen Fall, dass die herrschende Gesellschaft

631 Mylich, in: AG 2011, 765 (774).

eines Unternehmensvertrages doch konzernfremde Vertragspartnerin wäre, ist § 62 AktG wegen fehlender Aktionärseigenschaft der herrschenden Gesellschaft keine passende Anspruchsgrundlage für die Rückforderung übermäßig abgeführter Gewinne. In diesem Fall würde § 62 Abs. 1 S. 1 AktG an dem fehlenden Tatbestandsmerkmal der Aktionärseigenschaft scheitern.

Eine große Schwäche des § 62 AktG für die praktische Anwendung ist zudem, dass dieser nicht – auch nicht analog – auf die GmbH anwendbar ist. Hätte sich eine richterliche Entscheidung lediglich mit einem AG-Vertragskonzern zu befassen, bestünde die Gefahr, dass das in dieser Arbeit untersuchte Problem über § 62 Abs. 1 S. 1 AktG gelöst wird, wenn eine GmbH und damit die Unanwendbarkeit des § 62 AktG auf die GmbH nicht Gegenstand der Entscheidung sein sollte. Damit könnte dann in der Praxis die Frage auftreten, welche Anspruchsgrundlage für den GmbH-Vertragskonzern gilt, und eine abweichende Lösung für die abhängige GmbH die Folge sein. Allein aus diesem Grund ist nach der hier vertretenen Ansicht eine analoge Anwendung des § 302 AktG vorzugswürdig, der unter Zuhilfenahme einer weiteren Analogie auch den GmbH- Vertragskonzern erfasst.

Für den Fall, dass – entgegen der hier unter J.VII.6.c) vertretenen Ansicht – eine Berufung auch des herrschenden Unternehmens auf die Redlichkeitsvorschrift des § 62 Abs. 1 S. 2 AktG bejaht wird, ist diese eine erhebliche Einschränkung für die ehemals abhängige Gesellschaft, ihre Ansprüche verfolgen zu können. Und zwar dann, wenn sie nicht beweisen kann, dass die ehemals herrschende Gesellschaft Kenntnis oder fahrlässige Unkenntnis von dem übermäßigen Gewinnbezug hatte. Zwar setzt die Vorschrift nicht direkt ein Verschulden voraus, allerdings ist die den Anspruch hindernde Gutgläubigkeit eine dem Verschuldensnachweis ebenbürtige Hürde zur Anspruchsverfolgung durch den berechtigten Anspruchsinhaber. Die Aufbürdung der Beweislast stellt eine große Schwierigkeit für die abhängige Gesellschaft dar, die ihr Kapital unter Umständen erheblich schmälernde Übermaßabführung zurückzuerlangen. Diese Schwierigkeit setzt sich darüber hinaus zum einen in Widerspruch zu der vom Gesetzgeber vorgegebenen Prämisse, dass die Substanz des Anfangsvermögens der abhängigen Gesellschaft nicht angetastet werden dürfe, was die Kapitalerhaltungsvorschriften der §§ 300 bis 303 AktG gerade gewährleisten sollen.[632] Zum anderen steht sie im Widerspruch zu dem an dieser Prämisse orientierten, ansonsten ausgereiften Schutz der abhängigen Gesellschaft, ihres Kapitals, der außenstehenden Gesellschafter und ihrer Gläubiger im Recht der

---

632 Kropff, Begründung des Regierungsentwurfs zu § 300 AktG von 1965, S. 388.

verbundenen Unternehmen. Zahlungen aus dem gebundenen Vermögen sollen gerade verhindert werden. Dieser sehr ausgereifte Schutz des Stammvermögens der abhängigen Gesellschaft wird beispielsweise durch die Vorschrift des § 302 Abs. 4 AktG deutlich, die den ihr zustehenden Verlustausgleich erst zehn Jahre nach Eintragung der Vertragsbeendigung in das Handelsregister verschuldensunabhängig verjähren lässt.

Auch im Hinblick auf die von § 302 Abs. 4 AktG abweichende, im Zweifel kürzere Verjährungsregel des § 62 Abs. 3 S. 1 AktG erscheint es aufgrund des erheblichen Einflusses einer herrschenden Gesellschaft im Vertragskonzern unbillig, diese mit einer kürzeren Verjährungsfrist, die noch während der Vertragsdauer beginnt, zu begünstigen.[633] Denn in den Jahren während der noch andauernden Vertragslaufzeit ist es schwierig für die abhängige Gesellschaft, sich dem dominierenden Einfluss der herrschenden Gesellschaft zu widersetzen. Zudem wird vorliegend gerade eine Lösung für den Fall gesucht, dass sich erst nach Beendigung herausstellt, dass der Jahresabschluss in einem zurückliegenden Jahr während der Vertragsdauer aufgrund eines Bilanzierungsfehlers ebenfalls fehlerhaft war und die daraufhin getätigte Gewinnabführung zu hoch ausgefallen ist. Die Heranziehung des § 62 AktG könnte zur Folge haben, dass die Anspruchsdurchsetzung unter Umständen aufgrund einer bereits eingetretenen Verjährung gänzlich ausgeschlossen sein wird.

Der unter J.VII.1. dargestellte Gedanke Bezzenbergers[634] zum faktischen Konzern, wonach die allgemeinen Regeln über die Kapitalerhaltung und die Vermögensbindung insgesamt durch die konzernrechtlichen Ausgleichs- und Haftungsbestimmungen verdrängt und ersetzt werden, soweit es um den Leistungsverkehr zwischen der Gesellschaft und dem herrschenden Unternehmen geht, ist nachvollziehbar und begrüßenswert. Auch nach Beendigung eines (isolierten) Gewinnabführungsvertrages sollten sich noch abzuwickelnde Ausgleichszahlungen primär nach dem Konzernrecht und nicht nach den allgemeinen aktienrechtlichen Regeln zu richten haben. Wenn eine Anspruchsverfolgung nach § 317 AktG aufgrund eines vorangegangenen, mit dem Gewinnabführungsvertrag verbundenen Beherrschungsvertrages und/oder aufgrund des fehlenden Tatbestandsmerkmals der „Veranlassung" (§ 311 Abs. 1 AktG) übermäßiger Gewinnabführung nicht in Frage kommt, so liegt m. E. ein Rückgriff auf § 302 AktG analog näher als § 62 AktG. Dies aus dem Grund, weil § 302 AktG zweifelsfrei Ausgleichszahlungen (im Konzern) der

633 Mylich, in: AG 2011, 765 (773 f.).

634 Vgl. Fn. 526 f.

herrschenden Gesellschaft an die abhängige Gesellschaft zum Inhalt hat und dem Kapitalschutz während der Vertragsdauer dient. Die Verpflichtung aus § 302 AktG zum Verlustausgleich dürfte erst recht die Rückzahlung gegen § 301 AktG verstoßender Zahlungen beinhalten, die laut objektiv richtiger Bilanz der abhängigen Gesellschaft zustehen, genau wie sich die Höhe des auszugleichenden Verlustes aus der Bilanz ergibt.

Auch der Schutzzweck des § 302 AktG spricht für eine konzernrechtliche Lösung: § 62 AktG schützt durch die Möglichkeit des Einwands der Gutgläubigkeit primär die „Attraktivität der Anlageform Aktie“[635] für den einzelnen Aktionär, der in der Regel – im Gegensatz zur herrschenden Gesellschaft – keinen Einblick in die inneren Vorgänge der Gesellschaft hat.[636] Wie gezeigt[637] passt die Gutglaubensvorschrift des § 62 Abs. 1 S. 2 AktG schon nicht eindeutig und zweifelsfrei auf konzernrechtliche Sachverhalte, während die Vorschriften des dritten Abschnitts (§§ 300, 302, 303 AktG) ausweislich der Gesetzesbegründung zum Ziel haben, *„der Gesellschaft die für ihr Leben als Kapitalgesellschaft erforderliche Substanz und ihren Gläubigern das haftende Kapital zu erhalten“*.[638] Damit gibt nur eine Lösung über das Konzernrecht der abhängigen Gesellschaft die sichere Möglichkeit, nach Beendigung eines Gewinnabführungsvertrages diese Substanz – ohne mögliche Gutglaubenseinwände – wiederzuerlangen und im Zweifel das Überleben auf eigenen Beinen wieder zu sichern.

2. Für eine Heranziehung des § 302 Abs. 1 AktG analog (analog)

Für eine analoge Heranziehung des § 302 Abs. 1 AktG analog als Anspruchsgrundlage spricht, dass sich aus der Verpflichtung zum Ausgleich sämtlicher Verluste der abhängigen Gesellschaft bereits ergibt, dass solche den Höchstbetrag des § 301 S. 1 AktG übersteigende Zahlungen erst recht zurückgezahlt werden müssen.[639]

Die Möglichkeit zur Aufrechnung bei § 302 AktG wird als Argument gegen die analoge Anwendung dieser Vorschrift vorgebracht.[640] Bei § 62 Abs. 1 S. 1 AktG

635 Gärtner, in: AG 2014, 793 (799); so auch Mylich, AG 2011, 765 (767).

636 Bayer, in: Münchn. Komm. z. AktG, Bd. 1, 4. Aufl. 2016, § 62 Rn. 63; Mylich, AG 2011, 765 (767).

637 Vgl. J.VII.6.c).

638 Kropff, Begründung des Regierungsentwurfs zu § 300 AktG von 1965, S. 388.

639 Emmerich, in: Emmerich/Habersack, Komm. z. Aktien-/GmbH-KonzernR, 9. Aufl. 2019, § 301 Rn. 24.

640 Brandes, in: Liber Amicorum für Martin Winter, 2011, 43 (56); Mylich, in: AG 2011, 765 (774).

ist wegen § 66 Abs. 2 S. 1 AktG die Aufrechnung hingegen nicht möglich. Ein derartiges Aufrechnungsverbot ist im Konzernrecht überhaupt nicht vorgesehen und – wie gezeigt (vgl. J.VII.7) – gerade beim konzerninternen Cash-Pool gefährlich, wenn die abhängige Gesellschaft bereits während einer finanziellen Krise der herrschenden Gesellschaft, die schlussendlich zur Insolvenz geführt hat, noch in den Cashpool des Konzerns eingezahlt hat. Zudem ist nicht nachvollziehbar, warum die Aufrechnung ein Nachteil sein soll, wenn die ehemals herrschende Gesellschaft doch einen vollwertigen Gegenanspruch besitzt, dessen Leistung keine Kapitalersatzfunktion hat.

Darüber hinaus wird als nachteilig angesehen, dass die herrschende Gesellschaft andere Leistungen an Erfüllungs statt im Rahmen des § 302 AktG analog anbieten könnte oder die abhängige Gesellschaft zur Rücklagenauflösung anweisen könnte.[641] Dies ist jedoch auch ein bei der Geltendmachung des Verlustausgleichsanspruchs hinzunehmender Nachteil.

Zudem soll gegen eine analoge Anwendung des § 302 AktG sprechen, dass bei Anwendung des § 62 Abs. 1 S. 1 AktG für die AG eine einheitliche Anspruchsgrundlage, sowohl für den Vertragskonzern als auch für den faktischen Konzern, für Leistungen aus dem gebundenen Vermögen gelte.[642] Dabei wird jedoch übersehen, dass es gerade eine Lösung für die unternehmensvertraglich verbundenen Unternehmen zu finden gilt und diese aus gutem Grund anderen Regeln unterliegen als der faktische Konzern. Nach wie vor wäre eine Anwendung von § 62 Abs. 1 S. 1 AktG aufgrund seiner Unanwendbarkeit auf die GmbH und im Fall eines Unternehmensvertrages mit einem konzernfremden Unternehmen alles andere als eine einheitliche Regelung, weder für den faktischen noch für den Vertragskonzern.

Des Weiteren wird gegen eine Heranziehung des § 302 AktG analog angeführt, dass die ehemals herrschende Gesellschaft im Fall einer Veräußerung der abhängigen Gesellschaft keine Rechtssicherheit aufgrund der faktisch längeren Verjährungsfrist des § 302 Abs. 4 AktG habe. Der spätere Verjährungsbeginn im Gegensatz zu dem des § 62 Abs. 3 S. 1 AktG (Verjährung innerhalb von zehn Jahren seit Empfang der Leistung) führe dazu, dass die herrschende Gesellschaft mit den abgeführten Gewinnen nicht wirtschaften könne. Wenn sie bis zu zehn Jahre nach Beendigung des Gewinnabführungsvertrages damit rechnen müsse, dass die Bilanzen nach einer Unternehmensveräußerung geöffnet werden und

---

641 Vgl. Mylich, in: AG 2011, 765 (774); zur Möglichkeit der Anweisung zur Auflösung von Rücklagen vgl. J.XII.

642 Brandes, in: Liber Amicorum für Martin Winter, 43 (55).

dabei festgestellt wird, dass während des Gewinnabführungsvertrages zu viel Gewinn abgeführt wurde, der zurückgefordert werden könne.[643] Dagegen lässt sich einwenden, dass dies bei noch ausstehenden Verlustausgleichsansprüchen, die die ehemals abhängige Gesellschaft nach Vertragsbeendigung auf dieselbe Weise feststellt, ebenfalls der Fall ist und die herrschende Gesellschaft auch mit solchen Nachforderungen im besagten Zeitraum rechnen muss. Warum die Interessen der herrschenden Gesellschaft, die hauptsächlich von dem Gewinnabführungsvertrag profitiert, wenn die abhängige Gesellschaft während der Vertragsdauer Gewinne erwirtschaftet, schützenswerter als diejenigen der abhängigen Gesellschaft sein sollen, kann nicht nachvollzogen werden. Gerade die ehemals abhängige Gesellschaft hat es nach der Vertragsbeendigung schwer, finanziell auf sicheren Beinen zu stehen.

Zuletzt spricht für einen Anspruch aus § 302 AktG analog die Tatsache, dass die Heilung nichtiger Jahresabschlüsse gem. § 256 Abs. 6 AktG aufgrund der Unabhängigkeit des Verlustausgleichsanspruchs vom festgestellten Jahresabschlusses, einem Anspruch aus § 302 AktG – im Gegensatz zu einem Anspruch aus § 62 AktG[644] – nicht entgegensteht.[645]

3. De lege ferenda

Eine höchstrichterliche Entscheidung oder eine Regelung des Gesetzgebers bezüglich des Problems der Rückerstattung übermäßig abgeführter Gewinne nach Beendigung eines Gewinnabführungsvertrages ist de lege lata bislang nicht erfolgt. Lediglich die Literatur diskutiert dieses Problem an.

Nach dem aktuell geltenden Recht stehen für die abhängige Gesellschaft zwar die in dieser Arbeit aufgezeigten Normen zur Rückforderung von während der Vertragsdauer aufgrund eines Verstoßes gegen § 301 AktG übermäßig abgeführter Gewinne zur Verfügung. Da jedoch offensichtlich vom Gesetzgeber keine Rechtsfolgenlösung für Verstöße gegen § 301 AktG vorgesehen und dies mit großer Wahrscheinlichkeit übersehen wurde, ist von einer planwidrigen Regelungslücke auszugehen.[646] Jede der in dieser Arbeit angeführten möglichen Anspruchsgrundlagen hat ihre Schwächen. De lege ferenda wäre eine Norm, die die Rechtsfolge eines Verstoßes gegen § 301 AktG regelt, daher

643 Brandes, in: Liber Amicorum für Martin Winter, 43 (50, 54).
644 Vgl. 0.
645 Mylich, in: AG 2011, 765 (773).
646 Vgl. J.VIII.1.b).

wünschenswert. Bis dahin wird empfohlen, auf § 302 Abs. 1 AktG analog (analog) zurückzugreifen.

XII. Auflösen von Rücklagen

Wird die herrschende Gesellschaft nach Beendigung eines Beherrschungs- und Gewinnabführungsvertrages von der ehemals abhängigen Gesellschaft mit Rückforderungsansprüchen konfrontiert, stellt sich die Frage, ob sie sich einer Zahlungsverpflichtung (zumindest teilweise) entledigen kann, indem sie die abhängige Gesellschaft anweist, während der Vertragsdauer gebildete Rücklagen aufzulösen. Durch die Auflösung der Gewinnrücklagen könnte sich die durch die Bilanzkorrektur ergebende Minderung des abzuführenden Gewinns neutralisieren. Dies hätte für die herrschende Gesellschaft den positiven Effekt, dass die Gewinnabführung trotz der Bilanzkorrektur im Ergebnis zutreffend war und sie keinen Ausgleich mehr an die abhängige Gesellschaft zahlen müsste.

Fraglich ist in diesem Zusammenhang, ob und inwieweit die abhängige Gesellschaft nach Beendigung eines Beherrschungs- und Gewinnabführungsvertrages noch eine Rücksichtnahmepflicht gegenüber der ehemals herrschenden Gesellschaft hat und damit immer noch einem nachvertraglichen Weisungsrecht bzw. einer Einflussmöglichkeit auf das Bilanzwahlrecht unterliegt und einem solchen Verlangen nachkommen muss.[647] Aufgrund eines solchen Weisungsrechts bzw. einer solchen Einflussmöglichkeit könnte die ehemals herrschende Gesellschaft darauf hinwirken, dass die abhängige Gesellschaft die während der Vertragslaufzeit gebildeten Rücklagen auflöst, um dadurch den durch die übermäßige Gewinnabführung entstandenen Fehlbetrag auszugleichen. Denn die während der Vertragslaufzeit gebildeten Rücklagen gehören nicht zu dem bilanziellen Anfangsvermögen (Beginn des Unternehmensvertrages) der Gesellschaft, das nicht geschmälert werden darf.

In Betracht kommt dieser Gedanke vorwiegend, aber nicht ausschließlich, wenn neben dem Gewinnabführungsvertrag auch ein Beherrschungsvertrag bestand, der die herrschende Gesellschaft ausdrücklich zur Weisungserteilung ermächtigt hat. Für den Fall, dass lediglich ein isolierter Gewinnabführungsvertrag zwischen den Parteien bestand, ist streitig, ob dieser allein die herrschende Gesellschaft zu einer Weisungserteilung bezüglich bilanzpolitischer Entscheidungen oder der Rücklagenbildung ermächtigen kann.[648] Die herrschende

647 Reichert, in: Liber Amicorum für Martin Winter, 541 (543).

648 Dafür: Veil, in: Spindler/Stil, Komm. z. AktG, 4. Aufl. 2019, § 291 Rn. 37 ff.; dagegen (h. M.): Langenbucher, in: K. Schmidt/Lutter, Komm. z. AktG, 3. Aufl. 2015, § 291

Meinung verneint dies richtigerweise. Aus dem Gesetz ergibt sich eindeutig nur beim Beherrschungsvertrag (§ 291 Abs. 1 S. 1 Alt. 1 AktG i. V. m. § 308 AktG) die Zulässigkeit von Weisungserteilungen. Der Vorteil, den die abhängige Gesellschaft durch die Möglichkeit, einen isolierten Gewinnabführungsvertrag abschließen zu können und sich gerade keiner Leitungsmacht der herrschenden Gesellschaft unterstellen zu müssen, hat, würde so unterlaufen.

1. Gesellschaftsrechtliche Treuepflicht

a) Grundsätzliches

Eine allgemeine Rücksichtnahmepflicht könnte sich aus der gesellschaftsrechtlichen Treuepflicht ergeben. Die gesellschaftsrechtliche Treuepflicht ist eine die gesamte Mitgliedschaft beherrschende Verhaltenspflicht.[649] Danach muss ein Gesellschafter stets Rücksicht auf die Interessen der Gesellschaft und der übrigen Gesellschafter nehmen, wenn er seine Mitgliedschaftsrechte ausübt. Die zunächst aus dem Personengesellschaftsrecht stammende Treuepflicht, die ihren Ursprung im Wortlaut des § 705 BGB hat („*Durch den Gesellschaftsvertrag verpflichten sich die Gesellschafter gegenseitig, die Erreichung eines gemeinsamen Zwecks in der durch den Vertrag bestimmten Weise zu fördern …*"), ist heutzutage als Inhalt jeder Mitgliedschaft in privaten Verbänden anerkannt.[650] Einerseits beinhaltet die Treuepflicht Schranken bezüglich der gesellschafterlichen Ausübungsrechte, zum anderen begründet sie konkrete Verhaltensweisen.[651]

b) Die Treuepflicht in der GmbH

Die dem Personengesellschaftsrecht immanente Treuepflicht wurde später, im Jahre 1975 mit der ITT-Entscheidung des BGH,[652] auch auf die GmbH ausgedehnt. Der herrschende Gesellschafter in einem GmbH-Konzern hafte gegenüber seinen Mitgesellschaftern aus der Treuepflicht und sei diesen gegenüber

Rn. 60; Emmerich, in: Emmerich/Habersack, Komm. z. Aktien-/ GmbH-KonzernR, 9. Aufl. 2019, § 291 Rn. 49; Deilmann, in: Hölters, Komm. z. AktG, 3. Aufl. 2017, § 291 Rn. 52.

649 Vgl. statt aller Schlitt/Maier-Reinhardt, in: Reichert, GmbH & Co. KG, 7. Aufl. 2015, Kap. C, § 26 Rn. 1 m. w. N.

650 Lutter, in: AcP 180 (1980), 84 (102 f.).

651 Schlitt/Maier-Reinhardt, in: Reichert, GmbH & Co. KG, 7. Aufl. 2015, Kap. C, § 26 Rn. 3.

652 BGHZ 65, 15 – ITT.

bei Verletzung der Treuepflicht zum Schadensersatz verpflichtet. Bei der GmbH bestehen sowohl Rücksichtnahmepflichten zwischen den Gesellschaftern untereinander als auch zwischen den Gesellschaftern und der Gesellschaft und damit der herrschenden Gesellschaft gegenüber der abhängigen GmbH.

c) Die Treuepflicht im Aktienrecht

Für das Aktienrecht hat der BGH im Jahre 1975 noch in der sog. Audi-NSU-Entscheidung eine Ausdehnung auf Treuepflichten auch auf die AG verneint.[653] Die Treuepflicht auch der Aktionäre einer AG gegenüber ihrer Gesellschaft ist mittlerweile allerdings allgemein anerkannt.[654] Spätestens seit der *„Linotype"*-Entscheidung des BGH[655] ist auch die Treuepflicht der Gesellschafter untereinander, vor allem der Mehrheitsgegenüber den Minderheitsaktionären, sprich eine mitgliedschaftliche Treuepflicht, herrschende Meinung.[656] Darüber hinaus entschied der BGH 1995 im sogenannten Girmes-Fall dann auch, dass die Minderheitsaktionäre ebenso Treuepflichten gegenüber den Mehrheitsaktionären zu beachten hätten.[657] Als Ausfluss der gesellschaftsrechtlichen Treuepflicht gilt also ein umfassendes Schädigungsverbot zwischen den Aktionären untereinander und diesen gegenüber der Gesellschaft.

d) Die Treuepflicht im Konzernrecht

Für unternehmensvertraglich miteinander verbundene Gesellschaften könnte diese Treuepflicht meist schon auf der Beteiligung der herrschenden Gesellschaft an der abhängigen Gesellschaft gründen.[658] Allerdings besteht die (wenn auch seltene) Möglichkeit, dass die herrschende Gesellschaft einmal weder unmittelbare noch mittelbare Gesellschafterin der abhängigen Gesellschaft ist, weshalb

---

653 BGH WM 1976, 449.
654 Henze, in: Großkomm. z. AktG, 4. Aufl. 2005, § 62 Rn. 3, 8.
655 BGH NJW 1988, 1579 (1581 f.), „Linotype".
656 Reichert, in: Liber Amicorum für Martin Winter, 541 (551 f.).
Krieger, in: MünchHdb GesR, Bd. 4, 4. Aufl. 2015, § 17 Rn. 27 ff; Leider, in: Michalski u. a., Komm. z. GmbH-Gesetz, 3. Aufl. 2017, § 13 Rn. 141 ff.; Lange, in: Henssler/Strohn, Komm. z. Gesellschaftsrecht, 4. Auflage 2019, AktG, § 53a Rn. 7 ff.
657 BGHZ 129, 136; bestätigt durch BGHZ 142, 167 (170 f.), „Hilgers".
658 So Reichert, in: Liber Amicorum für Martin Winter, 541 (551).

grundsätzlich Rechtsgrund für eine Treue- und Rücksichtnahmeverpflichtung bereits der Unternehmensvertrag sein soll.[659]

Die Loyalitätspflichten im Konzern beruhen auf den gleichen gesellschaftsrechtlichen Erwägungen wie die mitgliedschaftlichen Treuepflichten der Gesellschafter einer GmbH oder AG: der Machtposition und der überproportionalen Einflussmöglichkeit der Gesellschafter auf die Gesellschaft.[660] Somit hat die herrschende Gesellschaft aus ihrer unternehmensvertraglich eingeräumten Machtposition heraus eine gewisse Treue- und Rücksichtnahmepflicht gegenüber der abhängigen Gesellschaft. Gleichwohl bleibt ihr das Recht, ihre eigenen Interessen zu verfolgen und auch gem. § 308 Abs. 1 S. 2 AktG für die Organgesellschaft nachteilige Weisungen zu erteilen, wenn das ihrem eigenen Unternehmenswohl dient und sich nicht existenzgefährdend auf die abhängige Gesellschaft auswirkt.[661]

Nach einer Ansicht binde diese Treue- und Rücksichtnahmepflicht umgekehrt auch die abhängige Gesellschaft gegenüber der herrschenden Gesellschaft, weil sich ihr Ergebnis unmittelbar auf das Ergebnis der herrschenden Gesellschaft auswirke.[662] Dieser Rückschluss überzeugt gerade aufgrund des dem Unternehmensvertrag immanenten Gegenseitigkeitsverhältnis in Form eines Dauerschuldverhältnisses. Darüber hinaus ergibt sich schon aus § 241 Abs. 2 BGB der einfache Grundsatz, dass immer beide Vertragsparteien eines Schuldverhältnisses zur Rücksichtnahme auf die Rechte, Rechtsgüter und Interessen des anderen Teils verpflichtet sind. Der Unternehmensvertrag verlangt insbesondere von den verbundenen Gesellschaften, Rücksicht darauf zu nehmen, die steuerliche Organschaft nicht zu gefährden.

659 Eingehend Veil, in: Unternehmensverträge: Organisationsautonomie und Vermögensschutz im Recht der Aktiengesellschaft, 2003, S. 204; vgl. auch Reichert, in: Liber Amicorum für Martin Winter, 541 (551).

660 BGHZ 142, 167 (170 f.), „Hilgers"; Veil, in: Unternehmensverträge: Organisationsautonomie und Vermögensschutz im Recht der Aktiengesellschaft, 2003, S. 204 f. m. w. N.

661 Veil, in: Unternehmensverträge: Organisationsautonomie und Vermögensschutz im Recht der Aktiengesellschaft, 2003, S. 205; Koch in: Hüffer/Koch, Komm. z. AktG, 13. Aufl. 2018, § 308 Rn. 19.

662 Reichert, in: Liber Amicorum für Martin Winter, 541 (551 f.).

2. Die nachvertragliche Treuepflicht

Die Treue- und Rücksichtnahmepflichten aus dem Unternehmensvertrag gelten nach der wohl herrschenden Ansicht für die Vertragsparteien auch nachvertraglich fort.[663] Dies ergebe sich danach schon aus dem allgemeinen Schuldrecht.[664] Auch nach Beendigung eines Vertrages sollen sogenannte „echte" nachwirkende Treuepflichten – für zumindest eine Übergangszeit – fortwirken.[665] Dies sei sogar eine nicht ausdrücklich vereinbarte Pflicht der ehemaligen Vertragsparteien, die sich aus Treu und Glauben ergebe.[666] Genau daraus soll sich zudem die Pflicht ableiten, alles zu unterlassen und nichts zu tun, was den Vertragszweck der ehemaligen Vertragspartei beeinträchtigen könnte, und sie insbesondere dadurch nicht in eine Lage zu versetzen, die ihr die durch den Vertrag erlangten Vorteile wieder entzieht oder sie erheblich verringert.[667]

a) Nachvertragliche Treuepflicht im Rahmen der nachvertraglichen Bilanzierung

Gerade aus diesen Loyalitätspflichten, den Treue- und Rücksichtnahmepflichten, folgt nach Beendigung des Unternehmensvertrages die Pflicht der abhängigen Gesellschaft, die ehemals herrschende Gesellschaft weiterhin in den Prozess der Erstellung der Bilanz für den Jahresabschluss mit einzubeziehen.[668] Auch umgekehrt ist die herrschende Gesellschaft nach Beendigung des Vertragsverhältnisses letztmalig verpflichtet, die abhängige Gesellschaft in ihren auf die Beendigung folgenden Konzernabschluss einzubeziehen (vgl. § 290 Abs. 2 Nr. 3 i. V. m. § 290 Abs. 1 HGB).[669] Die abhängige Gesellschaft darf nicht allein von den Bilanzierungswahlrechten Gebrauch machen, sondern muss sich, vor allem bei der Aufstellung des Jahresabschlusses, als gewinnabführungsverpflichtete

663 Krieger, in: MünchHdb GesR, Bd. 4, 4. Aufl. 2015, 12. Kap. § 72 Rn. 35; Reichert, in: Liber Amicorum für Martin Winter, 541 (551 ff.).
664 Reichert, in: Liber Amicorum für Martin Winter, 541 (552).
665 Ernst, in: Münchn. Komm. z. BGB, 8. Aufl. 2019, § 280 Rn. 114 f.
666 Ernst, in: Münchn. Komm. z. BGB, 8. Aufl. 2019, § 280 Rn. 115.
667 BGH NJW-RR 1990, 141 (142); Grüneberg, in: Palandt, Komm. z. BGB, 78. Aufl. 2019, § 280 Rn. 7; Ernst, in: Münchn. Komm. z. BGB, 8. Aufl. 2019, § 280 Rn. 115 m. w. N.
668 Liebscher, in: Münchn. Komm. z. GmbHG, 3. Aufl. 2018, Bd. 1, Anhang § 13 (GmbH-Konzernrecht), Rn. 869.
669 Liebscher, in: Münchn. Komm. z. GmbHG, 3. Aufl. 2018, Bd. 1, Anhang § 13 (GmbH-Konzernrecht), Rn. 877.

Gesellschaft mit der herrschenden Gesellschaft abstimmen.[670] Dies ist insbesondere bei der Bewertung von Vorrats- und Anlagevermögen und bei der Beurteilung von Geschäftschancen besonders wichtig, weil dies erhebliche Auswirkungen auf die ehemals herrschende Gesellschaft hat.[671] Erst recht muss dies somit für Jahresabschlüsse gelten, die Geschäftsjahre betreffen, in denen der Unternehmensvertrag noch Bestand hatte.

b) Nachvertragliche Treuepflicht im Rahmen von Bilanzänderungen

Die Treueplicht wirkt sich daher besonders dann aus, wenn nach der Beendigung der problematische Fall eintritt, dass die ehemals abhängige Gesellschaft oder deren Rechtsnachfolgerin die Bilanzen vergangener Jahre, in denen sie unternehmensvertraglich mit der ehemals herrschenden Gesellschaft verbunden war, öffnet und sich herausstellt, dass zur damaligen Zeit Bilanzierungsfehler gemacht wurden. Denn noch während der Dauer des Beherrschungs- und Gewinnabführungsvertrages war zwar stets der Vorstand der abhängigen Gesellschaft für die Bilanzaufstellung und der Ermittlung von Gewinn und Verlust verantwortlich, jedoch hatte das herrschende Unternehmen in dem Fall immer erhebliche Einflussmöglichkeiten, vor allem im Rahmen der Bilanzwahlrechte. Macht die herrschende Gesellschaft von ihrer Einflussmöglichkeit, beispielsweise in Form von Weisungen aufgrund des Beherrschungsvertrages (§ 308 AktG), keinen Gebrauch, ist daher die Ausübung der Bilanzierungswahlrechte mit dem herrschenden Unternehmen abzustimmen.[672]

Die abhängige Gesellschaft musste während der Vertragslaufzeit bereits Rücksicht auf die Interessen und Belange der herrschenden Gesellschaft nehmen, wenn sie die Bilanzwahlrechte eigenständig ausüben wollte.[673] Da die im Raum stehende nachvertragliche Änderung von Bilanzen zum einen Auswirkungen auf die steuerliche Organschaft haben könnte und zum anderen nach wie vor die ehemals herrschende Gesellschaft trifft, da sich gegebenenfalls im Nachhinein herausstellt, dass an sie während der Vertragsdauer zu viel Gewinn

---

670 Liebscher, in: Münch. Komm. z. GmbHG, 3. Aufl. 2018, Bd. 1, Anhang § 13 (GmbH-Konzernrecht), Rn. 875.

671 Liebscher, in: Münch. Komm. z. GmbHG, 3. Aufl. 2018, Bd. 1, Anhang § 13 (GmbH-Konzernrecht), Rn. 875.

672 OLG Frankfurt a.M. NZG 2000, 603 (604).

673 Emmerich, in: Emmerich/Habersack, Komm. z. Aktien-/GmbH-KonzernR, 9. Aufl. 2019, § 291 Rn. 65, Liebscher, in: Münch. Komm. z. GmbHG, 3. Aufl. 2018, Bd. 1, Anhang § 13 (GmbH-Konzernrecht), Rn. 875 f.

abgeführt wurde und eine Korrektur der Bilanz sie zu Rückzahlungen verpflichten könnte, muss die nachvertragliche Treuepflicht dann in besonderem Maße beachtet werden. Dies ist nur folgerichtig, weil es ja gerade um die gemeinsamen Geschäftsjahre geht, in denen der Unternehmensvertrag Bestand hatte.[674]

Die ehemals herrschende Gesellschaft wird zudem grundsätzlich ein Interesse daran haben, an Steuererklärungen und Betriebsprüfungen für die ehemalig abhängige Gesellschaft auch nach der Beendigung beteiligt zu werden, wenn davon Sachverhalte berührt sind, die gem. § 14 Abs. 1 S. 1 KStG rückwirkend den Zeitraum der steuerlichen Organschaft betreffen und der damaligen herrschenden Gesellschaft zuzurechnen sind.[675] Im Hinblick auf die Korrektur von Jahresabschlüssen (überhaupt eine Korrektur, Rückwärtskorrektur oder Korrektur in laufender Rechnung) sei die Ermessensausübung nach einer Ansicht im Hinblick auf die Ergebnisauswirkungen nur von dem ehemals herrschenden Unternehmen vorzunehmen.[676]

Darüber hinaus wird vertreten, dass der ehemals abhängigen Gesellschaft – sofern sie durch die herrschende Gesellschaft keine Bilanzierungsanweisung aufgrund § 308 AktG erhalten hat – der in Rede stehende Bilanzierungsfehler selbst unterlaufen ist und damit eine Entscheidungshoheit über die Korrektur an der ehemals herrschenden Gesellschaft vorbei diese ungerechtfertigt benachteiligen würde.[677] Dies scheint insofern zweifelhaft, da die herrschende Gesellschaft die Bilanz gebilligt hat.[678]

3. Rechtsfolgen bei Verletzung nachvertraglicher Treuepflichten

Für den Fall, dass eine ehemalige Vertragspartei sich treuwidrig verhält beziehungsweise es unterlässt, ihrer nachvertraglichen Treuepflicht nachzukommen, kann die benachteiligte Partei sich dagegen zur Wehr setzen. Die Verletzung nachvertraglicher Treuepflichten entspricht jeder sonstigen Pflichtverletzung und löst Schadensersatzansprüche nach § 280 Abs. 1 BGB des Gläubigers gegenüber dem Pflichtverletzer aus.

---

674 So auch Reichert, in: Liber Amicorum für Martin Winter, 541 (553).
675 Hentzen, in: NZG 2008, 201.
676 Reichert, in: Liber Amicorum für Martin Winter, 541 (553).
677 Reichert, in: Liber Amicorum für Martin Winter, 541 (554).
678 Vgl. dazu unter J.III.1 und J.IX.

4. Nachvertragliches Weisungsrecht – nachvertragliche Entscheidungshoheit

Aufgrund der vorstehend beschriebenen, im Rahmen von Konzernverbindungen existierenden nachvertraglichen Rücksichtnahme- und Treuepflichten nach Beendigung eines Beherrschungs- und Gewinnabführungsvertrages stellt sich die Frage, ob die ehemals herrschende Gesellschaft einem Rückzahlungsanspruch der abhängigen Gesellschaft wegen übermäßiger Gewinnabführung während der Vertragsdauer entgegenhalten kann, dass vorerst während der Vertragsdauer gebildete Gewinnrücklagen aufzulösen sind. Dies wird im Folgenden beantwortet.

a) Fortdauernde Weisungsfolgen für die abhängige Gesellschaft

Grundsätzlich gilt für bereits während der Vertragsdauer erteilte Bilanzweisungen, dass diese auch noch nach der Beendigung des Unternehmensvertrages eine Zeit lang fortwirken und sich die abhängige Gesellschaft daran halten muss.[679] Dies folgt – wie gezeigt – bereits aus § 290 Abs. 2 Nr. 3 i. V. m. § 290 Abs. 1 HGB. Denn nach Beendigung eines Beherrschungsvertrages muss die herrschende Gesellschaft die ehemals abhängige Gesellschaft noch einmal in den Konzernabschluss für das vergangene Konzerngeschäftsjahr einbeziehen, sodass darauf bezogene Bilanzanweisungen verbindlich sind.[680]

Nur wenn die abhängige Gesellschaft nach Beendigung des Beherrschungs- und Gewinnabführungsvertrages bei der Bilanzaufstellung Rücksicht auf die Interessen der herrschenden Gesellschaft nimmt und die rechtmäßigen Weisungen der herrschenden Gesellschaft befolgt, kann sie verhindern, dass ein neuer Erwerber der Gesellschaft Mängel der Bilanz zu Korrekturen nutzt und den Kaufpreis mindert.[681]

679 Hentzen, in: NZG 2008, 201; Emmerich, in: Emmerich/Habersack, Komm. z. Aktien-/GmbH-KonzernR, 9. Aufl. 2019, § 302 AktG Rn. 29a f.; Liebscher, in: Münchn. Komm. z. GmbHG, 3. Aufl. 2018, Bd. 1, Anhang § 13 (GmbH-Konzernrecht), Rn. 877.

680 Liebscher, in: Münchn. Komm. z. GmbHG, 3. Aufl. 2018, Bd. 1, Anhang § 13 (GmbH-Konzernrecht), Rn. 877.

681 Emmerich, in: Emmerich/Habersack, Komm. z. Aktien-/GmbH-KonzernR, 9. Aufl. 2019, § 302 AktG Rn. 29b.

b) Nachvertragliche Weisungserteilung zur bzw. nachvertragliche Entscheidungshoheit über die Auflösung von Rücklagen

Es stellt sich daher die Frage, ob das herrschende Unternehmen aufgrund des Beherrschungs- und Gewinnabführungsvertrages und der auf diesem beruhenden nachvertraglichen Treuepflicht (vgl. unter J.XII.2.) auch nach Beendigung noch von nachvertraglichen Weisungsrechten Gebrauch machen kann, um beispielsweise die nachträgliche Auflösung von während der Vertragsdauer gebildeten Rücklagen anzuweisen. So könnte sie, ohne die vergangenen Bilanzen zu öffnen, den Differenzbetrag ausgleichen, der aufgrund der fehlerhaften Bilanz entstanden ist.

Es wird vertreten, die allgemeine gesellschaftsrechtliche Rücksichtnahme- und Treuepflicht verdichte sich zur Verpflichtung auf Verlangen der ehemals herrschenden Gesellschaft, während der Vertragsdauer gebildete Rücklagen zum Ausgleich aufzulösen.[682] Wegen dieser Entscheidungshoheit bezüglich der Korrektur fehlerhafter Jahresabschlüsse, die aus der Zeit der unternehmensvertraglichen Verbindung stammen, könne die ehemals herrschende Gesellschaft somit die Dotierung bzw. Auflösung von Rücklagen verlangen.[683]

Beließe man dann nicht die Entscheidungsbefugnis über die Vorgehensweise bei der Bilanzkorrektur bei der ehemals herrschenden Gesellschaft, bestünde die Gefahr, dass gerade nach Beendigung eine Korrektur nur seitens der abhängigen Gesellschaft durchgeführt wird und diese mit großer Wahrscheinlichkeit die Möglichkeit zur Rücklagenauflösung nicht in Betracht ziehen würde.[684] Das würde zum einen ausgerechnet die Vertragspartei benachteiligen, die im Fall fehlender Beteiligung bei der Bilanzaufstellung selbst zur Vertragszeit die Fehler nicht (überwiegend) zu vertreten hatte, und zum anderen könnte ein Handeln auf eigene Faust ohne Rücksicht auf die Belange der ehemaligen Organträgerin die steuerliche Organschaft nachteilig beeinflussen.

Die Auflösung von Rücklagen zum Ausgleich des Rückzahlungsanspruchs ist zu befürworten. Zwar ist auch eine Neufeststellung des Jahresabschlusses denkbar, bei der dann die bei der ursprünglichen Feststellung gebildeten Gewinnrücklagen nunmehr nicht gebildet werden.[685] Im Gegensatz zu einer solchen aktiven Bilanzänderung stellt die nachträgliche Auflösung von Rücklagen jedoch

682 Reichert, in: Liber Amicorum für Martin Winter, 541 (554).
683 Reichert, in: Liber Amicorum für Martin Winter, 541 (554).
684 Reichert, in: Liber Amicorum für Martin Winter, 541 (554).
685 Gärtner, in: AG 2014, 795 (799).

ein bedeutend milderes Mittel im Hinblick auf die andernfalls mögliche Gefährdung der steuerlichen Organschaft dar. Denn während der Vertragsdauer ist es gemäß § 302 Abs. 1, 2. Hs. AktG zulässig, den sonst entstehenden Jahresfehlbetrag durch die Entnahme von Beträgen aus den anderen Gewinnrücklagen auszugleichen, die auch während der Vertragsdauer dort eingestellt wurden. Dadurch wird der Wille des Gesetzgebers erkennbar, der herrschenden Gesellschaft die Entscheidungshoheit über die Gewinnrücklagen zu übertragen. Das sind gerade solche Beträge, die nach § 301 S. 2 AktG während der Vertragsdauer eingestellt wurden, anstatt sie als Gewinn an die herrschende Gesellschaft abzuführen. Wäre der abzuführende Gewinn in den streitigen Zeiträumen richtigerweise niedriger ausgefallen als der durch falsche Bilanzierung übermäßig abgeführte, wären dann auch weniger Beträge in die Gewinnrücklage eingestellt worden.

Während der Vertragsdauer werden diese Beträge nach Auflösung in den Jahresüberschuss eingestellt und daraufhin an die herrschende Gesellschaft abgeführt. Gerade wenn sich nach Beendigung des Unternehmensvertrages herausstellt, dass während der Zeit, in der ein Beherrschungs- und Gewinnabführungsvertrag bestand, Rücklagen i. S. v. § 301 S. 2 AktG während der Vertragsdauer gebildet wurden, anstatt sie als Gewinn abzuführen, und die ehemals herrschende Gesellschaft zum damaligen Zeitpunkt die Entscheidungshoheit über die Auflösung gehabt hätte, kann in der heutigen Situation keine andere Beurteilung greifen. Auch nachvertraglich müsste es nun möglich sein, die Gewinnrücklagen zwar nicht aufzulösen, um sie an die herrschende Gesellschaft abzuführen, sondern um den durch die fehlerhafte Bilanzierung übermäßig abgeführten Betrag an die abhängige Gesellschaft zu verteilen, um die zu Unrecht geschehene Vermögensminderung in der Gesellschaft auf diese Weise auszugleichen.

Faktisch kommt es einem nachvertraglichen Weisungsrecht gleich, wenn die ehemals abhängige Gesellschaft aufgrund der gesellschaftsrechtlichen und nachvertraglichen Treue- und Rücksichtnahmepflichten an die Entscheidung zur nachvertraglichen Rücklagenauflösung gebunden ist und diese befolgen muss.

Zuständig für die Auflösung ist nach einer Ansicht allein der Vorstand, der die Aufgabe bei der Aufstellung des Jahresabschlusses nach § 170 AktG wahrnimmt.[686] Jedoch könne das herrschende Unternehmen bei Bestehen eines Beherrschungsvertrages gem. § 308 Abs. 1 AktG diesen zur Entnahme

686 Altmeppen, in: Münchn. Komm. z. AktG, 4. Aufl. 2015, § 302 Rn. 50.

anweisen.[687] Nach der Gegenansicht muss auch der Aufsichtsrat ein an der Entscheidung über die Auflösung von Gewinnrücklagen beteiligt werden.[688] Letztere Ansicht ist vorzugswürdig, da der Aufsichtsrat aufgrund seiner Prüfungskompetenz über die Recht- und Zweckmäßigkeit des Jahresabschlusses aus § 171 Abs. 1 S. 1 AktG neben dem Vorstand ein erhebliches Mitspracherecht hat, wenn es um die Auflösung von Rücklagen geht. Die herrschende Gesellschaft besetzt in der Regel die Mehrheit im Aufsichtsrat, so dass diese mittelbar bei der Entscheidung über die Rücklagenauflösung involviert ist.

c) *Keine Auflösung vorvertraglich gebildeter Rücklagen – Gefährdung der steuerlichen Organschaft*

Die Anweisung zur Auflösung kann jedoch nicht für vorvertraglich gebildete Rücklagen gelten (vgl. Wortlaut des § 301 S. 2 AktG), soweit der Unternehmensvertrag keine diesbezügliche Regelung enthält.[689] Die Auflösung vorvertraglicher Rücklagen wäre zudem im Fall einer steuerlichen Organschaft ein Verstoß gegen das Durchführungsgebot. Nach § 14 Abs. 1 S. 1 Nr. 3 S. 1 KStG muss der Gewinnabführungsvertrag während seiner gesamten Geltungsdauer (vorbehaltlich der fünfjährigen Mindestvertragsdauer) auch tatsächlich durchgeführt werden. Andernfalls wäre der Gewinnabführungsvertrag von Anfang an unwirksam und die abhängige Gesellschaft wäre verpflichtet, ihr gesamtes Einkommen der vergangenen Jahre selbst zu versteuern.

5. Zeitliche Begrenzung der nachvertraglichen Rechte und Pflichten

Vor dem Hintergrund einer ausufernden nachvertraglichen Treuepflicht stellt sich die dringende Frage, wie lange eine Treuepflicht nach Beendigung des Vertrages fortwirken soll. Dieser Frage wird daher im Folgenden nachgegangen.

---

687 Emmerich, in: Emmerich/Habersack, Komm. z. Aktien-/GmbH-KonzernR, 9. Aufl. 2019, § 301 AktG Rn. 30.

688 Stephan, in: K. Schmidt/Lutter, Komm. z. AktG, 3. Aufl. 2015, § 302 Rn. 28 f.

689 Liebscher, in: Münchn. Komm. z. GmbHG, 3. Aufl. 2018, Bd. 1, Anhang § 13 (GmbH-Konzernrecht), Rn. 864.

a) Regelverjährung nach §§ 195, 199 Abs. 1 BGB

Bei der nachvertraglichen Treuepflicht könnte es sich um einen (unternehmens-) vertraglichen Anspruch handeln, der nach §§ 195, 199 Abs. 1 BGB der dreijährigen Regelverjährung unterliegt.

Dagegen spricht die dem Aktienrecht immanente dreijährige „Sperrfrist“ für einen Verzicht oder Vergleich über Ansprüche (z. B. § 117 Abs. 4 i. V. m. § 93 Abs. 4 S. 3 AktG; § 302 Abs. 3 AktG). Diese könnte bei dieser Überlegung zwar ebenfalls eine Rolle spielen, sodass es den ehemals verbundenen Unternehmen möglich sein soll, nach Ablauf einer Frist von drei Jahren nach Beendigung des Vertrages auf Ansprüche zu verzichten oder sich über diese zu vergleichen und nun ihren von Treue- und Rücksichtnahmepflichten unabhängigen Weg zu gehen. Dies ist allerdings mit der dann immer noch laufenden Verjährungsfrist eines beispielsweise noch nicht ausgeglichenen Verlusts nach § 302 Abs. 4 AktG nicht vereinbar, da nach Ablauf der drei Jahre noch sieben weitere Jahre mit einer Inanspruchnahme gerechnet werden muss.

Eine aus dem Unternehmensvertrag hergeleitete vertragliche Regelverjährung scheidet damit aus, da sie nicht über die Sperrfrist des § 302 Abs. 3 S. 1 AktG hinausgehen würde und mit Ablauf der Verjährung daher kein Bedürfnis mehr bestünde, von einem Verzicht oder Vergleich Gebrauch zu machen, sodass sie sinnwidrig wäre.

a) Gleichlauf mit § 302 Abs. 4 AktG

Denkbar ist zudem ein Gleichlauf mit der im Konzernrecht für den Verlustausgleich geltenden zehnjährigen Verjährungsfrist aus § 304 Abs. 4 AktG, die zuletzt noch mit Inkrafttreten des Gesetzes zur Anpassung von Verjährungsvorschriften vom 09.12.2004[690] (Art. 11 Nr. 6) an das Gesetz zur Modernisierung des Schuldrechts angepasst wurde (siehe dazu unter J.I.2.b)bb)), zu schaffen. Denn das herrschende Unternehmen muss auch bis zu zehn Jahre nach Beendigung des Vertrages unabhängig von der Frage der Bilanzrichtigkeit damit rechnen, dem Risiko von Nachforderungen ausgesetzt zu sein. Eine dementsprechende gleichlaufende Fortwirkung der nachvertraglichen Treuepflicht könnte daher geboten sein.

Dagegen sprechen allerdings Praktikabilitätserwägungen. Für einen Zeitraum von zehn Jahren erscheint es lähmend für die Geschäftstätigkeit der Gesellschaft, wenn nach so einer langen Zeit noch – nicht normierte – Rücksichtnahmepflichten

690 BGBl I 2004, Nr. 66, S. 3214, vom 14.12.2004.

bestünden, zumal auch die ausdrücklich normierten handelsrechtlichen Nachhaftungsvorschriften des ausgeschiedenen Geschäftsinhabers und des ausgeschiedenen Gesellschafters lediglich auf fünf Jahre nach Ausscheiden begrenzt sind, §§ 26 Abs. 1 und 160 Abs. 1 HGB.

aa) Dauer der Nachhaftung entsprechend §§ 26, 160 HGB, § 327 Abs. 4 AktG

Der BGH hat mit Urteil vom 07.10.2014 (II ZR 361/13)[691] zur Begrenzung der Nachhaftung hinsichtlich der Pflicht zur Sicherheitsleistung nach § 303 AktG nach Beendigung eines Beherrschungs- und Gewinnabführungsvertrags, Folgendes entschieden:

> *„Der Anspruch der Gläubiger einer abhängigen Gesellschaft auf eine Sicherheitsleistung für Verbindlichkeiten, die bis zur Bekanntmachung der Eintragung der Beendigung des Beherrschungs- oder Gewinnabführungsvertrags begründet, aber erst danach fällig werden, ist entsprechend den Nachhaftungsregeln in §§ 26, 160 HGB und § 327 Abs. 4 AktG auf Ansprüche, die vor Ablauf von fünf Jahren nach der Bekanntmachung fällig werden, begrenzt.“*

Der BGH führt weiter aus, der Gesetzgeber habe sich mit der Neufassung von § 327 Abs. 4 AktG durch Art. 11 Abs. 7 des Gesetzes zur Anpassung von Verjährungsvorschriften an das Gesetz zur Modernisierung des Schuldrechts v. 9. 12. 2004 (BGBl. I, S. 3214) dafür entschieden, das Nachhaftungsmodell für das Ausscheiden aus einer Personengesellschaft nach § 160 HGB auf Konzernsachverhalte zu übertragen.[692]

Damit hat der BGH nunmehr die Dauer der Nachhaftung nach Ende eines Beherrschungs- oder Gewinnabführungsvertrags festgelegt und bis dahin herrschende Unklarheiten beseitigt, da er selbst in einem früheren Urteil[693] die Ansicht vertrat, ein konkret zu bestimmendes Sicherungsinteresse, maximal der künftig fällig werdende Gesamtbetrag, sei maßgebend für die Sicherheitsleistung nach § 303 AktG.

Auch die Literatur hatte sich für den Fall der Sicherheitsleistung im Sinne des § 303 AktG zuvor dafür ausgesprochen, die Haftungsdauer der herrschenden Gesellschaft nach Beendigung des Unternehmensvertrages auf fünf Jahre zu begrenzen.[694] Dies hinge vor allem damit zusammen, dass nach Beendigung

---

691 BGH DNotZ 2015, 153.
692 BGH DNotZ 2015, 153 (156).
693 BGH NJW 1996, 1539.
694 Henssler/Heiden, NZG 2010, 328 (330 ff.); Goldschmidt/Laeger, in: NZG 2012, 1201 (1204 ff.).

kein Einfluss auf die abhängige Gesellschaft mehr ausgeübt werden könne und die einmalige Konzernierung mit zunehmendem Zeitablauf mehr und mehr in den Hintergrund rücke.[695] Das rechtfertige die Begrenzung der Nachhaftung auf fünf Jahre. Dies entspreche sowohl der Interessenlage bei der eben erwähnten Nachhaftung der §§ 26 Abs. 1 und 160 Abs. 1 HGB als auch der Nachhaftung bei Spaltungen nach § 133 Abs. 3 UmwG und sei eine verallgemeinerungsfähige Wertung, die auf die Nachhaftung der Obergesellschaft übertragen werden könne.[696]

Die Überlegung, die Fünfjahresfrist entsprechend der §§ 26 Abs. 1, 160 Abs. 1 HGB und des § 133 Abs. 3 UmwG sowie § 327 Abs. 4 AktG auf die in dieser Arbeit zugrunde liegende streitige Fallkonstellation zu übertragen, liegt daher nahe. Es ist kein Grund ersichtlich, warum mit der BGH-Rechtsprechung[697] für die Gläubiger der herrschenden Gesellschaft eine weitergehende Nachhaftung als für die der abhängigen Gesellschaft selbst oder der abhängigen Gesellschaft gegenüber ihrer ehemals herrschenden Gesellschaft bestehen sollte. Zwar darf nicht außer Acht gelassen werden, dass das Konzernrecht mit der zehnjährigen Verjährungsfrist des Verlustausgleichsanspruchs ab Eintragung der Beendigung des Unternehmensvertrages in das Handelsregister aus § 302 Abs. 4 AktG zwischen letzteren beiden gerade eine doppelt so lange Haftung explizit vorsieht und in Kauf nimmt, dass bis zum Ablauf dieser Zeit Ansprüche gegenüber der ehemals herrschenden Gesellschaft geltend gemacht werden. Allerdings existiert für diesen Fall ja gerade diese ausdrücklich normierte Sonderverjährung, die vornehmlich von der Regelverjährung der §§ 195, 199 BGB und der Fünfjahresfrist entsprechend der §§ 26 Abs. 1, 160 Abs. 1 HGB und des § 133 Abs. 3 UmwG sowie § 327 Abs. 4 AktG explizit abweicht, um den Gläubiger- und Kapitalschutz zu gewährleisten.[698] Daher liegt es nahe, dass eine so weitgehende Haftung vielmehr die Ausnahme bleiben soll, deshalb regelbedürftig war und nur für das Anfangsvermögen der Gesellschaft gefährdende Sachverhalte in Betracht kommen sollte.

Die Übertragung der Fünfjahresfrist erscheint vielmehr aufgrund der größeren Parallelen der §§ 26 Abs. 1, 160 Abs. 1 HGB, § 133 Abs. 3 UmwG, § 327 Abs. 4 AktG sowie der Fallkonstellation aus BGH, Urteil vom 07.10.2014 (II ZR 361/13) zur sog. Nachhaftung bei nachvertraglichen Treue- und

695 Goldschmidt/Laeger, in: NZG 2012, 1201 (1205).
696 Goldschmidt/Laeger, in: NZG 2012, 1201 (1206).
697 BGH DNotZ 2015, 153.
698 Koch, in: Hüffer/Koch, Komm. z. AktG, 13. Aufl. 2018, § 302 Rn. 28.

Rücksichtnahmepflichten nach Beendigung des Unternehmensvertrages, ausreichend. Die Interessenlage nach Beendigung eines Gewinnabführungs- und Beherrschungsvertrages ähnelt der nach dem Ausscheiden eines Gesellschafters der OHG, der Firmenfortführung durch den neuen Firmeninhaber, insbesondere der bei Beendigung einer Eingliederung. Gläubiger der OHG, der Firma, der Hauptgesellschaft und der abhängigen Gesellschaft haben beim Eingehen von Verbindlichkeiten mit diesen als Schuldnern Klarheit über deren Identität und dadurch gegebenenfalls über deren Zahlungsfähigkeit.[699] Dieser Status quo, in dem sich der jeweilige Schuldner befindet, kann sich sowohl durch Ausscheiden eines Gesellschafters, Firmenfortführung, Beendigung einer Eingliederung, aber auch durch Beendigung von Unternehmensverträgen jederzeit ändern, weshalb die zeitlich bestimmte Nachhaftung dem Rechtsverkehr ausreichend Sicherheit gibt. Gleichsam wirkt die Beschränkung auf fünf Jahre einer zeitlich ausufernden, die Geschicke der ehemals miteinander verbundenen Gesellschaften lähmenden Haftung entgegen.

6. Fazit

Die nachträgliche Auflösung während der Vertragsdauer gebildeter Rücklagen kann aufgrund einer Weisung der ehemals herrschenden Gesellschaft, die sich aus der nachvertraglichen gesellschaftsrechtlichen Treuepflicht herleitet, nach Beendigung eines Beherrschungs- und Gewinnabführungsvertrages möglich sein. Allerdings nur dann, wenn während der Vertragsdauer Rücklagen gebildet wurden und diese tatsächlich noch vorhanden sind.

Einen Vorteil für beide Parteien bietet dieser Ansatz, wenn durch eine nachträgliche Korrektur der Bilanz die Anerkennung der steuerlichen Organschaft gefährdet werden würde. Denn dies wird durch die nachträgliche Auflösung der Rücklagen vermieden, der zu viel gezahlte Betrag jedoch wird wieder ausgeglichen. Allerdings sind Gestaltungen in Beherrschungs- und Gewinnabführungsverträgen gängig, dass Rücklagen nicht aufgelöst werden dürfen.

Eine Verrechnung mit Rücklagen wäre jedoch wegen § 66 Abs. 2 AktG dann nicht möglich, wenn man entgegen der in dieser Arbeit vertretenen Ansicht davon ausginge, dass die abhängige Gesellschaft ihren Rückzahlungsanspruch auf § 62 Abs. 1 S. 1 AktG stützen kann.[700]

---

699 BGH DNotZ 2015, 153 (155 f.).

700 Vgl. dazu unter J.VII. sowie die ablehnende Stellungnahme unter J.XI.1.

K. Weitere Rechtsfolgen bei einer gegen § 301 AktG verstoßenden Gewinnabführung

Die in dieser Arbeit untersuchten Probleme führen zu der Folgefrage, welche weiteren Rechtsfolgen bei einer gegen § 301 AktG verstoßenden Gewinnabführung auftreten können.

Dabei stellt sich zwangsläufig die Frage, inwieweit sich die Organe der verbundenen Unternehmen bei überhöhter Gewinnabführung schadensersatzpflichtig machen. Der Vorstand einer AG macht sich nach § 93 AktG schadensersatzpflichtig, wenn in den in dieser Arbeit diskutierten Problemkonstellationen mehr Gewinn abgeführt wurde, als nach § 301 AktG zulässig ist.[701] Das Gleiche muss auch für den Geschäftsführer der GmbH nach § 43 GmbHG gelten.

Hat die herrschende Gesellschaft bei dem fehlerhaften Jahresabschluss mitgewirkt und/oder diesen gebilligt, so dürften diese und die verantwortlichen Organe ein Mitverschulden treffen, § 254 BGB.

Fußt die übermäßige Gewinnabführung auf einer unzulässigen Weisung der herrschenden Gesellschaft (vgl. zur Haftung der gesetzlichen Vertreter der herrschenden Gesellschaft nach § 309 AktG unter J.II.), machen sich die gesetzlichen Vertreter der abhängigen Gesellschaft schadensersatzpflichtig, soweit sie unzulässige Weisungen der herrschenden Gesellschaft befolgen, § 310 AktG sowie – auch hier – aufgrund Verletzung ihrer Sorgfaltspflicht, § 93 AktG, § 43 GmbHG.[702]

701 Deilmann, in: Hölters: Komm. z. AktG, 3.Aufl. 2017, § 301 Rn. 24.

702 Koch, in: Hüffer/Koch, Komm. z. AktG, 13. Aufl. 2018, § 310 Rn. 2 ff.

L. Zinsansprüche und die Rückforderung gezahlter Zinsen

An die Untersuchung eines Zahlungsanspruchs ist die Frage eines möglichen Zinsanspruchs geknüpft. Der Rückzahlungsanspruch der abhängigen Gesellschaft ist zu verzinsen (vgl. dazu unter L.I). Die abhängige Gesellschaft kann sowohl Fälligkeits- (vgl. dazu unter L.I.1) als auch Verzugszinsen (vgl. dazu unter L.I.2) geltend machen. Daran schließt sich die Anschlussfrage an, ob auch übermäßig abgeführte Zinsen zurückgefordert werden können (vgl. dazu unter L. II.). Schließlich entsteht bei der herrschenden Gesellschaft ein Zinsanspruch gegen die abhängige Gesellschaft im Rahmen der ursprünglichen Gewinnabführung (vgl. dazu unter L.III.).

I. Verzinsung des Rückzahlungsanspruchs übermäßig abgeführter Gewinne

Der untersuchte Anspruch der abhängigen Gesellschaft auf Erstattung übermäßig abgeführter Gewinne (siehe J.) ist – genau wie der ursprüngliche Anspruch der herrschenden Gesellschaft auf Gewinnabführung (siehe L.III.) – zu verzinsen. Es entstehen Fälligkeitszinsen und Verzugszinsen.

1. Fälligkeitszinsen

Gemäß §§ 352, 353 HGB entstehen in der vorliegenden Konstellation Fälligkeitszinsen i. H. v. 5 %, da die herrschende Meinung die Forderungen aus Unternehmensverträgen als solche aus einem beidseitigen Handelsgeschäft qualifiziert.[703] Darunter fallen auch Erstattungsansprüche.[704] Der Anspruch der abhängigen Gesellschaft auf Erstattung übermäßig abgeführter Gewinne gegen die herrschende Gesellschaft ist demzufolge ebenfalls gem. §§ 352, 353 HGB i. H. v. 5 % ab Entstehung zu verzinsen.

---

703 BGH NJW 2000, 210 (211); OLG Oldenburg NZG 2000, 1138 (1140); Altmeppen, in: Münchn. Komm. z. AktG, 4. Aufl. 2015, 302 Rn. 75; Koch, in: Hüffer/Koch, 13. Aufl. 2018, § 302 Rn. 14. Gegen eine Einordnung der Organisationsverträge als Handelsgeschäft i. S. d. § 353 HGB: Thoß, in: DB 2007, 206 (206 f.); Prokopf, in: DB 2007, 900 (901); K. Schmidt, in: Münchn. Komm. z. HGB, 4. Aufl. 2018, § 343 Rn. 6 f.

704 Vgl. Gärtner, in: AG 2014, 793 (803) m. w. N.

Wird – entgegen der hier vertretenen Ansicht, die § 302 AktG analog für einschlägig hält – § 62 AktG als Rückforderungsnorm für übermäßig abgeführte Gewinne zugrunde gelegt,[705] sind solche Ansprüche gem. § 63 Abs. 2 S. 1 AktG analog zu verzinsen, wonach der Zinssatz ebenfalls 5 % beträgt.[706]

2. Verzugszinsen

Auch unter Verzugsgesichtspunkten gilt, dass Zinsen gem. §§ 288, 286 Abs. 2 Nr. 1 BGB erst nach Verzugseintritt (Fälligkeit und Mahnung) zu entrichten sind.[707] Solange nicht feststeht, wie die objektiv richtige Bilanz zum Bilanzstichtag aussieht, besteht Ungewissheit über die Höhe des Erstattungsanspruchs sowie der Zinsen. Gründe für eine Entbehrlichkeit der Mahnung sind nicht ersichtlich, da zurückliegende Bilanzierungsfehler (auch) in den Verantwortungsbereich der abhängigen Gesellschaft fallen und diese die Fehler zunächst korrigieren und beziffern muss.

Grundsätzlich können Fälligkeits- und Verzugszinsen nicht nebeneinander geltend gemacht werden, allerdings darf der Zinsgläubiger, hier die abhängige Gesellschaft, trotz Verzugseintritts bei negativem Basiszinssatz Verzugszinsen mindestens in Höhe der Fälligkeitszinsen gemäß §§ 353, 352 HGB verlangen, was sich aus der Wertung des § 288 Abs. 1, 3 BGB ergibt.[708]

II. Rückerstattung zu viel gezahlter Zinsen wegen überhöhter Gewinnabführung

Jeweils von dem Anspruchsumfang der geprüften Rückforderungsnormen umfasst sind einerseits die aufgrund der überhöhten Gewinnanführung ebenfalls zu hoch abgeführten Zinsen. Diese stellen einen Annex zur überhöhten Gewinnabführung dar und sind im Fall der Entrichtung ebenfalls zurückzuerstatten.[709]

III. Zinsanspruch der herrschenden Gesellschaft

Nach der hier vertretenen Ansicht ist der Gewinnabführungsanspruch parallel zum Verlustausgleichsanspruch am Bilanzstichtag fällig (zum Streitstand vgl.

---

705 Vgl. J.VII.
706 Vgl. Gärtner, in: AG 2014, 793 (803) m. w. N.
707 Vgl. bereits 0.
708 Im Ergebnis so auch Gärtner, in: AG 2014, 793 (803) m. w. N.
709 Gärtner, in: AG 2014, 793 (804).

F.VII.). Die abhängige Gesellschaft hat bei Letzterem gem. §§ 352, 353 HGB einen Anspruch auf Fälligkeitszinsen i. H. v. 5 %. Da – wie gezeigt – die herrschende Meinung die Forderungen aus Unternehmensverträgen als solche aus einem beidseitigen Handelsgeschäft qualifiziert.[710] Dies muss dann konsequenterweise nach der in dieser Arbeit vertretenen Ansicht auch für die herrschende Gesellschaft hinsichtlich des zum Bilanzstichtag entstandenen und fälligen Anspruchs auf Gewinnabführung gelten. Die Verzinsungspflicht kann jedoch vertraglich abbedungen werden. Die §§ 352, 353 HGB sind dispositiv.[711]

Verzugszinsen sind gem. §§ 288, 286 Abs. 2 Nr. 1 BGB erst nach Verzugseintritt zu entrichten. Diese kann die herrschende Gesellschaft gegenüber der abhängigen Gesellschaft wegen verspäteter Gewinnabführung wohl in der Regel erst nach Mahnung geltend machen. Sie kann erst dann erfolgen, wenn der Anspruch bezifferbar ist, sprich, wenn der Jahresabschluss tatsächlich festgestellt ist.[712]

---

710 BGH NJW 2000, 210 (211); OLG Oldenburg NZG 2000, 1138 (1140); Altmeppen, in: Münchn. Komm. z. AktG, 4. Aufl. 2015, 302 Rn. 75; Koch, in: Hüffer/Koch, 13. Aufl. 2018, § 302 Rn. 14. Gegen eine Einordnung der Organisationsverträge als Handelsgeschäft i. S. d. § 353 HGB: Thoß, in: DB 2007, 206 (206 f.); Prokopf, in: DB 2007, 900 (901); K. Schmidt, in: Münchn. Komm. z. HGB, 4. Aufl. 2018, § 343 Rn. 6 f.

711 Roth, in: Koller/Kindler/Roth/Drüen, Komm. z. HGB, 9. Aufl. 2019, § 352 Rn. 2, § 353 Rn. 1.

712 Altmeppen, in: Münch. Komm. z. AktG, 4. Aufl. 2015, 302 Rn. 76.

M. Gestaltungsmöglichkeiten

Mit den unter Abschnitt F.III. erörterten Entscheidungen vom 11.10.1999, 14.2.2005 und 10.7.2006 hat der BGH seine Auffassung bezüglich der maßgeblichen Höhe, Entstehung und Fälligkeit des Verlustausgleichsanspruchs gefestigt. Die Praxis sollte sich an die Orientierungssätze halten und von der objektiv richtigen Bilanz zum Bilanzstichtag sowohl für den Verlustausgleichanspruch als auch für die Gewinnabführungspflicht ausgehen (vgl. dazu vorstehend unter F.VI). Etwaigen ungewollten Folgen sollte bereits frühzeitig kautelarjuristisch entgegengewirkt werden.

Abschließend stellt sich für die herrschende Gesellschaft daher die Frage, ob und wie sie nach Beendigung eines Beherrschungs- und Gewinnabführungsvertrages anlässlich des Verkaufs der abhängigen Gesellschaft vermeiden kann, dass sie im Nachhinein seitens der vormals abhängigen Gesellschaft mit Rückforderungsansprüchen wegen zu viel abgeführter Gewinne konfrontiert wird. Im ersten Schritt sollte eine sorgfältige Überprüfung der vergangenen Jahresabschlüsse der abhängigen Gesellschaft erfolgen,[713] um bereits im Zeitraum vor Veräußerung fehlerhaft erstellte Jahresabschlüsse zu identifizieren und die Fehlerbehebung noch mit der abhängigen Gesellschaft zu verrechnen und/oder den Kaufpreis in den Vertragsverhandlungen mit der Erwerberin entsprechend anzupassen.

I. Kein Verzicht

Zunächst könnte noch vor Verkauf der abhängigen Gesellschaft, folglich noch in der Zeit der beherrschenden Kontrolle der herrschenden Gesellschaft, eine Verzichtsvereinbarung bezüglich solcher Rückforderungsansprüche getroffen werden. Ein vertraglich vereinbarter Verzicht der abhängigen Gesellschaft auf die Rückzahlung zu viel gezahlter Gewinne vergangener Geschäftsjahre ist allerdings problematisch.[714] Bei Ansprüchen nach §§ 309 und 317 AktG kann die Gesellschaft erst drei Jahre nach der Entstehung des Anspruchs und nur dann auf Ersatzansprüche verzichten oder sich über sie vergleichen, wenn die außenstehenden Aktionäre durch Sonderbeschluss zustimmen (vgl. §§ 309 Abs. 3, § 317 Abs. 4 AktG). Bei Zugrundelegung des § 62 AktG gilt das Verzichtsverbot

713 Vgl. Gärtner, in: AG 2014, 793, 805.

714 Vgl. dazu auch Gärtner, in: AG 2014, 793, 804 f.

des § 66 Abs. 1 S. 1, Abs. 2 AktG. Auf Ansprüche gem. § 302 AktG kann gem. § 303 Abs. 3 AktG ebenfalls erst drei Jahre nach Bekanntmachung der Beendigung mit Sonderbeschlusserfordernis verzichtet werden. Gleiches muss konsequenterweise auch für Ansprüche analog § 302 Abs. 1 AktG auf Rückerstattung übermäßig abgeführter Gewinne gelten, die – wie der Anspruch auf Ausgleich des Verlustes – die Vermögenssubstanz der abhängigen Gesellschaft nach Beendigung des Vertrages betreffen. Rechtsgeschäfte, die gegen diese Verzichtsverbote verstoßen, sind gem. § 134 BGB nichtig.[715]

Eine Regelung im Kaufvertrag, in der die abhängige Gesellschaft auf Rückzahlungsansprüche aus §§ 812 ff. BGB verzichtet, wie es zum Teil vertreten wird,[716] kann ebenfalls aufgrund einer so erreichten Umgehung der zwingenden aktien- und konzernrechtlichen Vorschriften nicht möglich sein.[717] Gleiches dürfte für eine befreiende Schuldübernahme gelten, da die abhängige Gesellschaft einem Schuldnerwechsel zustimmen müsste (§ 415 Abs. 1 S. 1 BGB) und diese Entscheidung auf einen faktischen Verzicht gegenüber der herrschenden Gesellschaft hinauslaufen würde.[718]

Nach Ablauf des Drei-Jahres-Zeitraums ist die Vereinbarung eines Verzichts auf etwaige weitergehende Ansprüche hingegen unproblematisch möglich. Ob sich der Käufer auf eine solche zukünftige Erklärung im Rahmen der Transaktion einlässt, ist allerdings fraglich. Die Verkäuferin sollte zumindest versuchen in den Vertragsverhandlungen einen Verzicht zum frühestmöglichen Zeitpunkt zu erwirken.

II. Freistellung, Garantien

Ein anderer denkbarer Lösungsansatz ist, dass sich die herrschende Gesellschaft (Verkäuferin) bei der Veräußerung der abhängigen Gesellschaft von der Erwerberin von etwaigen Zahlungsansprüchen aufgrund fehlerhafter Jahresabschlüsse aus zurückliegenden Geschäftsjahren freistellen lässt.[719] Eine entsprechende Klausel, die sich sinnvollerweise nicht auf bestimmte Ansprüche beschränkt und vielmehr weit gefasst ist, könnte wie folgt lauten:

715 Bayer, in: Münchn. Komm. z. AktG, 4. Aufl. 2016, § 66 Rn. 102 m. w. N.

716 Goldschmidt/Laeger, in: NZG 2012, 1201 (1202).

717 Vgl. ausführlich zur Ungeeignetheit der §§ 812 ff. BGB als Rückforderungsnormen unter J.VI.6.

718 Deilmann, in: NZG 2015, 460 (465).

719 Simon/Leuering, in: NJW-Spezial 2006, 123 (124).

„Die Käuferin wird die Verkäuferin mit Wirkung zum Vollzug dieses Vertrages soweit gesetzlich zulässig von jeder Haftung (gleichgültig aus welchem Rechtsgrund) für Verbindlichkeiten der Gesellschaft oder von Ansprüchen der Gesellschaft gegen die Verkäuferin freistellen. Mögliche Ansprüche der Käuferin gegen die Verkäuferin aufgrund Verstoßes gegen in diesem Vertrag vereinbarte Garantien oder Freistellungen bleiben hiervon unberührt."

In der Praxis jedoch wird die Verkäuferin die Erwerberin im Zweifel nicht davon überzeugen können, ihre Verpflichtungen und Versäumnisse, die aus der Zeit des Gewinnabführungsvertrages mit der Zielgesellschaft resultieren, zu übernehmen.[720]

Einerseits könnte die Verkäuferin zwar argumentieren, dass andernfalls eine etwaig vereinbarte Haftungsbeschränkung unterlaufen werden könnte, wenn sie nach Verkauf trotzdem mit derartigen Rückforderungsansprüchen konfrontiert werden kann. Weiterhin könnte seitens der Verkäuferin argumentiert werden, dass sie (wie dies fast immer der Fall ist) eine Bilanzgarantie abgibt, die bei nachträglicher Feststellung von Bilanzierungsfehlern verletzt wäre, sodass die Verkäuferin hierunter allerdings im vereinbarten Haftungsregime ohnehin haftet. Demgegenüber würde aber eine etwaige teilweise widersprüchliche Haftung aufgrund der Freistellung nicht entstehen. Die Erwerberin wird in dem in dieser Arbeit diskutierten Fall der nachträglichen Feststellung von Bilanzierungsfehlern versuchen, nachträglich einen Schadensersatzanspruch wegen Verletzung einer abgegebenen Bilanzgarantie (Bilanzauffüllungsansatz)[721] geltend zu machen.

Zudem ist der Weg über den sog. Kaufpreisanpassungsansatz denkbar (Schadenskompensation durch Anpassung des gezahlten Kaufpreises). Der Gedanke dabei ist Folgender: Die Erwerberin möchte bei der Verletzung von Bilanzgarantien so gestellt werden, als hätte sie unter Berücksichtigung der objektiv richtigen Bilanzen einen günstigeren Kaufpreis erzielt. Im Einzelnen wird die Ermittlung des Schadens der sich ergeben könnte aus der Differenz zwischen dem tatsächlich gezahlten Kaufpreis und dem, der bei Kenntnis der wahren Sachlage gezahlt worden wäre, schwierig sein. Die Methode, wie die Erwerberin den Kaufpreis (subjektiv) berechnet hat wird in der Regel nicht im Rahmen des Unternehmenskaufvertrages offengelegt. Damit wird die Ermittlung des Schadens erschwert.[722]

---

720 Mayer-Sparenberg, in: Hoffmann-Becking/Gebele, Beck'sches Formularbuch Bürgerliches Handels- und Wirtschaftsrecht, 13. Aufl. 2019, Kap. III.A.17, § 8 Abs. 2 Fn. 21.

721 Vgl. Hennrichs, in: NZG 2014, 1001 (1005).

722 Im Übrigen ist die Berechnung des Schadens (Preisdifferenzschaden/Auffüllungsschaden) streitig.

III. Keine Gefährdung der steuerlichen Organschaft durch Verkauf

Die beteiligten Gesellschaften eines Unternehmenskaufvertrages haben ein gesteigertes Interesse daran, eine bestehende steuerliche Organschaft zwischen der Verkäuferin und der abhängigen Gesellschaft, die verkauft wird, nicht durch den Verkauf rückwirkend zu gefährden. Sollte die Durchführung des Gewinnabführungsvertrages durch die Finanzbehörden beanstandet werden, mit der daraus resultierenden Gefahr der nachträglichen Aberkennung der steuerlichen Organschaft, ist die Erwerberin besser beraten, wenn eine Erstattung zu viel gezahlter Gewinne durch vertragliche Garantien abgesichert wird. Daher wird auch empfohlen, die Abstimmung mit den Finanzbehörden zur Erhaltung der steuerlichen Organschaft ebenfalls vertraglich zu regeln.[723]

723 Gärtner, in: AG 2014, 793 (805).

N. Resümee

Die Ergebnisse der vorstehenden Untersuchung lassen sich thesenartig wie folgt zusammenfassen:

1. Unternehmensverträge sind Organisationsverträge, deren Rechtsnatur allerdings auch schuldvertragliche Elemente aufweist. Ansprüche aus unternehmensvertraglichen Verbindungen sind klagbar. Jedoch können der Verlustausgleichsanspruch des § 302 AktG, der Anspruch auf Gewinnabführung und die Rückforderung übermäßig abgeführter Gewinne nicht im Urkundenprozess nach §§ 592 ff. ZPO verfolgt werden, da der Jahresabschluss im Zivilprozess kein urkundliches Beweismittel ist, sondern schlicht wie ein Sachverständigengutachten zu behandeln ist.
2. Nach der in dieser Arbeit vertretenen Ansicht ist die BGH-Rechtsprechung zum Verlustausgleich, wonach für die Entstehung und Höhe des Anspruchs auf Verlustausgleich die objektiv richtige Bilanz zum Bilanzstichtag maßgeblich ist, auch auf den spiegelbildlichen Gewinnabführungsanspruch und auch auf die AG übertragbar.
3. Rechtsgrundlage für die Rückforderung übermäßig abgeführter Gewinne nach Beendigung eines Gewinnabführungsvertrages ist § 302 AktG analog. Für den Fall, dass – wie zumeist – eine GmbH abhängige Gesellschaft ist, wird ein weiterer Analogieschluss notwendig. De lege ferenda wäre jedoch eine Norm, die die in dieser Arbeit untersuchte Fallkonstellation behandelt, wünschenswert.
4. Aus der gesellschaftsrechtlichen nachvertraglichen Treuepflicht folgt, dass die ehemals herrschende Gesellschaft bei einer Inanspruchnahme auf Rückzahlung übermäßig abgeführter Gewinne nach Beendigung des Beherrschungs- und Gewinnabführungsvertrages die ehemals abhängige Gesellschaft darauf verweisen kann, dass diese, anstatt einen Rückzahlungsanspruch geltend zu machen, zunächst die während der Vertragsdauer gebildeten Rücklagen aufzulösen hat.
5. Der untersuchte Anspruch der abhängigen Gesellschaft auf Erstattung übermäßig abgeführter Gewinne ist – genau wie der ursprüngliche Anspruch der herrschenden Gesellschaft auf Gewinnabführung – zu verzinsen. Es kommen Fälligkeitszinsen und Verzugszinsen in Betracht.
6. Bei nachvertraglich auftretenden Unstimmigkeiten bei der Gewinnabführung ist zu beachten, dass die Anerkennung der steuerlichen Organschaft

gefährdet sein kann, wenn unrichtig abgeführte Gewinne nicht zurückerstattet werden. Allein aus diesem Grund ist die ehemals abhängige Gesellschaft gehalten, ihre Rückzahlungsansprüche geltend zu machen und durchzusetzen, um ihr Überleben nach Beendigung des Gewinnabführungsvertrages zu sichern und dieses nicht durch erhebliche Steuernachzahlungen zu gefährden.

Literaturverzeichnis

Altmeppen, Holger: Interessenskonflikte im Konzern, in: ZHR 171, 2007, S. 320 – 341.

Altmeppen, Holger Roth, Günter H.: Gesetz betreffend die Gesellschaften mit beschränkter Haftung (GmbHG), Kommentar, 9. Auflage, München 2019.

Bälz, Ulrich: Verbundene Unternehmen, AG 1992, S. 277 – 311.

Ballerstedt, Kurt: Handels- und gesellschaftsrechtliche Probleme der Organschaft, in: DB 1958, S. 813 – 815 (Teil 1), S. 837 – 840 (Teil 2).

Barz, Carl Hans: Großkommentar, Aktiengesetz 4. Band, §§ 291-410, 3. Auflage, Berlin1975.

Baumbach, Adolf Hueck, Alfred: GmbH-Gesetz, Kommentar, 22. Auflage, München 2019.

Bayer, Walter: Der grenzüberschreitende Beherrschungsvertrag. Ein Beitrag zur Dogmatik des deutschen und internationalen Konzernrechts, Heidelberg 1988.

Bayer, Wilhelm F.: Mehrstufige Unternehmensverträge, Beiträge zum Zivil- und Wirtschaftsrecht, in: Festschrift für Kurt Ballerstedt, Bd. 1, S. 157 – 183, Berlin 1975.

Beck, Lukas: Regelungsgehalt und Behandlung von Abschluss sowie (unterjähriger) Beendigung von Unternehmensverträgen im GmbH-Konzern, in: GmbHR 2014, S. 1075 – 1082.

Beck, Lukas: Stimmverbot des herrschenden GmbH-Gesellschafters bei Kündigung eines Unternehmensvertrags, in: GmbHR 2012, S. 777 – 785.

Beuthien, Volker: Art und Grenzen der aktienrechtlichen Haftung herrschender Unternehmen für Leitungsmachtmißbrauch, in: DB 1969, S. 1781 – 1785.

Bezzenberger, Tilman: Das Kapital der Aktiengesellschaft. Kapitalerhaltung, Vermögensbindung, Konzernrecht, Köln 2005.

Bitter, Georg: Das „TBB"-Urteil und das immer noch vergessene GmbH-Vertragskonzernrecht, in: ZIP 2001, S. 265 – 278.

Brandes, Stephan: Rückforderung übermäßig abgeführter Gewinne nach Beendigung eines Erlaubnisabführungsvertrages, in: Liber Amicorum für Martin Winter, München 2011, S. 43 – 57.

Bürgers, Tobias Körber, Thorsten: Aktiengesetz, Kommentar, 4. Auflage, Heidelberg 2017.

Bungert, Hartwin: Die Beendigung von Beherrschungs- und Gewinnabführungsverträgen im GmbH-Konzern, in: NJW 1995, S. 1118 – 1121.

Burwitz, Gero: Kleine Organschaftsreform: Immer mehr Zweifelsfragen bei Formulierung und Durchführung von Gewinnabführungsverträgen, in: NZG 2013, S. 533 – 535.

Cahn, Andreas Simon, Stefan: Isolierte Gewinnabführungsverträge, in: Der Konzern 2003, S. 1 – 20.

Deilmann, Barbara: Die Beendigung des Beherrschungs- und/oder Gewinnabführungsvertrages in der M&A-Transaktion, in: NZG 2015, S. 460 – 467.

Dettling, Heinz-Uwe: Die Entstehungsgeschichte des Konzernrechts im Aktiengesetz von 1965, Tübingen 1997.

Dilger, Eberhard: Aufhebung eines Unternehmensvertrags im GmbH-Konzern – Anmerkung zu LG Konstanz, in: WM 1993, S. 935 – 937.

Drinhausen, Florian Eckstein, Hans-Martin: Beck'sches Handbuch der AG, 3. Auflage, München 2018.

Emmerich, Volker Habersack, Matthias: Aktien- und GmbH-Konzernrecht, Kommentar, 7. Auflage, München 2013, 9. Auflage, München 2019.

Fleischer, Holger: Handbuch des Vorstandsrechts, 1. Auflage, München 2006.

Flume, Werner: Die Organschaft im Gewerbesteuerrecht – Unter besonderer Berücksichtigung der Organschaft zu mehreren Unternehmensgruppen, in: DB 1955, S. 485 – 495.

Ders.: Die Organschaft im Körperschaftssteuerrecht. Zivilrechtlich-handelsrechtliche und steuerrechtliche Betrachtungen zur Rechtsprechung des Bundesfinanzhofes, in: DB 1956, S. 455 – 464.

Gärtner, Matthias: Rückabwicklung überhöhter Gewinnabführung, in: AG 2014, S. 793 – 806.

Geßler, Ernst: Abgrenzungs- und Umgehungsprobleme bei Unternehmensverträgen, Beiträge zum Zivil- und Wirtschaftsrecht, in: Festschrift für Kurt Ballerstedt, Bd. 1, Berlin 1975, S. 219 – 237.

Goette, Wulf Habersack, Mathias Kalss, Susanne: Aktiengesetz, Münchener Kommentar, Bd. 1, §§ 1 – 75 AktG, 4. Auflage, München 2016, Aktiengesetz, Münchener Kommentar, Bd. 2, §§ 76 – 117 AktG, MitbestG, DrittelbG, 5. Auflage, München 2019, Aktiengesetz, Münchener Kommentar, Bd. 5, §§ 287 – 328, SpruchG, Österreich, 4. Auflage, München 2015.

Goldschmidt, Christof-Ulrich Laeger, Lars M.: Risiken aus der Beendigung von Unternehmensverträgen, in: NZG 2012, S. 1201 – 1209.

Gosch, Dietmar: Körperschaftsteuergesetz, Kommentar, 3. Auflage, München 2015.

Grigoleit, Hans Christoph: Aktiengesetz Kommentar, 1. Auflage, München 2013.

Grunewald, Barbara: Auslegung von Unternehmens- und Umwandlungsverträgen, in: ZGR 2009, S. 647 – 661.

Grunewald, Barbara Maier-Reimer, Georg Westermann, Harm Peter: Erman, Bürgerliches Gesetzbuch, Kommentar, 15. Auflage, Köln 2017.

Gummert, Hans Weipert, Lutz: Münchener Handbuch des Gesellschaftsrechts, Bd. 1, BGB-Gesellschaft, 5. Auflage, München 2019, Münchener Handbuch des Gesellschaftsrechts, Bd. 2, KG, 5. Auflage, München 2019.

Heidel, Thomas: Aktienrecht und Kapitalmarktrecht, Kommentar, 4. Auflage, Baden-Baden 2014.

Hennrichs, Joachim: Gewinnabführung und Verlustausgleich im Vertragskonzern. Zur Bedeutung des Jahresabschlusses der Tochtergesellschaft für die Ergebnisermittlung nach §§ 291, 302 AktG, in: ZHR 174 (2010), S. 693 – 704.

Ders.: Zur Haftung auf Schadenersatz wegen unrichtiger Bilanzgarantien bei M&A-Transaktionen, in: NZG 2014, S. 1001 – 1007.

Henssler, Martin Heiden, Ralph: Sicherung von Arbeitnehmeransprüchen bei der Beendigung von Beherrschungs- oder Gewinnabführungsverträgen, in: NZG 2010, S. 328 – 332.

Henssler, Martin Strohn, Lutz: Gesellschaftsrecht, Kommentar, 4. Auflage, München 2019.

Hentzen, Matthias: Atypische Risiken aus der Beendigung von Beherrschungs- und Gewinnabführungsverträgen, in: NZG 2008, S. 201 – 205.

Henze, Hartwig: Aktuelle Rechtsprechung des BGH zum Aktienrecht, in: BB 2000, S. 2053 – 2061.

Hölters, Wolfgang: Aktiengesetz, Kommentar, 3. Auflage, München 2017.

Hoffmann-Becking, Michael: Münchener Handbuch des Gesellschaftsrechts, Bd. 4, Aktiengesellschaft, 4. Auflage, München 2015.

Hoffmann-Becking, Michael Gebele, Alexander: Beck'sches Formularbuch Bürgerliches, Handels- und Wirtschaftsrecht, 13. Auflage, München 2019.

Hopt, Klaus J., Wiedemann, Herbert: Aktiengesetz, Großkommentar, 2. Band: §§ 53a-75, 4. neubearbeitete Aufl., Berlin 2012, 8. Band §§ 278-310, 4. neubearbeitete Aufl., Berlin 2013.

Hüffer, Uwe: Aktiengesetz, Kommentar, 4. Auflage, München 1999.

Hüffer, Uwe Koch, Jens: Aktiengesetz, Kommentar, 13. Auflage, München 2018.

Immenga, Ulrich: Bestandsschutz der beherrschten Gesellschaft im Vertragskonzern, in: ZHR 140 (1976), S. 301 – 316.

Kallmeyer, Harald: Umwandlungsgesetz, Kommentar, 6. Auflage, Köln 2017.

Katschinski, Ralf: Die analoge Anwendung des § 307 AktG im GmbH-Vertragskonzern – Steuerfalle oder Scheinproblem, in: Festschrift für Dieter Reuter zum 70. Geburtstag am 16. Oktober 2010, Berlin 2010, S. 1043 – 1060.

Kessler, Wolfgang Kröner, Michael: Konzernsteuerrecht, 3. Auflage, München 2018.

Kleindiek, Detlef: Verlustausgleich im Vertragskonzern, in: ZGR 3/2001, S. 479 – 496.

Koller, Peter: Theorie des Rechts, 2. Auflage, Köln 1997.

Koller, Ingo Kindler, Peter Roth, Wulf-Henning Drüen, Klaus-Dieter: Kommentar zum HGB, 9. Auflage, München 2019.

Kort, Michael: Der Abschluss von Beherrschungs- und Gewinnabführungsverträgen im GmbH-Recht, Köln, Berlin, Bonn, München 1986.

Krieger, Gerd Jannott, Dirk: Änderung und Beendigung von Beherrschungs- und Gewinnabführungsverträgen im Aktien- und GmbH-Recht, DStR 1995, S. 1473 – 1479.

Krieger, Gerd Schneider, Uwe H.: Handbuch Managerhaftung, 3. Auflage, Köln 2017.

Kropff, Bruno: Aktiengesetz. Textausgabe des Aktiengesetzes vom 6.9.1965 mit Begründung des Regierungsentwurfs und Bericht des Rechtsausschusses des Deutschen Bundestages, Düsseldorf 1965.

Ders.: Der GmbH-Beherrschungsvertrag: Voraussetzung für den Vorrang von Konzerninteressen?, in: Festschrift für Johannes Semmler zum 70. Geburtstag am 28. April 1993 – Unternehmen und Unternehmensführung im Recht, Berlin 1993, S. 517 – 540.

Kübler, Bruno M. Prütting, Hanns: Kommentar zur Insolvenzordnung, Sonderband 1, Köln 1999.

Larenz, Karl: Methodenlehre der Rechtswissenschaft, 6. Auflage, Berlin, Heidelberg u.a.1991.

Larenz, Karl Canaris, Claus-Wilhelm: Methodenlehre der Rechtswissenschaft, 3. Auflage, Berlin, Heidelberg u.a.1995.

Liebscher, Thomas: Die Erfüllung des Verlustausgleichsanspruchs nach § 302 AktG, in: ZIP 2006, S. 1221 – 1229.

Lorz, Rainer Pfisterer, Benedikt Gerber, Olaf: Beck'sches Formularbuch GmbH-Recht, 1. Auflage, München 2010.

Lutter, Marcus: Theorie der Mitgliedschaft: Prolegomena zu einem Allgemeinen Teil des Korporationsrechts, in: AcP, 180. Bd., 1980, S. 84 - 159.

Lutter, Marcus Hommelhoff, Peter: GmbH-Gesetz, Kommentar, 19. Auflage, Köln 2016.

Medicus, Dieter Petersen, Jens: Bürgerliches Recht, 26. Auflage, München 2017.

Mehrbrey, Kim Lars: Gesellschaftsrechtliche Streitigkeiten, 2. Auflage, Köln 2015.

Michalski, Lutz: Kommentar zum Gesetz betreffend die Gesellschaften mit beschränkter Haftung (GmbH-Gesetz), Bd. 1, §§ 1 – 34 GmbHG, 3. Auflage, München 2017.

Mühl, Thomas Wagenseil, Andreas: Der Gewinnabführungsvertrag – gesellschafts- und steuerrechtliche Aspekte, in: NZG 2009, S. 1253 – 1259.

Müller, Klaus J.: Auswirkungen von Umstrukturierungen nach dem Umwandlungsgesetz auf Beherrschungs- und Gewinnabführungsverträge, in: BB 2002, S. 157 – 161.

Mylich, Falk: Rückgewähransprüche einer AG nach Ausschüttung oder Abführung von Scheingewinnen, AG 2011, S. 765 – 774.

Palandt, Otto: Bürgerliches Gesetzbuch, 78. Auflage, München 2019.

Passarge, Malte: Auslegung von Unternehmensverträgen – unter besonderer Berücksichtigung von Kündigungsklauseln in Beherrschungs- und Ergebnisabführungsverträgen, in: BB 2006, S. 2769 – 2773.

Philippi, Ulrich Neveling, Anjella: Unterjährige Beendigung von Gewinnabführungsverträgen im GmbH-Konzern – Beendigungsgründe und Rechtsfolgen, in: BB 2003, S. 1685 – 1692.

Philippi, Ulrich Fickert, Matthias: Organschaft bei Gewinnabführungsverträgen: Ist aus gesellschaftsrechtlicher Sicht eine Verzinsung des Gewinnabführungsanspruchs erforderlich?, in: BB 2006, S. 1809 – 1811.

Prokopf, Kai Heinrich: Die Verzinsung von Verlustausgleichs- und Gewinnabführungsansprüchen im Hinblick auf die steuerliche Anerkennung von Organschaftsverhältnissen, in: DB 2007, S. 900 – 904.

Prütting, Jens: Der Vermögensschutz von Gesellschaften gegenüber externer Einflussnahme – geprüft am Beispiel der GmbH, in: ZGR 2015, S. 849 – 886.

Rauscher, Thomas Krüger, Wolfgang: Münchener Kommentar zur ZPO, 5. Auflage, München 2016.

Regenfuß, Thomas: Die „doppelte Analogie". Erscheinungsformen und Voraussetzungen, in: JA 2009, S. 579 – 584.

Reichert, Jochem: GmbH & Co. KG, Kommentar, 7. Auflage, München 2015.

Römermann, Volker: Münchener Anwaltshandbuch GmbH-Recht, 4. Auflage, München 2018.

Rüthers, Bernd Fischer, Christian, Birk, Axel: Rechtstheorie mit juristischer Methodenlehre, 10. Auflage, München 2018.

Säcker, Franz Jürgen Rixecker, Roland Oetker, Hartmut Limperg, Bettina: Münchener Kommentar zum BGB, 8. Auflage, München 2019.

Sapper, Helmut: Die rechtssystematische Stellung der Unternehmensverträge. Zugleich ein Beitrag zum Recht der Konzernorganisation und zur Regelung der Unternehmensverbindung im Amtlichen Entwurf 1960/62 eines Aktiengesetzes, Tübingen 1963.

Schmidt, Karsten: Die konzernrechtliche Verlustübernahmepflicht als gesetzliches Dauerschuldverhältnis. Eine rechtsdogmatische Problemskizze zu § 302 AktG, in: ZGR 1983, S. 513 – 534.

Ders.: Gesellschaftsrecht, 4. Auflage, Köln 2002.

Schmidt, Karsten Lutter, Marcus: Aktiengesetz, Kommentar, 3. Auflage, Köln 2015.

Schmidt, Thorsten Ingo: Grundlagen rechtswissenschaftlichen Arbeitens, in: JuS 2003, S. 649 – 654.

Schmitt, Joachim Hörtnagl, Robert: Schmitt, Hörtnagl, Stratz Umwandlungsgesetz, Umwandlungssteuergesetz, Kommentar, 8. Auflage, München 2018.

Schneider, Norbert Sommer, Ulrike: Organschaftsreform „light“. Ein Überblick insbesondere zur neuen Fiktion der tatsächlichen Durchführung, in: GmbHR 2013, S. 22 – 31.

Schneider, Sven H. Schneider, Uwe H.: Vorstandshaftung im Konzern, in: AG 2005, S. 57 – 66.

Schüppen, Matthias Schaub, Bernhard: Münchener Anwaltshandbuch Aktienrecht, 3. Auflage, München 2018.

Semler, Johannes Stengel, Arndt: Umwandlungsgesetz, Kommentar, 4. Auflage, München 2017.

Simon, Steffen Leuering, Dieter: M&A: Veräußerung von abhängigen Unternehmen, in: NJW-Spezial 2006, S. 123 – 124.

Sonnenschein, Jürgen: Der Gewinnabführungsvertrag zugunsten Dritter im Gesellschaftsrecht und im Steuerrecht, in: AG 1976, S. 147 – 151.

Ders.: Organschaft und Konzerngesellschaft, Baden-Baden 1976.

Spindler, Gerald Stilz, Eberhard: Aktiengesetz, Kommentar, Bd. 1, §§ 1 – 149, Bd. 2, §§ 150 – 410 AktG, SpruchG, SE-VO, 4. Auflage, München 2019.

Staudinger, Julius v.: Staudinger, Bürgerliches Gesetzbuch, Kommentar, §§ 812 – 822, Berlin, Neubearbeitung 2007.

Ders.: Staudinger, Bürgerliches Gesetzbuch, Kommentar, §§ 125 – 129; BeurkG, Berlin, Neubearbeitung 2017.

Stürner, Rolf: Jauernig, Bürgerliches Gesetzbuch, Kommentar, 17. Auflage, München 2018.

Thoß, Stefan: Verzinsung des Verlustausgleichs- und Gewinnabführungsanspruchs im Vertragskonzern?, in: DB 2007, S. 206 – 209.

Ulmer, Peter: Zur Haftung der abordnenden Körperschaft nach § 31 BGB für Sorgfaltsverstöße des von ihr benannten Aufsichtsratsmitglieds, in: Festschrift für Walter Stimpel zum 68. Geburtstag am 29. November 1985, Berlin 1985, S. 705 – 728.

van Venrooy, Gerd J.: Weisungen im Rahmen von Geschäftsführungs- und Gewinnabführungsverträgen, in: DB 1981, S. 675 – 681.

Ders.: Isolierte Unternehmensverträge nach § 291 AktG?, in: BB 1986, S. 612 – 616.

Veil, Rüdiger: Unternehmensverträge: Organisationsautonomie und Vermögensschutz im Recht der Aktiengesellschaft, Tübingen 2003.

Vetter, Eberhard: Zur Aufhebung eines Beherrschungs- und Gewinnabführungsvertrages im GmbH-Recht, in: ZIP 1995, S. 345 – 355.

Vossius, Oliver: Unternehmensvertrag und Umwandlung, in: Festschrift für Siegfried Widmann, Bonn, Berlin 2000, S. 133 – 159.

Wicke, Hartmut: Gesetz betreffend die Gesellschaften mit beschränkter Haftung (GmbHG), Kommentar, 3. Auflage, München 2016.

Wilken, Oliver: Zur Gründungsphase bei der Spaltung zur Neugründung, in: DStR 1999, S. 677 – 680.

Würdinger, Hans: Betrachtungen zur Regelung der Konzernverfassung im Entwurf eines Aktiengesetzes, in: DB 1958, S. 1447 – 1452.

Ders.: Aktienrecht und das Recht der verbundenen Unternehmen. Eine systematische Darstellung, 4. Auflage, Heidelberg und Karlsruhe 1981.

Ders.: Die Analogiefähigkeit von Normen- Eine methodologische Untersuchung über Ausnahmevorschriften und deklaratorische Normen, in: AcP 206 (2006), S. 946-979.

Zeidler, Finn: Ausgewählte Probleme des GmbH-Vertragskonzernrechts, in: NZG 1999, S. 692 – 698.

Ziemons, Hildegard Jaeger, Carsten: Beck'scher Online-Kommentar GmbHG, Edition 37, München 2016.

Zippelius, Reinhold: Juristische Methodenlehre, 11. Auflage, München 2012.

Zöller, Richard: Kommentar zur ZPO, 32. Auflage, Köln 2018.

Zöllner, Wolfgang Noack, Ulrich: Kölner Kommentar zum Aktiengesetz, Band 1: §§ 1 – 75, 3. Auflage, Köln 2011, Band 6: §§ 291 – 328, 3., neu bearbeitete und erweiterte Auflage, Köln 2004.

www.ingramcontent.com/pod-product-compliance
Ingram Content Group UK Ltd.
Pitfield, Milton Keynes, MK11 3LW, UK
UKHW021131041026
8980IPUK00034B/1689

9 783631 867457